2025

검색광고마케터

기출분석+실전문제

유준수 · 이동근

2025

검색광고마케터 1급
기출분석+실전문제

인쇄일 2025년 1월 1일 3판 1쇄 인쇄   **발행처** 시스컴 출판사
발행일 2025년 1월 5일 3판 1쇄 발행   **발행인** 송인식
등   록 제17-269호   **지은이** 유준수 · 이동근
판   권 시스컴2025

ISBN 979-11-6941-586-6 13000
정   가 17,000원

주소 서울시 금천구 가산디지털1로 225, 514호(가산포휴) | **홈페이지** www.nadoogong.com
E-mail siscombooks@naver.com | **전화** 02)866-9311 | **Fax** 02)866-9312

최근 마케팅시장은 디지털정보화로 인해 초연결사회에 접어들면서 일방향적인 불특정 광고방식에서 쌍방향적인 온라인 디지털마케팅이 중심이 되는 방식으로 변화하고 있습니다. 이러한 디지털정보사회에서는 온라인 비즈니스 및 마케팅의 기본지식이 필수적입니다. 광고대행사 뿐만 아니라 네이버, 카카오 등 많은 기업에서도 국내 검색광고시스템 실무내용을 반영하여 디지털비즈니스, 마케팅 및 검색광고 분야의 전문인력을 필요로 하고 있습니다.

그에 대비한 검색광고마케터 1급 자격증은 효율적인 온라인 디지털마케팅 분석, 전략 수립 등을 할 수 있는 마케팅 직무자격조건으로, 온라인광고대행사 및 기업 취업에 대비할 수 있는 자격증입니다. 검색광고마케터 시험과목은 온라인 비즈니스 및 디지털마케팅, 검색광고 실무 활용, 검색광고 활용 전략으로 3과목이 출제됩니다. 이 책에는 각 과목별로 핵심 이론과 기출분석 문항을 수록하여 충분한 이론지식 습득과 실전 대비를 할 수 있도록 하였으며, FINAL 실전모의고사 3회를 통하여 자격시험에 빈틈없는 대비를 할 수 있도록 하였습니다.

이 책을 통해 검색광고 전문지식을 습득하여 검색광고마케터 자격을 취득하고 실무능력을 향상시켜 특화된 필요분야에서 전문적이고 실무적인 지식 및 역량을 발휘할 수 있기를 바랍니다.

SEARCH ▼	검색광고마케터란?

👁 검색광고마케터(Search Advertisement Marketer)

① 디지털정보화로 초연결사회에 접어들면서 마케팅시장은 일방향적인 불특정 광고방식에서 데이터를 기반으로 효율적인 채널별 특성에 맞춘 온라인 디지털마케팅이 중심이 됨으로써 특화된 필요분야에서 전문적이고 실무적인 지식 및 역량을 평가하는 자격

② 광고대행사 뿐만이 아니라 많은 기업에서도 디지털비즈니스, 마케팅 및 검색광고의 전문인력을 통한 효율적 마케팅 분석, 전략수립 등의 자격을 갖춘 마케팅 직무자격조건으로 활용할 수 있는 자격

👁 필요성

① 온라인 비즈니스 및 마케팅의 기본지식 배양

② 네이버, 카카오 등 국내 검색광고시스템 실무내용 반영

③ 온라인광고대행사 취업 대비 및 AE 실무능력 향상

👁 자격종류

① 자격구분 : 민간등록자격

② 등록번호 : 2012-1136

③ 상기 자격은 자격기본법 규정에 따라 등록한 민간자격으로, 국가로부터 인정받은 공인자격이 아님

④ 민간자격 등록 및 공인 제도에 대한 상세내용은 민간자격정보서비스(www.pqi.or.kr)의 '민간자격 소개'란을 참고하여야 함

👁 시험과목

등급	검정과목	검정방법	문항수	시험시간	배점	합격기준
1급	온라인 비즈니스 및 디지털 마케팅 검색광고 실무 활용 검색광고 활용 전략	객관식	40문항	90분	100	70점 이상 (검정방법별 40% 미만 과락)
		단답식	20문항			

👁 출제기준

등급	과목	검정항목	검정내용
1급	온라인 비즈니스 및 디지털 마케팅	온라인 비즈니스	온라인 비즈니스 환경 및 시스템
		디지털 마케팅	디지털 마케팅 이해 및 마케팅 전략
		온라인 광고	온라인 광고의 개요 및 종류
	검색광고 실무 활용	검색광고의 이해	검색광고의 개념 및 특징
			매체 노출 효과 및 산출방법
		검색광고 기획	사용자 패턴 분석 및 매체 믹스
			매체별 시스템의 이해
		검색광고 등록	검색광고 등록시스템 및 상품
		검색광고 운용	검색광고 관리 전략
			무효 클릭 관리
			온라인 광고 정책
	검색광고 활용 전략	효과분석을 위한 사전이해 및 실제 효과 분석	사용자의 행동단계와 효과 분석의 관계
			검색광고에서 매일 효과분석을 해야 하는 이유
			효과분석을 위한 목표설정 방법
			광고효과분석 방법 기초
			기초적인 광고효과분석 흐름
			기본정보 분석
			광고효과분석 방법기초
		사후관리	키워드 사후관리
			렌딩페이지 관리

SEARCH ▼ 검색광고마케터 시험안내   🔍

👁 응시장소 및 비용

등급	응시장소	검정수수료	응시자격
1급	비대면 온라인	50,000원	제한 없음

응시장소

1인 1실로 응시 가능한 장소(자택, 기숙사, 회사 회의실 등)

주의! 타인의 방해를 받지 않고 시험에 집중할 수 있는 장소(시험 응시 환경에 타인 인식 가능)

불가! 강의실, 도서관 열람실, PC방, 카페 등 응시에 방해를 받을 수 있거나 타인에게 피해를 줄 수 있는 장소는 응시불가(타인과 대화 시 부정행위 간주)

검정수수료

- 자격증 발급수수료 : 5,800원(배송료 포함)

  ※정보이용료 별도 : 신용카드/계좌이체 650원, 가상계좌입금 300원

- 연기 및 환불 규정

  − 접수기간 ～ 시험 당일 10일 전 : 신청서 제출시 연기 또는 응시비용 전액환불

  − 시험일 9일전 ～ 시험 당일 : 신청서 및 규정된 사유의 증빙서류 제출시 연기 및 응시비용 전액환불

  − 시험일 이후 : 환불 불가

👁 신분증 규정 및 인정범위

신분증 규정

- 시험 당일 응시자는 본인 확인을 위해 신분증 인정범위에서 규정하는 신분증 중 1개를 반드시 지참하여야 하며, 신분증을 지참하지 않은 응시자는 시험 종료 시까지 신분증 확인이 되지 않을 경우 해당시험은 무효처리 됩니다.
- 신분 미확인 등에 따른 불이익은 수험자 책임이며, 그에 따른 시험의 연기 또는 응시료 환불이 불가합니다.
- 신분증의 사진훼손으로 식별이 불가능하거나 스마트폰으로 촬영한 이미지 등의 신분증 사본은 신분증으로 인정되지 않습니다.

신분증의 인정범위

구분	신분증 인정범위
일반 신분증	주민등록증, 운전면허증, 여권(유효기간 내), 공무원증, 장애인등록증(복지카드), 국가유공자증
자격증	한국정보통신진흥협회 국가공인자격증(디지털정보활용능력, 리눅스마스터, 인터넷정보관리사(3급 제외)), 국가기술자격증
학생	주민등록증 발급신청확인서, 청소년증, 학생증(사진부착 학교장 직인 필), 학교생활기록부(사본), 재학확인서(사진부착 학교장 직인 필)
군인	군장병 신분확인서(사진부착 부대장 직인 필)

👁 필요장비

① PC 또는 노트북(온라인 CBT 시험용)
② 스마트폰(비대면 원격 감독용)
주의 최소 2시간 이상 안정적으로 네트워크가 유지된 상태에서 PC(노트북) 및 스마트폰 이용이 가능

◉ 수험 유의사항

입실 및 시험시간

급수	입실완료시간	시험시간
1급	13:50	14:00 ~ 15:30 (90분)

※ 입실시간 이후 온라인시험 접속 불가

본인 확인 절차

- 본인 확인을 위해 한국정보통신진흥협회(KAIT) 자격검정에서 인정하는 신분증을 반드시 소지하여야 합니다.
- 한국정보통신진흥협회(KAIT) 자격검정에서 규정하는 신분증 인정범위에 해당하지 않는 경우, 신분증으로 인정하지 않습니다.

시험 진행 중 유의사항

- PC화면, 핸드폰의 화면 공유가 끊기는 경우 부정행위로 간주될 수 있습니다.
- 시험은 반드시 모니터 1개의 화면으로 진행
- 인터넷 검색 등 외부 프로그램 사용, 공업용 계산기 등의 사용은 불가합니다.
- 시험 중 자리 비움과 화장실 이용은 불가합니다.
- 감독관의 메시지와 요청사항에는 반드시 응해야하며, 해당 요청사항에 응하지 않을 경우 부정행위로 간주됩니다.

👁 부정행위

부정행위 유형

- 시험진행을 위한 감독위원의 요구에 정당한 사유 없이 응하지 않는 경우
- 문제지 및 답안지, 부정한 휴대물(쪽지 등)을 보거나 보여주는 행위
- 신분증을 위조 · 변조하거나 대리로 시험에 응시 또는 응시하게 하는 경우
- 시험 중 수험자 간 대화 또는 신호를 주고받거나, 부정한 휴대물(쪽지 등)을 전달 또는 교환하는 경우
- 시험 중 휴대전화, 무전기, 전자사전 등의 허용되지 않은 전자기기를 조작 및 이용하는 경우
- 시험 간 소란을 발생시키거나 다른 수험자의 시험을 방해하는 경우
- 시험 종료 후 문제 및 답안지 등을 시험장 외부로 유출하는 경우
- 기타 감독위원에 의해 부정행위라고 판단되는 경우

부정행위 처리

- 현장 적발 : 진행위원 및 감독위원에 의한 적발로, 부정행위 적발 시 즉시 수검행위를 중지시키고, 부정행위자로 하여금 그 사실을 확인하여 부정행위확인서 작성
- 대리응시 적발 : 사전에 공모하여 신분증 위 · 변조 등의 방법으로 시험에 대리응시하거나 답안지를 교체하는 등의 행위를 뜻하며, 이때 부정행위에 관련된 응시자 모두를 부정행위자로 처리
- 사후 적발 : 시험 종료 후 같은 시험실 응시자들의 제보, 주위 사람과의 답안 유사도, 과거 본인이 작성한 답안지와의 필체 대조, 과거 응시했던 시험의 수험표 얼굴 비교 등 여러 가지 객관적인 판단을 통해 적발
- 기타 적발 : 위의 항목 외에 발생된 기타 유형의 부정행위(합격확인서 및 합격증서, 자격증의 위 · 변조 등)

  ※ 부정행위를 했을 경우 당일 응시한 전 종목은 실격 처리되며, 향후 3년간 협회가 주관하는 모든 시험에 응시할 수 없습니다.

SEARCH ▼ **검색광고마케터 시험안내** 🔍

👁 장애인 편의안내

장애인 응시자 편의제공

장애유형		객관식/단답식 시험	작업식 시험
시각장애	1~6급	1) 시험시간 1.5배 연장 2) 확대문제지 제공 3) 시각장애인의 경우 대독자 대동 가능	1) 시험시간 1.5배 연장 2) 확대문제지 제공
뇌병변 장애	등급 구분 없음		
지체장애	상지장애 1~6급		
청각장애	등급 구분 없음	멀티미디어제작, 디지털영상편집의 경우 시험시간의 1.5배 연장	
기타 의료기관이 인정한 장애		장애정도를 검증하여 결정	

※ 작업형 시험 : 디지털정보활용능력(전 과목), 컴퓨터프로그래머 2급, 모바일앱개발전문가 2급, 리눅스마스터 1급 2차, 디지털영상편집 1급/2급.

신청방법

- 시험접수 시 장애여부에서 '해당 있음'을 선택합니다.
- 장애인임을 증명할 수 있는 증빙자료(장애인 복지카드 또는 진단서 등)를 첨부합니다.
- 시험 당일 장애인 복지카드(사본포함) 또는 관련 증명서(진단서 등) 1부를 지참합니다.
- 시험 당일 해당 서류를 제시하지 않을 경우 일반 수험자로 간주하여 수험편의를 제공받을 수 없습니다.

◉ 자격활용처

종목	내용	활용처
검색광고마케터	의무취득	다츠 커뮤니케이션, 드림인사이트, (주)링크프라이스, 미래아이엔씨, 미술넷 커뮤니케이션, 이엠넷, 카페24, 화방넷
	인사 고과 반영	NHN고도, 링크프라이스, 아이파트너즈, 옐보오부오, 이엠넷
	직무교육 대체	갈더마코리아
	취득 수당 지급	팸컴퍼니
	교육수강/응시료 지원	계명문화대학, 다츠커뮤니케이션, 화방넷
	취득 권유	동서대(광고홍보학과), 미래아이엔씨, 롯데카드, 스마트인터렉티브, 쓰리애니아이앤씨, ㈜요소, 에이민컴퍼니, 에이치디, 애드런, 엠피아, 진담W, 플레이디, 나무커뮤니케이션, 에이엠피글로벌, 써치엠, 석세스마케팅, Performance by TBWA, 레코벨, (주)이인벤션, 비비드플래닛, 워너애드, 명지전문대학교, 숙명여대, 강릉원주대, 한신대, 서강대, 계명문화대학, 용인대
	학점인정	서원대학교(광고홍보 학과)
	채용 우대	NHN AD㈜, 월스트리트잉글리쉬, 브랜드 인큐베이터, 유니비젼㈜, (주)에이치마케팅, (주)에이토즈, 제이슨그룹, 예지솔루션, ㈜아이디어키, (주)레인보우8, ㈜오름아이엠씨, 글로벌엠아이지, ㈜푸드엔, 다봄크리에이티브, 넥스트미디어그룹, ㈜다츠, 디유넷, 이노플랜트, ㈜애드게이트, ㈜중앙애드넷아이엔씨, 아이엠씨코퍼레이션, ㈜초아커뮤니케이션, ㈜제이브릿지컴퍼니, ㈜에이토즈, ㈜위메프, 주식회사 어댑트, ㈜더다함커뮤니케이션즈, 펑타이코리아, 브레이브모바일

구성 및 특징

Click 핵심 미리보기

검색광고마케터 자격시험에 필수적인 핵심 이론을 과목
별로 깔끔하고 한눈에 볼 수 있도록 정리하였습니다.

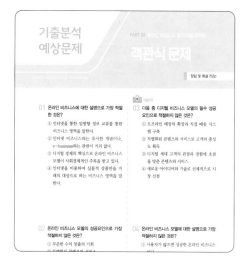

기출분석 예상문제

각 과목의 이론을 보다 깊이 이해할 수 있도록 기출문제
를 분석하여 이론과 관련된 문제들을 예상문제로 수록
하였습니다.

FINAL 실전모의고사

실전을 대비하는 마지막 모의고사 3회분을 수록하여,
실제 시험처럼 진행할 수 있도록 하였습니다.

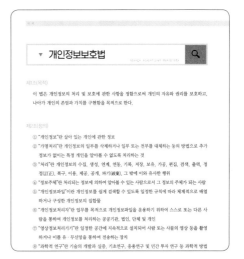

부록

실무에 유용한 내용을 수록하여 전문지식을 익히는데 부
족한 부분이 없도록 구성하였습니다.

SEARCH ▼ **목 차**

| PART | 5 | 정답 및 해설 |

과목		학습예상일	학습일	학습시간
온라인 비즈니스 및 디지털 마케팅	객관식 문제			
	단답식 문제			
검색광고 실무 활용	객관식 문제			
	단답식 문제			
검색광고 활용 전략	객관식 문제			
	단답식 문제			
FINAL 실전모의고사	객관식 문제			
	단답식 문제			

SISCOM Special Information Service Company
독자분들께 특별한 정보를 제공하고자 노력하는 마음

Click

핵심
미리보기

온라인 비즈니스 및 디지털 마케팅

검색광고 실무 활용

검색광고 활용 전략

온라인 비즈니스 및 디지털 마케팅

▶ 온라인 비즈니스

① 정의

인터넷을 이용하여 다양한 형태의 상품과 서비스를 제공하고 그와 관련된 모든 거래행위와 가치를 창출할 수 있는 비즈니스 활동이다.

② 특징

1997년 IBM이 주창한 개념으로 온라인상에서 경제 주체들이 정보통신 기술과 인터넷을 이용하여 전자적으로 이루어지는 상거래와 그 상거래를 지원하는 경제 주체들의 활동이라 정의할 수 있다. e-비즈니스는 온라인상의 구매와 판매를 가리키는 e-커머스 개념은 물론 기업 내부 및 기업 간 거래인 협업도 포함한다.

▶ 온라인 비즈니스 모델의 5대 성공요인

① 차별화된 콘텐츠 및 서비스
② 지속적인 수익 창출
③ 특허
④ 스피드로 기회의 선점
⑤ 고객관점 및 고객경험

▶ 온라인 포털

① 정의

인터넷을 사용할 때, 기본적으로 거쳐 가는 웹 사이트를 말하며, 광고를 주 수익 기반으로 하지만 온라인 커머스, 유료 콘텐츠, 결제 등 다양한 수익 모델이 존재한다.

② 특성

인터넷 관문의 역할을 수행한다. 다양한 서비스로 많은 트래픽을 유도한다.(트래픽 기반 수익 모델)

③ 발전과정

Search → Communication → Community → Contents&Commerce

▶ 검색엔진

① 정의

인터넷에서 자료를 쉽게 찾을 수 있게 도와주는 소프트웨어를 의미한다.

② 디렉토리 검색

주제별로 분류된 메뉴를 선택하여 한 단계씩 상세한 주제로 찾아가는 방법을 의미한다.

③ 주제어 검색

원하는 정보를 나타내는 특정한 단어들을 사용하여 정보를 찾아가는 형태를 의미한다.

④ 통합 검색

웹 사이트뿐만 아니라 거의 모든 유형의 문서나 파일을 제공하는 방법을 의미한다.

⑤ 인덱스 검색

인터넷에 새롭게 만들어진 파일 등의 정보를 검색로봇이 주기적으로 수집하여 인덱스 데이터베이스에 정보위치를 저장하는 방법을 의미한다.

⑥ 특징

- 구글과 같이 주제어 검색만을 지원하는 검색엔진도 있지만 많은 검색엔진은 디렉토리 검색방법 및 주제어 검색방법을 모두 지원하고 있다.
- 대표적인 검색엔진에는 국내의 네이버, 다음 등과 해외의 구글, 빙 등이 있다. 일반적으로 검색엔진을 사용하는 것은 무료이지만 검색엔진이 포털 사이트의 역할을 수행하면서 광고를 할 수 있기 때문에 많은 사용자를 확보하면서 대기업으로 성장하는 경우가 많이 있다.

▶ 소셜 미디어

① 정의

사람들의 의견, 생각, 경험, 관점 등을 서로 공유하기 위해 사용하는 온라인 도구나 플랫폼을 의미한다. 이러한 소셜 미디어는 텍스트, 이미지, 오디오, 비디오 등의 다양한 형태를 가지고 있는데, 대표적으로 블로그(blog), 소셜 네트워크(Social Network), 메시지 보드(Message Board), 팟캐스트(Pod-cast), 위키스(Wikis), 비디오 블로그(Vlog) 등이 있다.

② 특성

특성	내용
참여 (Participation)	소셜 미디어는 관심 있는 모든 사람들의 기여와 피드백을 촉진하며 미디어와 오디언스의 개념을 불명확하게 한다.
공개 (Openness)	대부분의 소셜 미디어는 피드백과 참여가 공개되어 있으며 투표, 피드백, 코멘트, 정보 공유를 촉진함으로써 콘텐츠 접근과 사용에 대한 장벽이 거의 없다.
대화 (Conversation)	전통적인 미디어가 'Broadcast'이고 콘텐츠가 일방적으로 오디언스에게 유통되는 반면 소셜 미디어는 쌍방향성을 띤다.
커뮤니티 (Community)	소셜 미디어는 빠르게 커뮤니티를 구성케 하고 커뮤니티로 하여금 공통의 관심사에 대해 이야기하게 한다.
연결 (Connectedness)	대부분의 소셜 미디어는 다양한 미디어의 조합이나 링크를 통한 연결상에서 번성한다.

▶ 프로슈머(Prosumer)

① 1980년 엘빈 토플러가 〈제3의 물결〉에서 처음 사용한 용어로 생산자적 기능을 수행하는 소비자를 말한다.

② 소비자들이 자신들의 욕구를 충족시킬 수 있는 상품의 개발을 직접 요구하고 때로는 유통에도 직접 관여하는 소비자를 말한다.

③ Producer와 Consumer의 합성어이다.

▶ 온라인 커머스

① 물리적 상품과 서비스의 구매 편리성과 구매 안정성을 동시에 충족시킬 수 있다.

② 소셜 미디어와 온라인 미디어를 활용하는 전자 상거래의 일종이다.

③ 가상의 마켓 플레이스에서 재화와 서비스를 판매하는 비즈니스 모델을 일컫는 포괄적인 개념이다.

④ 쿠팡, SSG.COM과 같은 기업이 배송에 막대한 투자를 하고 있는 것이 좋은 사례이다.

Click

핵심 미리보기

▶ 마케팅 패러다임의 변화

	Old Paradigm	New Paradigm
소비자	수동적 소비자	능동적 소비자
소비자 조사	설문조사	소셜 빅데이터
커뮤니케이션	• 기업주도적 • 일방향 • 노출 위주 효율성	• 소비자 욕구 중심 • 양방향 • 상호작용, 참여, 체험
광고 방식	• 푸쉬형 • 대량의 일원화된 메시지	• 개인 맞춤형 • 재미와 감성을 지닌 브랜디드 콘텐츠 (Branded Contents)

▶ 디지털 미디어

① Paid media

조직이나 개인이 비용을 들여 온·오프라인 미디어 채널을 통해 메시지를 전달하고자 할 때 유료로 이용하는 미디어를 말한다. 네이티브 광고, 배너광고 등이 이에 포함된다.

② Owned media

자기의 회사가 보유하고 있는 커뮤니케이션 미디어를 말한다. 홈페이지, 블로그 등이 이에 포함된다.

③ Earned media

제3자에 의해 창작되고 소유되어 소비자로부터 신뢰와 평판을 획득할 수 있는 모든 종류의 퍼블리시티를 의미한다. 고객이 남기는 후기나, 커뮤니티의 게시물 등이 이에 포함된다.

▶ STP전략

① 필립 코틀러는 기업이 시장을 세분화화여 새로운 고객을 유치하고 지속적인 수익을 낼 수 있도록 해야 한다고 주장하였다. 이 모델에서는 시장세분화, 목표시장 설정, 포지셔닝 세 단계로 이루어져 있다.

② 시장세분화 전략은 기업의 마케팅 전략 구축을 위한 중요한 행위로써 전체 소비자를 선호, 취향, 문제해결책의 유사성에 따라 몇 개의 소비자 집단으로 분류하는 것이다.

③ 목표시장 설정 전략은 세분시장이 확인되고 나면, 기업은 얼마나 많은 그리고 어떤 세분시장을 표적으로 할 것인지를 결정해야 한다. 무차별적 마케팅 전략, 차별적 마케팅 전략, 집중적 마케팅 전략으로 구분할 수 있다.

④ 포지셔닝 전략은 자사 제품의 큰 경쟁우위를 찾아내어 이를 선정된 목표시장의 소비자들의 마음속에 자사의 상품을 자리 잡게 하는 것을 의미한다.

▶ 마케팅

4P	Promotion(촉진)	Place(장소)	Price(가격)	Product(제품)
4C	Customer value (고객 가치)	Convenience (편리성)	Communication (의사소통)	Cost to Consumer (비용)
4E	Experience(경험)	Engagement(참여)	Evangelist(전도)	Enthusiasm(열정)

▶ 구전 마케팅

① 온라인 구전

온라인상에서 소비자가 직접 경험한 정보를 다른 소비자와 공유하는 자발적 의사소통을 의미한다. 온라인 구전은 네트워크 분석을 통해 구전의 확산경로와 의견 선도자를 파악할 수 있어 기업의 입장에서 소비자의 의견을 청취하는 채널로 활용할 수 있다. 온라인 쇼핑몰에서 구매 후 소비자가 작성하는 사용 후기도 온라인 구전의 한 유형으로 볼 수 있다.

② 바이럴 마케팅

소비자가 마케팅 메시지를 다른 소비자들에게 퍼뜨리게 하는 마케팅을 의미한다.

③ 버즈 마케팅

오락이나 뉴스로 이야깃거리를 제공해 소비자가 제품을 직접 사용해보고, 자신의 SNS에 올려서 자연스럽게 구매를 유도하는 것을 의미한다.

④ 커뮤니티 마케팅

제품과 관련된 다양한 커뮤니티를 만들어주고, 지원하는 마케팅을 의미한다.

⑤ 인플루언서 마케팅

주로 SNS상에서 영향력이 큰 사람들을 일컫는다. 인터넷이 발전하면서 소셜 미디어의 영향력이 크게 확대되었기 때문이다. 현재는 소셜 미디어를 통해 일반인들이 생산한 콘텐츠가, 브랜드 측에서 게시하는 TV광고와 유사하거나, 혹은 그 이상의 영향력을 가지게 되었다.

⑥ 코즈 마케팅

코즈 마케팅은 기업의 사회적 책임과 마케팅을 결합, 공유 가치 창출을 하는 방법이다. 사회적 이슈를 해결함과 동시에 기업의 이익을 동시에 추구한다는 것이 핵심이다. 즉, 기업이 환경, 보건, 빈곤 등과 같은 사회적 이슈, 즉 코즈(Cause)를 이익 추구를 위해 활용하는 마케팅 전략이다.

▶ 브랜디드 콘텐츠

① 다양한 문화적 요소와 브랜드 광고를 결합한 콘텐츠이다.

② 제품, 회사명, 브랜드를 직접 노출하지 않지만 이를 문화 콘텐츠 속에 녹여 강력한 광고 효과를 내고 소비자의 공감과 흥미를 통해 자발적인 공유에 이르는 것이 목표이다.

③ 소비자의 콘텐츠 선택이 유튜브나 페이스북 등 SNS를 통한 입소문에 좌우되면서 직접적인 광고보다는 문화적으로 소비할 수 있는 브랜디드 콘텐츠를 매개로 한 접근이 더욱 큰 광고 효과를 보고 있다.

▶ 디지털 광고

① 정의

소비자들에게 자사 제품 및 서비스 등에 대해 디지털 미디어를 활용해 소비자와 쌍방향으로 소통하는 일종의 설득 메시지를 의미한다.

② 특성

- 트래킹의 용이성
- 정교한 타기팅
- 전달의 융통성
- 상호작용성

▶ 디지털 광고 산업 구조

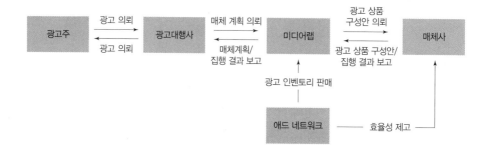

① 광고주

광고를 게재하는 주체를 의미한다.

② 광고 대행사

디지털 광고에 특화된 광고 회사를 말하는 것으로 주로 광고주와 협의를 통해 광고를 기획 및 제작하는 역할을 수행한다.

③ 디지털 미디어 랩

사전효과 예측 및 매체안 등을 제시, 광고소재 송출, 노출 및 클릭 관리, 보유한 광고 솔루션을 활용해 각 매체별 트래킹을 통해 광고효과를 측정 및 비교한다.

④ 애드 네트워크

매체사들의 여러 광고 인벤토리(광고 집행 가능 영역)를 네트워크 형태로 묶어 이를 광고주에게 판매하는 서비스를 제공한다.

▶ 디지털 광고의 종류

① 배너광고

- 홈페이지에 띠 모양으로 만들어 부착하는 광고로, 현수막처럼 생겨서 banner라고 한다.
- 초기에는 사각형 모양의 단순한 메뉴 형에서 시작했으나 요즘에는 동영상, 플래시 등 다양한 기법을 사용한다.
- 온라인 사이트 방문자가 해당 광고 이미지를 클릭하면 광고주의 웹페이지로 연결되어 광고 내용을 보거나 이벤트 참여, 구매 등을 하게 하는 방식이다.
- 광고 메시지를 TV CM과 같은 형태로 노출할 수 있으나, 크기에 제한이 있고 많은 정보를 한꺼번에 보여줄 수 없다는 단점이 있다.
- 디스플레이 광고의 대표 격이지만, 검색광고에 비해 클릭률은 낮은 편이다.

② 리치미디어 광고

- 마우스를 올리면 배경색이 변하는 리치미디어 광고로, JPEG, Java 프로그램 등 신기술 및 고급기술을 적용시킨 배너광고, 풍부(Rich)하게 만들었다는 의미에서 리치미디어 광고라고 한다.
- 비디오, 오디오, 사진, 애니메이션 등을 혼합한 고급 멀티미디어 형식의 광고라는 점에서, 기존의 배너광고와는 차이가 있다.

Click
핵심 미리보기

③ 검색광고

- 인터넷 검색서비스를 통해 광고주의 온라인 사이트에 대한 연결고리를 보여주는 광고, 키워드를 검색하기 때문에 키워드 광고라고도 한다.
- 해당 키워드에 이미 관심을 가지고 있는 잠재 고객을 대상으로 광고를 노출하기 때문에, 광고의 효과가 상대적으로 높은 것이 장점이다. 고객이 선택한 특정 키워드에 의한 시장세분화가 가능하다.
- 실시간으로 광고를 관리할 수 있는 장점이 있는 반면에 광고 운영에 소비되는 시간이 너무 많다는 단점이 있다. 광고 클릭과 구매가 강하게 연결되는 장점이 있는 반면에 과다한 광고비로 판매 이익이 상쇄되는 단점이 있다.

④ 컨텍스트 광고

- 검색 광고의 한 종류로 웹페이지의 콘텐츠에 어울리게 띄워주는 광고, 우리말로는 맥락(Text)광고라고 한다.
- 검색광고나 이를 보완한 표적 광고 즉, 소비자의 성별, 연령, 직업과 같은 정보에 따른 맞춤형 광고 역시 맥락에 맞지 않는 면이 많아서 이를 보완하기 위해 만들어진 기법이다. 자신의 관심사와 연관된 내용으로 몰입도가 높은 것이 장점이다.

⑤ 텍스트 광고

- 하이퍼 링크를 통한 텍스트 기반의 광고, 짧게는 20자, 길게는 50자 정도의 비교적 간단한 카피 혹은 설명으로 된 광고를 말한다.
- 이미지를 이용한 광고는 소비자가 '광고'로 인식하기 때문에 저항감이 있지만, 텍스트를 이용한 광고는 소비자가 '정보'로 인식하기 때문에 저항감이 비교적 낮다는 장점이 있다. 광고 단가가 다른 광고에 비해 낮아서 광고비 부담이 적다.

⑥ 네이티브 광고

- 기존광고와 달리 이용자가 경험하는 콘텐츠 일부처럼 보이도록 하여 이용자의 관심을 자연스럽게 이끄는 형태의 광고를 말한다.
- 콘텐츠 자체로의 가치가 충분하여 이용자에 의한 소비과정에서 거부 반응이 적다는 장점이 있다.
- 의도적 판매 목적을 띈 광고에서 벗어나 가치 있고 매력적인 콘텐츠를 통해 이용자를 유도하고 획득한다는 부분에서 콘텐츠 마케팅의 기법으로 이해가 가능하다.
- 대표적인 예로는 인-피드 광고, 기사 맞춤형 광고, 프로모티드 리스팅 등이 있다.

검색광고 실무 활용

▶ 검색광고

① 검색 결과에 광고를 노출하여 잠재고객의 유입을 유도하는 광고를 의미한다.

② 네이버, 카카오, 구글 등의 검색엔진을 통해 노출하는 광고를 의미한다.

③ 이용자의 능동적인 검색활동을 통해 노출되며, 정확한 타기팅이 가능하다.

④ 양질의 검색 결과를 제공하기 위해 검수의 과정을 거친다.

⑤ 키워드 광고, SEM, SA, Paid search라고도 한다.

▶ 검색광고의 특징

① 장점

- 정확한 타기팅이 가능하다.
- 광고 효과를 즉시 확인할 수 있다.
- 광고운영시스템을 통해 탄력적으로 운영할 수 있다.
- 종량제 광고(CPC 광고)로 효율적으로 운영할 수 있다.
- 노출 순위는 최대클릭비용 외에 광고품질에 따라 달라진다.

② 단점

- 관리 리소스가 많이 투여된다.
- 검색광고 경쟁이 심화될 수 있다.
- 부정클릭 발생을 방지하기 어렵다.
- 초기 브랜드를 알리는 광고로는 적합하지 않다.

▶ **검색광고 용어**

① 매체노출효과

용어	설명
클릭률(CTR)	노출수 대비 클릭수 비율
전환율(CVR)	클릭수 대비 전환수 비율
CPA (Cost Per Action)	전환당 비용
ROAS (Return On Ad Spend)	광고비 대비 수익률
ROI (Return On Investment)	투자 대비 이익률
컨버전 (Conversion)	광고를 통해 사이트로 유입 후 특정 전환을 취하는 것

② 검색광고 주요용어

용어	설명
T&D	검색결과에 노출되는 제목과 설명
순위지수	노출 순위를 결정하는 지수
품질지수	광고의 품질을 나타내는 지수
PV	방문자가 둘러본 페이지 수
DT	방문자가 사이트에 들어와서 체류한 시간
UV	중복되지 않은 방문자 수치로 순 방문자 수
연결 URL	광고 클릭 시 도달되는 랜딩 페이지의 URL
표시 URL	사이트 내 모든 페이지에서 공통으로 확인되는 URL
KPI	수치로 표현 가능한 광고의 목표, 핵심성과지표
CPM	1,000회 노출당 비용, 주로 배너광고에 쓰임
CPC	클릭이 발생할 때마다 비용을 지불하는 종량제 광고 방식
광고소재	검색 결과에 노출되는 메시지
확장소재	일반 광고소재 외 전화번호, 위치정보, 홍보문구, 추가 링크
세부 키워드	대표 키워드의 하위 개념

대표 키워드	업종을 대표하는 키워드로 검색수가 높고 경쟁이 치열함
시즈널 키워드	특정 시기나 계절에 따라 조회수와 광고 효과가 급증하는 키워드
랜딩페이지	검색광고의 텍스트나 배너 광고를 클릭 했을 때 연결되는 페이지
도달률	특정 광고 메세지가 존재할 때 최소한 한번 또는 그 이상 노출 된 이용자의 수나 비율
CPV	광고 시청당 비용으로, 주로 동영상 서비스 플랫폼에 주로 사용
CPI	다운로드가 발생한 건마다 광고비용을 지불하는 방식

▶ 검색광고 기획 단계

① 환경분석

현재의 시장 분위기나 경쟁 상황 등을 분석하고, 타깃을 분석하는 것을 말한다.

② 목표설정

검색광고를 통하여 얻고자 하는 궁극적이고 구체적인 목표를 세우는 것을 말한다.

③ 매체전략

목표 달성을 위한 전략으로 크게는 검색광고 상품부터 작게는 키워드와 소재 등의 전략을 말한다.

④ 일정계획

검색광고의 노출 등을 포함한 일정에 대한 계획을 말한다.

⑤ 예산책정

목표를 달성하는데 있어 필요한 만큼의 예산을 정하는 것을 말한다.

▶ 광고 목표

① 구체적이고 명확해야 한다.
② 측정 가능한 것이어야 한다.
③ 행동 지향적이어야 한다.
④ 달성 가능한 기간을 명시해야 한다.

▶ 예산 설정

① 가용예산 활용법

기업들이 회사에서 충당 가능한 수준의 촉진비용을 책정하는 것을 말한다.

② 매출액 비율법

현재 또는 예상되는 매출액의 일정비율을 사용하거나 아니면 제품의 판매가격의 일정 비율을 촉진예산으로 산정하는 방법을 말한다.

③ 경쟁자 기준법

자사의 촉진예산을 타사의 촉진예산에 맞추는 방식으로서, 보통 산업평균에 근거하여 촉진예산을 책정하는 방식을 말한다.

④ 목표 및 과업기준법

가장 논리적인 촉진예산 방식으로서, 자사는 촉진활동을 통하여 자사가 얻고자 하는 것이 무엇인지에 따라 예산을 책정하는 방식을 말한다.

⑤ 광고–판매 반응함수법

과거의 데이터를 통해 판매 반응함수가 존재할 경우 이익을 극대화할 수 있는 광고예산을 편성하는 방법이다.

▶ 매체믹스

① 2가지 이상의 광고를 섞어 광고를 집행하는 것을 의미한다.

② 매체믹스는 네이버, 구글, 카카오 등이 있고, 상품믹스는 브랜드검색, 파워링크, 쇼핑검색광고 등이 있다.

▶ 네이버 운영시스템

① 종류

- 광고관리시스템으로 사이트 검색광고, 쇼핑 검색광고, 콘텐츠검색광고, 브랜드검색광고, 플레이스광고(베타), 지역소상공인 광고를 관리한다.
- 구 광고관리시스템으로 클릭 초이스 플러스, 클릭 초이스 상품 광고를 관리한다.

② 특징

- 광고주 가입은 사업자 최대 5개, 개인 2개이다.
- 계정 구조는 캠페인, 그룹, 키워드와 소재로 구성되어 있다.
- 캠페인은 5개 유형(파워링크, 쇼핑 검색, 파워콘텐츠, 브랜드검색, 플레이스)으로, 광고 집행을 위해서는 캠페인에 맞는 비즈채널이 반드시 등록되어야 한다.
- 광고그룹은 캠페인 활동에 대한 개별 실행 방법을 설정한다. 웹 사이트, 매체, 지역, 노출 요일과 시간대, 하루 예산, 입찰가 설정이 가능하다. 키워드 확장 기능을 통해 자동 광고 노출이 가능하다.

③ 광고시스템 기능

구분	내용
광고관리	즐겨찾기, 모든 캠페인(파워링크, 쇼핑검색, 파워콘텐츠, 브랜드검색, 플레이스)
정보관리	비즈채널 관리, 상품 그룹
보고서	다차원 보고서, 대용량 다운로드 보고서, 기타보고서(일부 캠페인)
도구	광고관리 TIP, 광고노출 진단, 검토 진행 현황, 키워드 도구, 대량 관리, 자동 규칙, 서류 관리, 계약 관리, 이미지 라이브러리, 프리미엄 로그 분석, 광고노출제한 관리, API사용 관리, 이력 관리
비즈머니	비즈머니 관리, 쿠폰 관리, 자동충전 관리, 세금계산서

▶ 카카오 운영시스템

① 키워드 광고

- 클릭당 과금 방식으로 광고를 운영할 수 있는 광고주 시스템이다.
- Daum, Nate, Bing, Kakao Talk 등 주요 포털 동시노출이 가능하다.
- 광고대상은 웹 사이트만 가능하다.

- 그룹에서 PC 검색 포털, 모바일 검색(프리미엄 영역에 최대 6개 광고 노출), PC 콘텐츠, 모바일 콘텐츠 영역의 노출여부 선택이 가능하다.

② 브랜드검색광고

- 노출 영역, 소재 형태, 구간별 쿼리수에 따라 비용이 달라진다.
- 모바일(모바일 라이트, 모바일 오토플레이형), PC(PC 베이직, PC 프리미엄 동영상배너형)의 유형이 있다.

③ 광고시스템 기능

- 키워드광고

구분	내용
광고관리	대시보드, 광고만들기
보고서	맞춤보고서
도구	비즈채널 관리, 심사서류 관리, 광고소재 관리, 키워드 플래너, 대량 관리, 이미지 관리, 픽셀&SDK 연동 관리, 광고노출 제한
설정	광고계정 관리, 광고캐시 관리, 결제카드 관리, 현금영수증 조회, 변경이력 관리

- 브랜드검색광고

구분	내용
광고관리	
도구	광고대상 관리, 계약 관리, 부킹 현황, 서류 관리
보고서	
설정	광고계정 관리, 광고캐시 관리

▶ **구글 운영시스템**

① 방식

Google Ads를 통해 광고등록 및 운영이 가능하다.

② 특징

- 광고주가 달성하고자 하는 주요 목적(판매, 리드, 웹 사이트 트래픽)에 부합하는 목표를 중심으로 캠페인을 생성한다.

- 캠페인 생성 단계에서 네트워크와 기기, 위치 및 언어, 입찰 및 예산, 광고확장을 설정할 수 있다.
- 상세 운영보고서는 Google Ads 우측 상단에 보고서 탭에서 제공한다.
- 보고서 페이지에서 원하는 데이터를 조회, 구성 및 분석할 수 있다.
- 맞춤형 대시보드에 데이터를 추가하여 시각화할 수 있다.
- Google Ads 계정을 열면 가장 먼저 표시되는 것은 개요 페이지이다.

③ 광고시스템 기능

구분	내용
모든 캠페인	개요, 캠페인, 설정, 위치, 변경 내역, 실적 타겟, 캠페인 그룹
검색	
보고서	사전 정의된 보고서(측정기준), 보고서, 대시보드
도구 및 설정	결제, 설정, 측정, 일괄작업, 공유 라이브러리, 계획

▶ 캠페인 등록 및 그룹설정

① 네이버
- 광고 목적에 따라 캠페인 유형을 선택한다.
- 캠페인 이름 및 예산 등록하고 광고 노출기간을 선택한다.
- 광고그룹 이름 등록, 사전 등록한 비즈 채널을 선택한다.
- 광고그룹 생성 단계에서 기본 입찰가, 하루 예산 설정이 가능하다.
- 그룹 고급옵션에서 광고 노출 매체, 지역, 일정 설정이 가능하다.
- 콘텐츠 매체 전용 입찰가, PC 및 모바일 입찰가 가중치 설정이 가능하다.

② 카카오
- 키워드광고 캠페인에서 일예산, 추적기능을 설정한다.
- 키워드광고 광고그룹에서 매체유형(검색 매체/콘텐츠 매체), 디바이스(모바일/PC), 키워드확장(제외 키워드 설정), 기본 입찰가, 그룹 일예산, 집행기간(일자/요일/시간) 등을 선택한다.
- 브랜드검색광고 그룹에서 광고대상, 디바이스(PC/모바일), 탬플릿 유형(유형 변경불가)을 선택한다.

③ 구글
- 목표 중심 목표가 n개면 캠페인도 n개이다.
- 유형, 목표 선택 후 캠페인 이름을 생성한다.

▶ 키워드 선택 및 발굴

① 네이버는 광고그룹 단위에서 확장이 가능하고, 별도의 제외 키워드 등록이 가능하다.
② 카카오는 광고그룹 단위에서 확장이 가능하고, 별도의 제외 키워드 등록이 가능하다.
③ 구글은 일치검색, 구문검색, 제외어 검색 유형으로 미지정 시 기본적으로 확장검색 유형으로 설정된다.

▶ 입찰관리

① 네이버
- 경매(입찰)방식으로 사이트 검색광고(파워링크), 쇼핑검색광고, 콘텐츠검색광고(파워콘텐츠), 클릭초이스플러스, 클릭 초이스 상품광고를 구매할 수 있다.
- 노출 순위는 입찰가, 품질지수를 고려하여 정한다.
② 카카오
- 노출 순위는 입찰가와 품질 지수를 기준으로 산출된 순위에 따라 광고 노출 순위가 결정된다.
- 입력한 입찰가는 노출 영역 중 PC 검색 포털, PC 콘텐츠, 모바일 검색에 적용되며, 최저로 입찰 가능한 금액은 70원이다.
③ 구글
- 광고순위는 입찰가, 광고품질, 광고 순위 기준, 사용자의 검색 환경설정, 광고 확장 및 기타 광고 형식의 예상되는 영향을 종합한다.
- 광고 게재여부와 광고 게재순위가 변동되는 것은 정상이다.
- 캠페인 유형에 맞춘 여러 입찰 전략을 제공한다.

▶ 등록프로세스

① 네이버

- 캠페인 만들기에서 캠페인 이름과 하루예산을 기재하고, 예산 균등 배분 체크가 가능하다.
- 광고그룹 만들기에서 광고그룹의 이름 및 URL, 기본 입찰가, 하루예산 설정, 노출지역/매체/일정의 설정(고급옵션), 소재 노출방식을 설정한다.
- 광고 만들기에서 제목 15자, 설명 45자, 대체 키워드의 입력이 필요하다. 설명에 키워드 삽입 기능의 활용 시 볼드처리하며, 키워드나 소재가 많으면 대량 관리 기능을 사용한다.

② 카카오

- 키워드광고의 캠페인 만들기에서는 비즈채널 선택, 캠페인 이름(최대 50자), 전환추적, 추적 URL, 일 예산을 설정할 수 있으며, 광고그룹 만들기에서는 광고가 노출될 매체유형과 디바이스를 설정할 수 있다. 등록한 키워드를 확장하여 광고를 노출할 수 있고, 확장된 키워드 내에서도 제외키워드를 추가할 수 있다. 기본입찰가와 일 예산을 설정하고, 고급옵션에서 입찰가중치, 집행기간과 요일/시간을 설정할 수 있다.
- 브랜드검색광고의 캠페인 등록에서는 캠페인 이름을 설정할 수 있으며, 광고그룹 등록에서 광고그룹 이름, 광고대상, 디바이스, 탬플릿 유형을 선택할 수 있다.

③ 구글

- 캠페인 설정의 선택에서 캠페인 목표/유형 선택 후 캠페인 설정을 진행한다. 이름 작성 후 검색 네트워크/디스플레이 네트워크 게재 여부 선택이 가능하다.
- 광고그룹 설정에서 다수의 광고그룹 생성이 가능하다. 검색어 지정 범위는 '확장 검색〉구문 검색〉일치 검색' 순이다.
- 최종 도착 URL, 광고 제목 텍스트, 설명 텍스트, 표시 경로(선택) 입력 시 광고 미리보기에 모바일 및 데스크톱 버전 광고를 표시한다.

▶ 키워드 입찰

① 네이버

최소 노출 입찰가	최근 4주간 검색을 통해 노출된 광고 중에서 최하위에 노출되었던 광고의 입찰가 중 가장 큰 값

중간 입찰가	최근 4주간 검색을 통해 노출된 모든 광고의 입찰가를 큰 순서대로 나열했을 때 중간의 값
○○위 평균 입찰가	최근 4주간 해당 순위에 노출되었던 입찰가의 평균 값

- 입찰가 변경이 가능하다(최소 70원~10만 원).
- 입찰가 일괄 변경이 가능하다.
- 개별 변경이 가능하다.

② 카카오

- 광고그룹 설정에서 입찰가를 수정거나, 특정 키워드를 선택하여 수정할 수 있다.
- 광고그룹 내 전체 키워드의 입찰가를 수정할 경우, 광고그룹 수정을 통해 수정 가능하다.
- 일부 키워드의 입찰가를 수정할 경우, 일괄 변경하거나 개별로 설정할 수 있다.

▶ 광고검수

① 네이버

- 비즈채널 검수에는 업종별 등록 조건 충족이 필요하다. 회원제 사이트의 경우 테스트 계정의 아이디 및 비밀번호를 함께 등록하여야 한다.
- 품질지수는 최초 등록 시 같은 키워드가 노출되고 있는 광고 평균에 근접한 값으로 4단계 품질지수를 부여 받으며, 24시간 내 품질 측정되어 품질지수가 적용된다.

② 카카오

최초 등록 시에 1단계의 품질지수를 부여 받는다.

③ 구글

- 영업일 기준 1일 내 검토를 완료한다.
- 품질 평가점수는 키워드별로 1~10점으로 보고(예상클릭률, 광고관련성, 방문페이지 만족도로 결정)한다.
- 등록 시 10점 중 0점으로 시작하여 실적 데이터가 누적되면 변한다.

▶ 품질지수

① 네이버, 카카오, 구글은 검색사용자와 광고주 모두의 만족도를 높이기 위해 광고의 품질을 측정한다. 네이버와 카카오는 품질지수라 하고, 구글은 품질평가점수라고 한다.

② 네이버와 카카오는 7단계의 막대 형태로 보여준다.

③ 구글의 품질평가점수는 계정의 키워드별로 1~10점으로 보고되며, 광고와 광고에서 연결되는 페이지의 품질을 추정한 점수이다.

Click

웹서 미리보기

▶ 네이버 검색광고 상품

① 사이트 검색광고

- 키워드 검색 시 네이버 통합검색 및 다양한 매체에 홈페이지와 홍보 문구가 노출된다.
- 노출 영역 및 위치는 네이버 통합검색 탭에서 파워링크 최대 10개, 비즈사이트 최대 5개까지 노출된다.
- 많이 찾지 않는 일부 키워드는 파워링크 최대 3개까지 노출되고, 비즈사이트는 제외될 수 있다.
- 파트너

파트너 사이트	종류
검색포털	ZUM
검색파트너	옥션, G마켓, 비비, 롯데 아이몰, 다나와, 인터파크, 에누리닷컴, AK몰, 가자아이, 사자아이, 11번가
콘텐츠파트너	KBS, 뿜뿜, 조선닷컴, 동아닷컴, 알바천국, iMBC, 중앙일보, 클리앙, 한경닷컴, 경향신문, 일간스포츠, 부동산써브

② 클릭 초이스 플러스

- 펜션, 포토스튜디오, 파티 및 이벤트, 유아용품 대여 업종 전용이다.
- 네이버 모바일 통합검색 페이지 최대 5개 노출, 더 보기 링크 통해 추가 노출이 가능하다.

③ 파워콘텐츠

- 네이버 지정 키워드에 한하여 집행이 가능하다.
- 정책상 개별적인 로그분석 프로그램 사용의 제한이 있다.
- 고관여 업종 중심으로 광고주가 직접 작성한 양질의 파워콘텐츠를 제공한다.

④ 클릭 초이스 상품 광고

- 패션의류, 패션잡화, 쥬얼리 업종 전용이다.
- 통합검색 결과 페이지에 상품이미지, 가격정보 노출되는 상품단위광고상품이다.

⑤ 쇼핑 검색광고

- 이미지형 검색광고상품이다.
- 쇼핑몰 상품형, 제품 카탈로그형, 쇼핑 브랜드형이 존재한다.

⑥ 브랜드검색(CPM)

- 콘텐츠형 상품으로, 네이버 검색의 '컬렉션 랭킹'으로 노출 순위가 결정된다.
- 네이버 PC, 모바일 통합검색 결과 중 브랜드 키워드에 대해 1개 광고 단독 노출된다.
- 선 지불, 계약기간동안 노출수, 클릭수에 제한 없이 광고가 노출되는 정액제 상품이다.
- 상품 유형, 광고 가능한 키워드의 기간 조회수 합계, 광고노출 기간(최소 7일~90일)에 따라 광고비가 산정된다.

⑦ 지역소상공인광고

- 네이버 콘텐츠 서비스를 이용하는 내 지역 사용자에게 노출하는 배너 광고로, 스마트플레이스에 등록한 업체 정보를 바탕으로 쉽고 빠르게 광고를 생성할 수 있다.
- 오프라인 가게를 알리고 싶은 지역 소상공인이 쉽게 집행할 수 있는 광고 상품이다.
- 네이버의 뉴스/블로그 콘텐츠 서비스 페이지에 업체명, 업체 이미지, 위치, 설명 문구 등이 노출된다.

⑧ 플레이스광고

- 네이버에서 원하는 장소를 찾는 이용자에게 나의 가게를 적극적으로 알릴 수 있는 네이티브 형태의 검색광고이다.
- 이용자가 '지역 + 업종/업체' 또는 특정 장소를 검색 시 네이버 통합검색의 플레이스 영역 및 지도 검색 결과 상단에 광고가 노출된다.(업체명과 같이 검색 의도 및 대상이 명확한 키워드에 대해서는 광고 노출이 제외)

▶ 카카오 검색광고 상품

① 키워드광고
- 주요 검색의 최상단인 프리미엄 링크 영역에 동시 노출되며, 키워드 검색으로 사용자의 의도를 파악하여 광고를 통해 원하는 정보를 전달 할 수 있다.
- 변경된 키워드 광고 관리자센터에서는 좀 더 쉽고 직관적인 사용자 인터페이스가 가능하며, 다차원 보고서 제공으로 상세한 지표 분석이 가능하다.
- 확장소재 유형으로는 추가제목형, 부가링크형, 가격테이블형, 썸네일이미지형, 멀티썸네일형, 말머리형, 계산하기형, 전화번호형, 톡채널형이 있다.
- 프리미엄링크

유형	내용
PC검색 매체	PC검색 포털 Daum, Nate 등 주요 포털 사이트에 노출되며 통합검색결과 최상단(프리미엄링크 영역)에 최대 10개의 광고를 노출한다(경우에 따라 예외가 있을 수 있음). 수요가 많은 키워드는 와이드링크 영역으로 최대 5개까지 추가로 노출된다.
모바일 검색 매체	Daum, Nate, Bing 등의 제휴된 모바일 웹 및 앱에서 모바일 검색 결과, 프리미엄링크 영역에 최대 6개까지 노출된다.
PC콘텐츠 매체	Daum PC서비스(뉴스, 카페 등)와 제휴 매체의 PC 지면에 콘텐츠의 연관도에 따라 노출되며, 텍스트 및 확장소재 썸네일 이미지가 결합된 배너형태로 노출된다(단 확장소재 미등록 시 텍스트만 노출). Daum 메인 및 내부 지면, 카페, 뉴스 및 카카오톡 등의 카카오 내부 지면 및 언론사, 커뮤니티 등의 카카오와 제휴를 맺고 있는 외부 지면에 노출된다.
모바일콘텐츠 매체	Daum 모바일서비스(Daum 모바일 앱/웹, 카카오톡# 탭 등)와 제휴 매체의 모바일 지면에 콘텐츠의 연관도에 따라 노출되며, 텍스트 및 확장소재 썸네일 이미지가 결합된 배너형태로 노출된다(단 확장소재 미등록 시 텍스트만 노출). Daum 메인 및 내부 지면, 카페, 뉴스 및 카카오톡 등의 카카오 내부 지면 및 언론사, 커뮤니티 등의 카카오와 제휴를 맺고 있는 외부 지면에 노출된다.

② 브랜드검색광고
- 브랜드에 대한 '정보탐색'의 목적이 있는 유저에게 이미지/동영상/텍스트 등을 이용하여 브랜딩할 수 있다.
- 카카오톡 채널 영역 등을 이용하여 보다 다양하고, 효과적으로 구성할 수 있다.
- 노출영역

노출영역	내용
PC 브랜드 검색 광고	브랜드 키워드 검색 시 Daum 통합검색 결과 최상단에 노출되는 정보성 콘텐츠 상품으로, 브랜드에 대한 '정보탐색'의 목적이 있는 오디언스에게 이미지/동영상/텍스트 등을 이용하여 브랜딩 할 수 있는 상품이다.

모바일 브랜드 검색 광고	모바일 브랜드검색을 통해 모바일 인터렉션을 만들 수 있고, 모바일 액션까지 가능하다.

▶ 구글 검색광고 상품

① 광고 순위에 따라 게재 순위가 결정된다.

② 검색결과 상단 또는 하단에 게재, 최대 4개만 상단에 게재된다.

③ 광고 게재 영역은 검색 네트워크, 디스플레이 네트워크로 구분된다.

검색 네트워크	키워드와 관련된 용어 검색 시, 구글 검색 결과 옆 및 구글 사이트에 게재된다.
디스플레이 네트워크	관련성이 높은 고객이 인터넷에서 사이트, 동영상, 앱을 탐색할 때 광고를 게재하여 도달 범위를 넓힐 수 있다.

▶ 캠페인 관리

① 네이버

- 기간변경, 예산 변경, 자동 규칙 만들기, 삭제가 가능하다.
- 캠페인, 광고그룹 등의 대상에 입력한 조건이 달성되면 알림, OFF, 입찰가가 변경된다.

사용자 설정	선택 가능한 지표
일반정보	캠페인 유형, 상태, 기간, 하루예산, 예산분배, 광고그룹 수, 키워드 수
성과 지표	노출수, 클릭수, 클릭률, 평균클릭비용, 총비용, 전환수, 전환율, 전환매출액, 광고 수익률, 전환당 비용, 동영상 조회수
기타	캠페인 ID, 등록 시작, 수정시작

② 카카오

- 키워드광고 캠페인에서 캠페인, ON/OFF, 상태, 비즈채널, 일 예산, 노출수, 클릭수, 비용, 클릭률, 기간을 확인할 수 있다.
- "복사" 기능은 키워드에 설정된 키워드입찰가와 랜딩 URL 모두 복사하며, 추가 설정을 통해 OFF 상태로 복사한다.
- 브랜드검색광고 캠페인에서 캠페인, ON/OFF, 상태, 노출수, 클릭수, 클릭률을 확인할 수 있다.

③ 구글

Google Ads에서 검색캠페인 선택 시 캠페인명, 예산, 상태, 유형, 클릭수, 노출수, 클릭률, 평균 CPC, 전환당비용, 전환율 등 기본 지표를 제공한다.

그룹관리

① 네이버
- 그룹 기본 입찰가, 채널 정보, 노출수, 클릭수, 클릭률, 평균 클릭비용, 총비용 지표를 제공한다.
- "다른 캠페인으로 복사" 기능으로 키워드의 품질지수는 복사되지 않는다.
- 개별 광고그룹에서는 성과 그래프, 광고그룹 정보, 키워드 리스트가 확인된다. 키워드, 키워드 확장 beta, 소재, 확장 소재 탭으로 이루어져있다.

② 카카오
- 키워드광고 광고그룹에서 광고그룹, ON/OFF, 상태, 기본입찰가, 일 예산, 노출수, 클릭수, 비용, 클릭률, 기간을 확인할 수 있다.
- 브랜드 검색광고 광고그룹에서 광고그룹명, ON/OFF, 상태, 디바이스, 탬플릿, 계약정보, 노출수, 클릭수, 클릭률 등을 확인할 수 있다.

③ 구글
- 그룹 목록에서 광고 그룹 이름, 상태, 타겟 CPA, 전환수, 전환당 비용, 광고그룹 유형, 클릭수, 노출수, 클릭률, 평균 CPC, 비용, 전환율을 확인할 수 있다.
- 개별 그룹에서 복사, 잘라내기, 붙여넣기, 사용설정, 일시정지, 삭제가 가능하며, 광고 로테이션 변경, 추적 템플릿 변경, 맞춤 매개변수 변경, 타겟팅 확장 설정 변경, 자동 규칙 만들기가 가능하다.

키워드 관리

① 입찰관리
- 네이버와 카카오, 구글은 선택 키워드의 입찰가 변경이 가능하다.
- 구글은 자동입찰 기능이 있다.

② 키워드 발굴

- 대표 키워드는 잠재고객들이 쉽게 검색하여 광고를 많이 노출시킬 수 있지만, 클릭당 비용이 높고 광고비 지출이 높을 수 있다.
- 세부 키워드는 검색 수는 낮지만 저렴한 입찰가로 광고를 노출시킬 수 있다.

③ 키워드 확장

- 네이버와 카카오는 광고그룹 단위에서 확장 기능으로 사용이 가능하다.
- 구글은 일치검색, 구문검색, 제외어 검색으로 지정하지 않으면 기본적으로 확장검색 유형으로 설정된다.

④ 키워드 이동과 복사

- 네이버는 이동이 불가능하지만, 복사가 가능하다.
- 카카오는 복사가 가능하다.
- 구글은 복사가 가능하다.

▶ 소재 관리

① 네이버는 광고그룹당 최대 5개까지 등록이 가능하고 노출방식은 성과 기반 노출과 동일 비중 노출 방식이 있다.

② 카카오 키워드광고는 광고그룹당 최대 20개까지 등록이 가능하고, 기본 소재에 이미지, 가격 등을 추가로 노출한다. 믹스타입을 우선 노출한다. 브랜드검색광고는 계약 체결시 5개의 소재 선택이 가능하다.

③ 구글은 광고그룹당 텍스트 광고 50개까지 등록이 가능하며 캠페인 단위에서 광고 순환게재를 선택할 수 있다.

④ URL

- 표시 URL은 광고소재에서의 URL로, 사이트 내 모든 페이지에서 공통으로 확인되는 URL이다. 즉, 최상위 도메인을 말한다.
- 연결 URL은 광고소재에서의 URL로, 광고를 클릭 했을 때 도달하는 페이지의 URL이다. 즉, 랜딩페이지의 URL을 말하고, 네이버와 구글은 키워드와 소재에 연결 URL을 설정할 수 있다.

▶ 비즈채널 및 광고대상 관리

① 네이버
- 비즈채널은 웹 사이트, 전화번호, 쇼핑몰, 위치정보, 네이버 예약 등 잠재적인 고객에게 상품정보를 전달하고 판매하기 위한 모든 채널을 의미한다. 이 경우 광고 집행을 위해 캠페인 유형에 맞는 비즈채널을 반드시 등록해야 한다.
- 비즈채널은 모든 유형을 합쳐 계정당 총 1,000개까지 추가 가능하다. 단, 전화번호 유형 중 통화추적번호는 최대 50개, 네이버 톡톡 유형은 최대 5개까지만 추가할 수 있다.

② 카카오
- 계정〉도구〉비즈채널 관리에서 등록 및 수정이 가능하다.
- 광고시작을 위해서는 반드시 입력해야 하는 광고대상은 웹 사이트이다. 부가적으로 카카오톡 채널, 전화번호, 카카오페이 뱃지 등이 있다.
- 카카오 검색광고에서 비즈채널은 1개 계정당 최대 1,000개까지 등록이 가능하다.

▶ 광고노출전략 관리

① 네이버
- 캠페인 단위에서 기간 변경과 예산 변경이 가능하다.
- 광고그룹 단위에서 하루 예산, 지역, 요일 및 시간대, 콘텐츠 매체, PC 및 모바일 입찰가중치, 소재노출 방식을 통해 광고노출을 관리할 수 있다.

② 카카오
- 광고수요가 많은 일부 키워드에 대해 Daum 통합검색결과 와이드링크 영역에 최대 5개의 광고가 노출된다.
- 브랜드검색 광고의 계약기간은 최소 10일~최대 90일 사이에서 상품 구매가 가능하다.

③ 구글
캠페인 단위에서 네트워크와 위치, 언어, 예산, 시작일 및 종료일 설정을 통해 노출 전략의 설정이 가능하다.

▶ 즐겨찾기

① 네이버 검색광고는 핵심적으로 관리하는 광고그룹이나 키워드, 소재를 관리 목적에 따라 즐겨찾기를 설정할 수 있다.

② 광고그룹, 키워드, 소재 단위로 추가할 수 있으며, 하나의 즐겨찾기는 광고그룹, 키워드, 소재의 묶음으로 구성된다.

③ PC 이용이 어려운 상황에서 모바일 광고주 센터에서 빠르게 작업할 때 용이하다.

▶ 무효클릭

① 사용자가 의도하지 않은 클릭이나 악성 소프트웨어로부터 발생한 클릭 즉, 검색광고 본래의 취지에 맞지 않은 무의미한 클릭을 의미한다.

② 네이버, 카카오, 구글은 사전 및 사후 모니터링을 진행한다.

③ 필터링 로직과 필터링 결과는 악용할 가능성이 있어 공개하지 않는다.

④ 광고비의 소진, 품질지수의 상승 등 특정인의 이익을 위해 행해지는 인위적 클릭과 각종 소프트웨어, 로봇 또는 자동화된 도구에 의해 발생하는 클릭과 더블클릭 등의 무의미한 클릭을 말한다.

검색광고 활용 전략

▶ 사용자 행동단계와 효과측정

① 사용자 행동단계

노출, 클릭, 구매의 단계를 거친다.

② 효과측정

일반적인 소비자 행동	인지	방문	구매
검색광고 소비자 행동	노출	클릭	구매
단계별 효과 측정	CPI	CPC	CPS

▶ 검색광고 효과를 분석해야 하는 이유

① 날마다 달라지는 키워드의 양과 질

② 실시간 광고 분석 가능

③ 다양한 광고상품의 존재

▶ 검색광고 효과분석을 위한 사전 이해

① 검색광고 효과 분석은 광고 집행 프로세스의 마지막 단계이면서 동시에 시작의 단계이다.

② 초기 수립한 광고목표를 기반으로 평가에서 끝나기만 하면 실질적인 효과분석을 하는 의미가 없다.

③ 검색광고 효과분석을 통해 끝없이 개선하고 성장을 이끌어내는 것이야말로 검색광고 마케터의 역량이다.

④ 검색광고는 타 광고와는 다르게 명확한 성과측정이 가능하며 실시간으로 운영되는 시스템으로 추후 사후관리를 통해 광고 성과를 크게 개선시키는 것이 가능하다.

▶ 단계별 효과분석 방법

① 노출당 비용 = 총 광고비/노출수(낮을수록 좋음)

노출당 광고비를 의미하며, 광고비당 노출의 정도가 어느 정도인지를 분석하는 방법이다. 동일한 광고비에 비해 노출수가 많은 것이 더 높은 효과가 있는 광고이며, 이 방법은 CPT(노출시간에 따라 광고비용이 정해지는 상품) 상품에서 효과적으로 사용할 수 있다.

② CPC(클릭당 비용) = 총 광고비/클릭수(낮을수록 좋음)

광고를 통해 한 사람의 사용자가 사이트를 방문하는데 투여되는 비용을 말한다. 클릭당 비용이 낮을수록 또는 동일 광고비용으로 클릭률이 높을수록 광고효과가 높음을 알 수 있다.

③ CPS = 총 광고비용/구매 건 수(낮을수록 좋음)

광고를 통해 사용자가 광고주의 사이트를 방문하여 최종적으로 상품 및 서비스를 구매하는 비용을 의미한다. 구매건당 비용이 낮을수록 효율적으로 광고가 집행되고 있음을 알 수 있다.

▶ 광고비용 대비 효과 분석

① 투자수익률 분석(ROI, return on investment)

ROI는 '광고를 통한 수익/광고비×100'으로, 투자수익률은 가장 널리 사용되는 측정기준 중 하나이며 이는 키워드 광고를 통해 발생하는 이익을 광고비로 나누어 계산하면 되며 ROI가 100% 이상이면 광고 집행의 효과가 있다고 봐도 된다. 전체수익과 매출을 가지고 ROI를 계산하기도 하지만 각 키워드별 ROI를 계산하여 확인할 수도 있다.

② 광고를 통한 매출분석(ROAS, Return on advertising spend)

ROAS는 '광고를 통한 매출/광고비×100'으로, 사용한 광고비를 통해서 직접적으로 발생하는 매출액의 크기를 의미한다.

▶ 광고효과 조사의 목적

① 사전조사의 목적

광고 집행 실패의 사전 방지, 대안의 객관적 평가, 효과적이고 효율적인 광고활동 계획의 수립 등이다.

② 사후조사의 목적

광고 목표의 달성정도의 파악, 광고 수입의 계량화, 차기 캠페인을 위한 기반 마련 등이다.

③ 매체조사의 목적

소비자의 광고 노출량 측정, 타깃 적합매체의 선정, 과학적 매체 계획의 수립 등이다.

C_{lick}

핵심 미리보기

▶ 로그분석

① 웹 사이트 등을 방문한 유저들의 데이터를 수집해 분석하는 도구를 의미한다.

② 네이버, 다음 카카오, 구글 검색광고에서도 무료로 로그분석을 지원하고 있다.

③ 로그분석의 예로 구글의 애널리틱스, 에이스카운터, 비즈스프링의 로거 등이 있다.

④ 매체에서 제공하는 로그분석을 활용할 시에 별도의 엑셀 작업 없이 그룹, 캠페인, 키워드별 전환성과를 보고서와 함께 볼 수 있다.

⑤ 로그분석이 가능하기 위해서는 웹 사이트 등에 전환추적 스크립트의 삽입이 필요하며 자가 설치 및 대행 설치도 가능하다.

▶ 사후관리

① 키워드 사후관리 또는 랜딩페이지 관리로 구분이 가능하다.

② 키워드 사후관리를 통해 광고를 끊임없이 최적화하고 랜딩페이지 관리를 통해 힘들게 방문한 고객들이 이탈되지 않고 전환으로 연결이 가능하도록 사후관리를 철저히 해야 한다.

▶ 키워드 사후관리

① 성과 향상을 위해 고려해야 할 지표는 CTR, CVR이다.
② CTR은 광고가 노출된 횟수 대비 클릭을 받은 비율을 의미한다.
③ CVR은 클릭을 통해서 방문한 고객이 전환행동을 한 비율을 의미한다.

▶ 키워드 지표

① CTR, CVR이 모두 높은 경우

　최적의 광고 컨디션으로, 키워드 및 소재 랜딩페이지 모두 매력적일 때 가능하다. 이미 효과가 검증된 고효율 키워드를 기반으로 연관/세부 키워드를 확장하는 전략을 사용하거나 또는 시즌/이슈 키워드를 확장하는 것도 좋은 방법이다.

② CTR은 높고, CVR은 낮은 경우

　노출 순위 및 소재 등은 매력적이지만 실제적으로는 사이트에 방문해서 전환 행동이 발생하지 않은 상태를 의미한다. 원하는 것이 없거나 콘텐츠가 충분하지 않은 경우 타 사이트를 이탈할 가능성이 높아진다.

③ CTR, CVR이 모두 낮은 경우

　키워드 및 광고 소재가 모두 적합한지를 사전에 점검한 후에 광고 중단을 고려해야 한다. 키워드는 여러 가지 이유로 언제나 변화가능성이 있으므로 주기적인 효과분석 및 필터링 과정은 필수적이다.

④ CTR은 낮고, CVR은 높은 경우

　클릭률은 낮지만 일단 방문한 고객은 높은 확률로 전환이 이루어지는 경우이다. 이 같은 경우에 광고소재의 매력도가 낮은지, 키워드 입찰순위가 현저히 낮아 충분한 클릭을 받지 못하고 있는지를 점검해야 한다.

▶ 랜딩페이지

① 광고를 통해 방문하게 되는 페이지를 의미한다.

② 랜딩페이지가 메인페이지가 될 수 있으며, 카테고리나 제품 상세 페이지, 이벤트 페이지가 될 수도 있다.

③ 광고를 클릭해 방문한 페이지에서 찾고자 했던 제품 및 콘텐츠 등이 없는 경우 고객들은 쉽게 포기하고 타 페이지를 사용한다.

④ 방문자를 웹 사이트로 유입시키기까지 많은 노력 및 비용을 투하했다 하더라도 랜딩페이지에서 이탈해버리면 아무 소용이 없게 된다.

▶ 반송률

① 랜딩 페이지 효과를 객관적으로 분석하기 위해 광고를 통한 전환 데이터 외에도 로그분석의 여러 가지 지표를 참조할 수 있다. 통상적으로 페이지 뷰, 체류시간, 반송률 등이 대표적이다.

② 반송률은 방문자 수 대비 반송 수의 비율 데이터를 의미한다. 즉, '반송 수/방문 수×100'으로 구한다.

③ 사이트에 방문한 후에 페이지 이동 없이 바로 이탈한 경우를 반송이라고 한다. 반송률이 높다는 것은 그만큼 해당 랜딩페이지가 고객들에게는 효과적이지 않다는 것이다.

온라인 비즈니스
및
디지털 마케팅

객관식 문제

단답식 문제

01 온라인 비즈니스에 대한 설명으로 가장 적절한 것은?

① 인터넷을 통한 일방향 정보 교류를 통한 비즈니스 영역을 말한다.

② 인터넷 비즈니스와는 유사한 개념이나, e-business와는 관련이 거의 없다.

③ 디지털 경제의 핵심으로 온라인 비즈니스 모델이 사회경제적인 주목을 받고 있다.

④ 인터넷을 이용하여 실물적 상품만을 거래의 대상으로 하는 비즈니스 영역을 말한다.

기출문제

03 다음 중 디지털 비즈니스 모델의 필수 성공 요인으로 적절하지 않은 것은?

① 오프라인 매장의 확장과 직접 배송 시스템 구축

② 차별화된 콘텐츠와 서비스로 고객의 충성도 획득

③ 디지털 세대 고객의 관점과 경험에 초점을 맞춘 콘텐츠와 서비스

④ 새로운 아이디어와 기술로 선제적으로 시장 선점

02 온라인 비즈니스 모델의 성공요인으로 가장 적절하지 않은 것은?

① 꾸준한 수익 창출의 기회

② 차별화된 콘텐츠와 서비스

③ 고객 맞춤 서비스 제공

④ 다양화를 위한 낮은 진입장벽

04 온라인 비즈니스 모델에 대한 설명으로 가장 적절하지 않은 것은?

① 사용자가 많으면 성공한 온라인 비즈니스이다.

② 인터넷 관련 비즈니스를 하는데 있어 기업의 수익 창출의 원천이 된다.

③ 성공요인으로는 자사 상품의 시장위치를 보호할 수 있는 특허, 긍정적 고객경험의 제공 등이 있다.

④ 전통적인 비즈니스에 비하여 빠른 변화 속도를 가지므로 새로운 콘텐츠와 서비스로 시장을 선점해야 한다.

05 온라인 비즈니스의 유형의 구분으로 가장 적절하지 않은 것은?

① 거래 대상별 : B2B, B2C
② 거래 제품별 : 물리적, 디지털
③ 판매 방식별 : 맞춤형, 신속 지향형
④ 제공 가치별 : 가격 지향형, 편의 신속성 지향형

06 온라인 포털에 대한 설명으로 가장 적절한 것은?

① 온라인 포털의 수익원은 광고뿐이다.
② 사용자에게 제공되는 다양한 서비스로 많은 트래픽을 유도한다.
③ 인터넷에서 자료를 쉽게 찾을 수 있게 도와주는 소프트웨어를 의미한다.
④ 이메일, 채팅 등을 제공하는 커뮤니케이션 서비스에서 검색, 디렉토리 서비스를 제공하는 검색 서비스 단계로 발전하였다.

 기출문제

07 다음 중 온라인 포털에 대한 설명으로 가장 적절하지 않은 것은?

① 인터넷 사용자가 인터넷을 사용할 때 관문 역할을 하는 웹 사이트를 지칭한다.
② 인터넷 이용자를 유입할 수 있는 킬러 서비스를 제공하여 많은 트래픽이 발생한다.
③ 유료 콘텐츠가 온라인 포털 수익의 대부분이며 광고 수익은 아직 미미하다.
④ 포털은 이용자에게 콘텐츠, 커머스, 이메일, 커뮤니티 등 다양한 서비스를 제공한다.

08 검색엔진에 대한 설명으로 가장 적절하지 않은 것은?

① 디렉토리 검색은 웹 사이트뿐만 아니라 거의 모든 유형의 문서나 파일을 제공하는 방법을 의미한다.
② 인덱스 검색은 인터넷에 새롭게 만들어진 파일 등의 정보를 검색로봇이 주기적으로 수집하여 인덱스 데이터베이스에 정보위치를 저장하는 방법을 의미한다.
③ 구글과 같이 주제어 검색만을 지원하는 검색엔진도 있지만 많은 검색엔진은 디렉토리 검색방법 및 주제어 검색방법을 모두 지원하고 있다.
④ 대표적인 검색엔진에는 국내의 네이버, 다음 그리고 해외의 구글, 빙 등이 있고, 일반적으로 검색엔진을 사용하는 것은 무료이다.

09 소셜 미디어의 등장배경으로 가장 적절하지 않은 것은?

① 기술 발달로 인한 개인화된 쇼핑의 가능

② 사람들의 친화욕구와 자기표현욕구의 증대

③ 사회의 분화와 재통합에 따른 커뮤니티 문화의 진화

④ 첨단정보통신과 멀티미디어 기술의 발전 및 융합의 결과로서 사회와 문화의 새로운 패러다임의 등장

11 다음이 설명하는 소셜 미디어의 특성으로 가장 적절한 것은?

> 관심 있는 모든 사람들의 기여와 피드백을 촉진하며 미디어와 오디언스의 개념을 불명확하게 한다.

① 거래(Trade)

② 공개(Openness)

③ 참여(Participation)

④ 대화(Conversation)

 기출문제

10 다음 중 소셜 미디어의 유형으로 가장 적절하지 않은 것은?

① 블로그

② 웹 브라우저

③ 소셜 네트워크

④ 유튜브

 기출문제

12 다음 중 소셜 미디어의 특성으로 적절하지 않은 것은?

① 참여

② 거래

③ 커뮤니티

④ 연결

13 다음 중 제품 제작 과정에 직접 참여하거나 브랜드에 대한 다양한 의견과 정보를 제안하는 능동형 참여형 소비자를 지칭하는 용어로 알맞은 것은?

① 애드슈머(Adsumer)

② 프로슈머(Prosumer)

③ 디지털 노마드(Digital Nomad)

④ 블랙 컨슈머(Black Consumer)

14 프로슈머에 대한 설명으로 가장 적절하지 않은 것은?

① Producer와 Consumer의 합성어이다.

② 광고를 제작하는 과정에 직접 참여하고 여러 의견을 제시하는 소비자를 말한다.

③ 기술혁신과 이용자 참여의 고조로 인해 생산활동과 소비활동의 경계가 모호해지면서 등장하였다.

④ 1980년 미국 미래학자 앨빈 토플러가 프로슈머라는 용어를 만들었고, 당시 많은 테크놀로지 작가들이 널리 사용하였다.

15 온라인 커머스와 디지털 콘텐츠에 대한 설명으로 가장 적절하지 않은 것은?

① 온라인 커머스는 소셜 미디어와 온라인 미디어를 활용하는 전자 상거래를 의미하고, 디지털 콘텐츠는 유무선 전기 통신망에서 사용하기 위해 부호 · 문자 · 음성 · 음향 이미지 · 영상 등을 디지털 방식으로 제작, 처리, 유통하는 자료, 정보 등을 의미한다.

② 온라인 커머스는 공동구매형, 소셜 링크형, 소셜 웹형, 오프라인 연동형의 4가지로 구분할 수 있다.

③ 온라인 커머스의 시장트렌드 전략으로는 '유료 멤버십'을 통한 록인(Lock-in) 전략, 온라인 활성화를 위한 오프라인 서비스 종료 전략 등이 있다.

④ 온라인 콘텐츠는 구입에서 결제, 이용까지 모두 네트워크와 개인용 컴퓨터(PC)로 처리하기 때문에 종래의 통신 판매 범위를 초월한 전자 상거래(EC)의 독자적인 분야로서 시장 확대가 급속히 이루어지고 있다.

16 온라인 커머스에 대한 설명으로 가장 적절한 것은?

① 소셜 미디어와 오프라인 거래를 활용하는 거래의 일종이다.

② 현재까지 온라인 커머스의 좋은 사례로 볼 수 있는 것이 없다.

③ 가상의 마켓 플레이스에서 재화와 서비스를 판매하는 비즈니스 모델을 일컫는 포괄적인 개념이다.

④ 물리적 상품의 구매 편리성과 안정성은 충족시키나, 서비스는 편리성과 안정성을 충족시키지 못한다.

17 마케팅 패러다임에 대한 특징 중 나머지와 다른 패러다임의 특징인 것은?

① 능동적 소비자

② 소비자 욕구 중심 커뮤니케이션

③ 소비자 설문조사

④ 개인 맞춤형 광고

 기출문제

18 다음 중 디지털마케팅에 대한 설명으로 틀린 것은?

① 디지털 시대의 소비자는 수동적이 아니라 능동적이다.

② TV 광고에 비해 불특정 다수에게 광고를 푸쉬(push)하는 것이 매우 쉽지만 비용이 비싸다.

③ 커뮤니케이션 전략의 핵심은 소비자 욕구이며 양방향 커뮤니케이션이 매우 중요하다.

④ 노출수, 클릭수, 클릭률, 전환 비용 등과 같은 데이터를 통해 마케팅 성과 분석이 용이 하다.

19 디지털 마케팅의 특징으로 가장 적절하지 않은 것은?

① 고객의 니즈와 욕구를 만족시킬 수 있는 세분화와 타기팅이 가능하다.

② TV, 라디오, 신문 등의 전통적 마케팅보다는 다양한 광고를 집행할 수 있다.

③ 특정 기업과 제품에 대해서 좋은 이미지를 갖게 하여 충성도를 꾸준하게 유지할 수 있다.

④ 고객과의 양방향성 커뮤니케이션, 개인화된 상호작용, 고객주문형 가치제공 등을 할 수 있다.

기출문제

20 기업의 입장에서 SNS, 블로그, 모바일 등을 통해 다량의 브랜드 정보가 고객 사이에 구전되면서 생긴 미디어(Media, 매체)를 일컫는 용어는?

① Paid media
② Owned media
③ Earned media
④ Multi media

21 포레스터 리서치(Forester Research)가 분류한 기업의 입장에서 본 3가지 디지털 미디어 분류 중 다음이 설명하고 있는 것은?

> • 조직이나 개인이 비용을 들여 온·오프라인 미디어 채널을 통해 메시지를 전달하고자 할 때 유료로 이용하는 미디어를 말한다.
> • 네이티브 광고, 배너광고 등이 이에 포함된다.

① 소유한 미디어(Owned Media)
② 지불한 미디어(Paid Media)
③ 저장된 미디어(Saved Media)
④ 획득된 미디어(Earned Media)

22 덴쯔가 주창한 디지털 시대의 소비자 행동의 5단계 중 (괄호) 안에 들어갈 용어로 가장 적절한 것은?

> 인지(Attention) → 흥미(Interest) → (괄호) → 구매(Action) → 공유(Share)

① 검색(Search)
② 조사(Survey)
③ 욕구(Desire)
④ 기억(Memory)

23 디지털 마케팅 전략 중 자사 제품의 큰 경쟁 우위를 찾아내어 이를 선정된 목표시장의 소비자들의 마음속에 자사의 상품을 자리 잡게 하는 전략은 무엇인가?

① 표적시장
② 포지셔닝
③ 시장세분화
④ 믹스 마케팅

part
01

온라인 비즈니스 및
디지털 마케팅

24 필립 코틀러는 기업이 시장을 세분화화여 새로운 고객을 유치하고 지속적인 수익을 낼 수 있도록 해야 한다고 주장하였다. 이 전략에 대한 설명으로 가장 적절하지 않은 것은?

① 이 전략 모델에서는 시장세분화, 표적시장 설정, 포지셔닝 세 단계로 이루어져 있다.

② 시장세분화 전략의 변수는 나이, 성별, 학력 등과 같은 인구통계적 변수와 사회계층, 라이프스타일 등과 같은 심리 행태적 변수가 존재한다.

③ 표적시장 전략에는 전체 세분시장 중에서 특정 세분시장을 목표시장으로 삼아 집중 공략하는 차별적 마케팅 전략이 존재한다.

④ 고객의 과정을 중시하고, 과정간 차별화된 고객 경험을 제공하는 소비자 경험 중심의 포지셔닝이 중요하다.

25 디지털 마케팅은 4P의 단계에서 4C를 거쳐 4E의 단계로 발전하고 있다. 4E에 대한 설명으로 가장 적절하지 않은 것은?

① Experience(경험)이란 기업, 브랜드에 대해 소비자에게 다양하면서 인상적인 경험을 만들어주는 것으로 주로 블로그, 페이스북 등 SNS 채널을 통해 긍정적인 체험을 할 수 있게 하는 것이다.

② Engagement(참여)란 기업, 브랜드에 대해 관련성을 만들어주는 것으로, 브랜드 연상을 높이면서 소비자가 스스로 경험을 늘려갈 수 있도록 해주는 것을 의미한다.

③ Evangelist(전도)란 기업, 브랜드에 대해 호감과 충성도를 가진 고객을 브랜드 전도사라고 하며, 기업은 고객에게 의도적으로 역할을 부여하는 것이 중요하다.

④ Enthusiasm(열정)이란 마케터의 열정을 뜻하는 것이다.

26 디지털 마케팅 믹스 4P 중 Skimming, Penetrating, EDLP 등의 전략이 있으며, 기업이 특정 물품의 가치(Value)를 가장 객관적이며 수치화된 지표로 나타내는 전략은?

① Promotion(촉진)
② Place(장소)
③ Price(가격)
④ Product(제품)

27 다음이 설명하는 마케팅의 종류로 가장 적절한 것은?

> 온라인 상에서 소비자가 다른 소비자와 직접 경험한 정보들을 공유하는 자발적인 의사소통을 의미한다. 빠른 확산 속도와 넓은 전파 능력을 특징으로 한다.

① 온라인 구전
② 바이럴 마케팅
③ 버즈 마케팅
④ 커뮤니티 마케팅

 기출문제

28 다음 중 온라인 구전(EWOM : Electronic Word of Mouth)에 대한 설명으로 틀린 것은?

① 온라인 구전은 네트워크 분석을 통해 구전의 확산경로와 의견 선도자를 파악할 수 있다.
② 기업의 입장에서 소비자의 의견을 청취하는 채널로 활용할 수 있다.
③ 온라인 쇼핑몰에서 구매 후 소비자가 작성하는 사용 후기도 온라인 구전의 한 유형으로 볼 수 있다.
④ SNS, 블로그, 온라인 게시판을 통해 확산되기 때문에 일반적으로 정보에 대한 신뢰도는 매우 낮다.

29 구전 마케팅에 대한 설명으로 가장 적절하지 않은 것은?

① 바이럴 마케팅은 바이러스처럼 퍼진다는 의미에서 사용되었으며, 소비자가 마케팅 메시지를 다른 소비자들에게 퍼뜨리게 하는 마케팅을 의미한다.

② 커뮤니티 마케팅은 제품과 관련된 다양한 커뮤니티를 만들어주고, 제품에 대한 충성도를 높이는 역할을 하며, 제품 정보를 제공하고 지원하는 마케팅을 의미한다.

③ 코즈 마케팅은 기업의 사회적 책임과 마케팅을 결합, 공유 가치 창출을 하는 방법으로, 사회적 이슈를 기업이 직접 해결하여 긍정적인 이미지를 얻는 것이 목표이다.

④ 인플루언서 마케팅은 SNS를 통해 공유하는 특정 제품 또는 특정 브랜드에 대한 의견이나 평가는 콘텐츠를 소비하는 이용자들의 인식과 구매 결정에 커다란 영향을 끼치는 마케팅을 의미한다.

30 브랜디드 콘텐츠에 대한 설명으로 가장 적절하지 않은 것은?

① 다양한 문화적 요소와 브랜드 광고를 결합한 콘텐츠이다.

② 제품, 회사명, 브랜드를 직접 노출시켜 강력한 광고 효과를 내고 소비자의 공감과 흥미를 통해 자발적인 공유에 이르는 것이 목표이다.

③ 소비자의 콘텐츠 선택이 SNS를 통한 입소문에 좌우되면서 문화적으로 소비할 수 있는 브랜디드 콘텐츠를 매개로 한 접근이 더욱 큰 광고 효과를 보고 있다.

④ 애드 무비, 애드버 게임 등이 브랜디드 콘텐츠의 대표적인 예시이다.

기출문제

31 다음 설명에서 (괄호)에 들어갈 알맞은 용어는 무엇인가?

> (괄호)은(는) 브랜드가 생산에 주도적으로 참여한 콘텐츠의 스토리에 소비자에게 전달하고자 하는 브랜드의 핵심 메시지가 녹아 들어가 있으며 동시에 유용한 정보와 재미를 소비자에게 제공한다.

① 버즈 콘텐츠
② 브랜디드 콘텐츠
③ 유료 콘텐츠
④ 인-앱 콘텐츠

32 다음이 설명하는 디지털 광고의 특성으로 가장 적절한 것은?

> 디지털 광고는 소비자들에게 자사 제품 및 서비스 등에 대해 디지털 미디어를 활용해 소비자와 쌍방향으로 소통하는 일종의 설득 메시지를 의미한다. 디지털 광고는 온라인 사이트별 쿠키 분석을 통해 방문자들의 위치를 파악할 수 있으며, 방문시간과 방문횟수, 클릭한 링크 및 노출된 이미지, 사용한 검색 키워드 및 클릭한 광고 등의 파악이 가능하다.

① 상호작용성
② 전달의 융통성
③ 정교한 타기팅
④ 트래킹의 용이성

🔖 기출문제

33 다음 중 디지털 광고의 차별적 특성으로 가장 적절하지 않은 것은?

① 트래킹의 용이성
② 정교한 타기팅
③ 광고 메시지 전달의 융통성
④ 전통 매체 광고보다 높은 신뢰도

---

34 디지털 미디어 랩에 대한 설명으로 가장 적절하지 않은 것은?

① 각 매체별 트래킹을 통해 광고효과를 측정 및 비교한다.
② 사전효과 예측 및 매체안 등을 제시, 광고 소재 송출 등을 활용한다.
③ 매체사 입장에서 보았을 시에는 광고 판매를 대행하고 더욱 많은 광고를 수주할 수 있는 기회를 제공한다.
④ 광고주에 광고를 의뢰하는 입장으로, 주로 광고주와 협의를 통해 광고를 기획 및 제작하는 역할을 수행한다.

---

35 다음의 (괄호) 안에 들어갈 디지털 광고 구성 주체로 가장 적절한 것은?

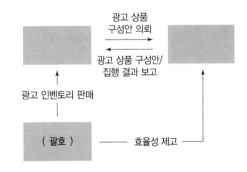

① 광고주
② 광고 대행사
③ 디지털 매체사
④ 애드 네트워크

36 디지털 광고의 유형 중 JPEG, Java 프로그램 등 신기술 및 고급기술을 적용시킨 배너 광고, 풍부하게 만들었다는 의미의 광고는?

① 리치미디어 광고

② 검색광고

③ 이메일 광고

④ 제휴광고

37 컨텍스트 광고에 대한 설명으로 가장 적절하지 않은 것은?

① 하이퍼 링크를 통한 텍스트 기반의 광고, 짧게는 20자, 길게는 50자 정도의 비교적 간단한 카피 혹은 설명으로 된 광고를 말한다.

② 검색 광고의 한 종류로 웹페이지의 콘텐츠에 어울리게 띄워주는 광고, 우리말로는 맥락광고라고 한다.

③ 검색광고나 이를 보완한 표적 광고 즉, 소비자의 성별, 연령, 직업과 같은 정보에 따른 맞춤형 광고 역시 맥락에 맞지 않는 면이 많아서 이를 보완하기 위해 만들어진 기법이다.

④ 자신의 관심사와 연관된 내용으로 몰입도가 높은 것이 장점이다.

38 디지털 광고에 대한 설명으로 가장 적절하지 않은 것은?

① 막간 광고 : 인터넷 페이지가 이동하는 막간에 띄우는 광고를 의미한다.

② 제휴광고 : 자신이 운영하는 블로그에 제휴를 맺은 광고주의 광고를 노출시키는 것을 의미한다.

③ MMS 광고 : 휴대폰 MMS를 통한 모바일 광고를 의미하며, 40자 안팎의 짧은 텍스트를 보내는 모바일 광고이다.

④ 이메일 광고 : 매체에서 보내는 이메일 광고는 자사회원에게 보내기 때문에 연령별, 성별에 따라 선택 가능하며, 정확한 타깃팅이 가능하고, 개봉률·클릭률 등의 효과분석이 가능하다.

39 배너광고에 대한 설명으로 가장 적절하지 않은 것은?

① 온라인 브랜딩 효과는 충족시킬 수 있으나 웹 사이트 트래픽 유도는 어렵다.

② 인터넷 광고 중 가장 오래된 유형으로 비교적 제작이 용이하다는 장점이 있다.

③ 검색광고에 비해 클릭률이 낮고, 많은 정보를 한꺼번에 제공할 수 없다는 단점이 있다.

④ 인터랙티브 광고란 배너 자체에서 다양한 정보를 제공하고 사용자 개인 정보도 수집할 수 있는 광고이다.

40 네이티브 광고에 대한 설명으로 가장 적절하지 않은 것은?

① 기존광고와 달리 이용자가 경험하는 콘텐츠 일부처럼 보이도록 하여 이용자의 관심을 자연스럽게 이끄는 형태의 광고를 말한다.

② 콘텐츠 자체의 가치가 떨어지나 이용자의 관심에 의하여 소비과정에서 거부 반응이 적다.

③ 의도적 판매 목적을 띈 광고에서 벗어나 가치 있고 매력적인 콘텐츠를 통해 이용자를 유도하고 획득한다는 부분에서 콘텐츠 마케팅의 기법으로 이해가 가능하다.

④ 대표적인 예로는 인-피드 광고, 기사 맞춤형 광고, 프로모티드 리스팅 등이 있다.

01 다음이 설명하는 온라인 비즈니스 모델의 성공요인은 무엇인가?

> 웹 사이트에서 잘 드러나는 것으로 판매자 및 관리자는 효율성을 따져 웹 사이트를 구성하는 것이
> 가장 바람직하다. 소비자 자신이 관심 있는 상품을 자동으로 추천해주고, 구매를 돕는 정보를 제공
> 하며 빠른 구매가 이루어지도록 구성된 페이지를 선호한다.

02 광고를 주 수익 기반으로 하지만 온라인 커머스, 유료 콘텐츠, 결제 등 다양한 수익 모델이 존재하며,
인터넷을 사용할 때 기본적으로 거쳐 가는 웹 사이트를 무엇이라 하는가?

 기출문제

03 다음의 설명에서 (괄호)에 공통으로 해당하는 용어는 무엇인가?

> • (괄호)은(는) 인터넷상에서 방대한 분량으로 흩어져 있는 자료 중 원하는 정보를 쉽게 찾을 수
>   있도록 도와주는 소프트웨어 또는 프로그램을 지칭한다.
> • (괄호)은(는) 일반적으로 인터넷에 존재하는 모든 웹 사이트와 파일을 대상으로 정보를 검색하
>   여 자료를 제공하는 소프트웨어 또는 프로그램을 의미한다.
> • 디렉토리 검색, 인덱스 검색, 통합 검색이 (괄호)의 종류에 해당한다.

04 다음의 ①, ②가 설명하는 검색엔진의 유형은 무엇인가?

> ① 주제별로 분류 혹은 계층별로 정리, 대표적인 예로 야후가 있다.
> ② 모든 유형의 문서와 데이터 총망라한 검색 결과 제공, 대표적인 예로 네이버가 있다.

05 다음의 장점을 가진 온라인 비즈니스의 유형은?

> • 컴퓨터, 정보통신, 미디어의 발전된 기술을 활용하여 마케팅 효과
> • 실시간 쌍방향 의사소통 가능, 고객과의 직접 소통
> • 기업이 없어도 개인의 블로그, 프로필, 사회 관계망 서비스를 통해 자료가 대량 확산 가능
> • 사진, 동영상, 컴퓨터 그래픽, 미디어 등 다양한 표현 가능

06 다음의 ①, ②가 설명하는 용어는 무엇인가?

> ① 소셜 미디어와 온라인 미디어를 활용하는 전자 상거래의 일종으로, 가상의 마켓 플레이스에서 재화와 서비스를 판매하는 비즈니스 모델을 일컫는 포괄적인 개념이다.
> ② 디지털화된 방법으로 제작, 유통, 소비될 수 있는 제품군을 의미하며, 유무선 전기 통신망에서 사용하기 위해 부호 · 문자 · 음성 · 음향 이미지 · 영상 등을 디지털 방식으로 제작, 처리, 유통하는 자료, 정보 등을 의미한다.

07 다음이 설명하는 소비자 유형은 무엇인가?

> • 소비자들이 자신들의 욕구를 충족시킬 수 있는 상품의 개발을 직접 요구하고 때로는 유통에도 직접 관여하는 소비자를 말한다.
> • Producer와 Consumer의 합성어이다.

08 덴쯔가 주창한 디지털 시대의 소비자 행동의 5단계 중 ①, ② 안에 들어갈 용어는 무엇인가?

> 인지(Attention) → 흥미(Interest) → (①) → 구매(Action) → (②)

 기출문제

09 다음의 설명에서 (이것)에 해당하는 알맞은 용어는 무엇인가?

> • (이것)은 소비자나 제3자가 정보를 생산하여 커뮤니케이션 하는 매체이다.
> • (이것)의 대표적인 예는 입소문, 제품에 대한 소비자의 블로그, 뉴스 기사, SNS 포스트이다.
> • (이것)은 SNS, 블로그, 모바일 등을 통해 다량의 브랜드 정보가 고객 사이에 구전되면서 생긴 매체이다.

10 디지털 미디어는 Paid media, Owned media, Earned media로 구성되어 있다. 조직이나 개인이 비용을 들여 온·오프라인 미디어 채널을 통해 메시지를 전달하고자 할 때 유료로 이용하는 미디어는 무엇인가?

11 다음이 설명하는 디지털 마케팅의 전략은 무엇인가?

> 세분시장이 확인되고 나면, 기업은 얼마나 많은 그리고 어떤 세분시장을 표적으로 할 것인지를 결정해야 한다. 무차별적 마케팅 전략, 차별적 마케팅 전략, 집중적 마케팅 전략으로 구분할 수 있다.

 기출문제

12 다음에서 설명하는 것은 무엇인가?

> • 기업의 마케팅 전략 구축을 위한 중요한 행위로써 전체 소비자를 선호, 취향, 문제 해결책의 유사성에 따라 몇 개의 소비자 집단으로 분류한다.
> • 인구통계학적 변수, 심리학적 변수와 제품의 사용 성향, 빈도, 사용량과 같은 행동적 변수가 기업들이 소비자 집단 분류에 사용된다.

13 디지털 마케팅은 4P의 단계에서 4C를 거쳐 4E의 단계로 발전하고 있다. 4E 중 기업, 브랜드에 대해 관련성을 만들어주는 것으로 브랜드 연상을 높이면서 소비자가 스스로 경험을 늘려갈 수 있도록 해주는 단계는 무엇인가?

14 다음의 ①, ②가 설명하는 구전 마케팅의 종류는 각각 무엇인가?

> ① 소비자가 마케팅 메시지를 다른 소비자들에게 퍼뜨리게 하는 마케팅을 의미한다.
> ② 오락이나 뉴스로 이야깃거리를 제공해 소비자가 제품을 직접 사용해보고, 자신의 SNS에 올려서 자연스럽게 구매를 유도하는 것을 의미한다.

 기출문제

15 다음의 설명에서 (괄호)에 해당하는 공통된 용어는 무엇인가?

> • 최근 기업들이 소셜 미디어 또는 유튜브에서 다른 소비자에게 많은 영향을 미치는 (괄호)을(를) 적극 활용하는 마케팅 기법이다.
> • (괄호)은(는) 수많은 팔로워들에게 영향을 미칠 수 있고 높은 신뢰도를 가지고 있기 때문에 제품에 대한 의견이나 평가가 소비자들에게 많은 영향력을 미친다.

16 디지털 마케팅의 형태 중 다양한 문화적 요소와 브랜드 광고를 결합한 콘텐츠로, 제품 · 회사명 · 브랜드를 직접 노출하지 않지만 이를 문화 콘텐츠 속에 녹여 강력한 광고 효과를 내고 소비자의 공감과 흥미를 통해 자발적인 공유에 이르는 디지털 마케팅은 무엇인가?

17 다음의 (괄호) 안에 들어갈 광고 참여 주체는 무엇인가?

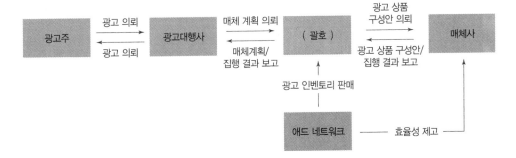

기출문제

18 다음에서 설명하는 것은 무엇인가?

> 매체사들의 다양한 광고 인벤토리를 네트워크로 취합하여 광고를 송출하는 솔루션이며 다양한 광고 인벤토리를 광고주에게 판매하는 서비스를 제공한다.

19 다음의 ①, ②가 설명하는 디지털 광고의 종류는 각각 무엇인가?

> ① 초기에는 사각형 모양의 단순한 메뉴 형에서 시작했으나 요즘에는 동영상, 플래시 등 다양한 기법을 사용한다. 광고 메시지를 TV CM과 같은 형태로 노출할 수 있으나, 크기에 제한이 있고 많은 정보를 한꺼번에 보여줄 수 없다는 단점이 있다.
> ② 검색광고의 한 종류로 웹페이지의 콘텐츠에 어울리게 띄워주는 광고, 우리말로는 맥락광고라고 한다. 검색광고나 이를 보완한 표적 광고 즉, 소비자의 성별, 연령, 직업과 같은 정보에 따른 맞춤형 광고 역시 맥락에 맞지 않는 면이 많아서 이를 보완하기 위해 만들어진 기법이다.

20 대표적인 예로는 인-피드 광고, 기사 맞춤형 광고, 프로모티드 리스팅 등이 있으며, 기존광고와 달리 이용자가 경험하는 콘텐츠 일부처럼 보이도록 하여 이용자의 관심을 자연스럽게 이끄는 형태의 디지털 광고는 무엇인가?

Part 02

검색광고
실무 활용

기출분석
예상문제

PART 02 검색광고실무 활용

객관식 문제

SEARCH ADVERTISING MARKETERS

정답 및 해설 203p

01 검색광고에 대한 설명으로 가장 적절하지 않은 것은?

① 양질의 검색 결과를 제공하기 위해 검수의 과정을 거친다.
② 검색 결과에 광고를 노출하여 잠재고객의 유입을 유도하는 광고이다.
③ 네이버, 카카오, 구글 등의 검색엔진을 통해 노출하는 광고를 의미한다.
④ 이용자의 능동적인 검색활동을 통해 노출되며, 정확한 타기팅이 불가능하다.

기출문제

02 다음 중 검색광고 특징에 대한 설명으로 틀린 것은?

① 정확한 키워드 타기팅이 가능하다.
② 클릭당 과금 광고도 있어 효율적으로 운영할 수 있다.
③ 노출 순위는 최대클릭비용 외에 광고기간에 따라 달라진다.
④ 종량제 광고의 경우 광고운영시스템을 통해 on/off, 예산조정 등 탄력적으로 운영할 수 있다.

03 검색광고 용어에 대한 설명으로 가장 적절하지 않은 것은?

① 연결 URL은 사이트 내 모든 페이지에서 공통으로 확인되는 URL을 말한다.
② CPM(Cost per mile)은 1,000회 노출당 비용을 말하며, 주로 배너광고에 쓰인다.
③ CPC(Cost per click)는 클릭이 발생할 때마다 비용을 지불하는 종량제 광고 방식을 말한다.
④ 시즈널 키워드는 특정 시기나 계절에 따라 조회수와 광고 효과가 급증하는 키워드를 말한다.

04 검색광고 노출 효과에 대한 설명으로 가장 적절하지 않은 것은?

① KPI(Key Performance Indicators)는 수치로 표현 가능한 광고의 목표, 핵심성과지표를 말한다.
② 클릭률(CTR)은 클릭수 대비 전환수 비율을, 전환율(CVR)은 노출수 대비 클릭수 비율을 의미한다.
③ CPS(Cost Per Sales)는 구매당 비용을, CPA(Cost Per Action)는 전환당 비용을 의미한다.
④ ROAS(Return On Ad Spend)는 광고비 대비 수익률을, ROI(Return On Investment)는 투자 대비 이익률을 의미한다.

기출문제

05 다음 중 검색광고의 주요 용어에 대한 설명으로 틀린 것은?

① KPI : 핵심성과지표, 수치로 표현 가능한 광고의 목표를 말한다.

② 시즈널키워드 : 업종을 대표하는 키워드로 검색 수가 높고 경쟁이 치열하다.

③ 세부키워드 : 대표키워드의 하위 개념으로 구체적인 서비스명이나 제품명, 지역명, 수식어를 조합하여 사용하기도 한다.

④ T&D : 검색결과에 노출되는 제목과 설명에 해당한다.

06 광고노출효과의 산출방법으로 가장 적절하지 않은 것은?

① CTR = 클릭수÷노출수×100

② CVR = 광고비÷구매수

③ CPA = 광고비÷전환수

④ ROAS = 수익÷광고비×100

 기출문제

07 다음에서 설명하는 용어로 적절하지 않은 것은?

① CPC는 검색광고를 통해 웹 사이트로 방문하는데 투여된 비용이다.

② CTR은 검색광고가 노출된 횟수 대비 클릭이 발생한 비율을 말한다.

③ ROAS는 광고비 대비 매출액을 말한다.

④ CVR은 검색광고를 통해 전환을 달성하는데 투여된 비용을 말한다.

08 검색광고를 기획하는 단계에 대한 설명으로 가장 적절하지 않은 것은?

① 일반적으로 '환경분석 → 목표설정 → 매체전략 → 일정계획 → 예산책정'의 단계로 구분한다.

② 환경분석은 현재의 시장 분위기나 경쟁 상황 등을 분석하고, 타깃을 분석하는 것을 말한다.

③ 목표설정은 검색광고를 통하여 얻고자 하는 초기 목표를 세우는 것을 말하며, 반드시 진행 단계에서 추가적인 2차 목표설정이 필요하다.

④ 매체전략은 목표 달성을 위한 전략으로 크게는 검색광고 상품부터 작게는 키워드와 소재 등의 전략을 말한다.

09 다음 중 검색광고 기획 과정으로 틀린 것은?

① 웹 사이트의 제품이나 서비스를 이용할 사용자를 정의하고 이들의 특성을 파악하는 사용자 패턴분석을 한다.

② 경쟁사와의 비교분석을 통해 위협요인은 줄이고 기회요인을 발굴하여 경쟁에서 유리한 입지를 확보해야 한다.

③ 검색광고를 통해 달성하고자 하는 구체적인 목표를 수립한다.

④ 일반적으로 점유율이 높은 네이버에 광고를 집중하여 운영하는 것이, 많은 고객에게 광고가 도달되고 다양한 전환기회를 확보해 구매전환 등 광고효과를 배가시킨다.

11 예산 설정 방법에 대한 설명으로 가장 적절하지 않은 것은?

① 가용예산 활용법은 기업들이 회사에서 충당 가능한 수준의 촉진비용을 책정하는 것을 말한다.

② 매출액 비율법은 과거의 데이터를 통해 제품의 판매가격의 일정 비율을 촉진예산으로 산정하는 방법을 말한다.

③ 경쟁자 기준법은 자사의 촉진예산을 타사의 촉진예산에 맞추는 방식으로서, 보통 산업평균에 근거하여 촉진예산을 책정하는 방식을 말한다.

④ 목표과업 기준법은 가장 논리적인 촉진예산 방식으로서, 자사는 촉진활동을 통하여 자사가 얻고자 하는 것이 무엇인지에 따라 예산을 책정하는 방식을 말한다.

10 검색광고 기획 단계에서 광고 목표를 설정할 때, 그 예시로 가장 적절하지 않은 것은?

① ROAS 200%

② 방문자 수 10,000명

③ 1개월간 판매수 300개

④ 10대부터 50대까지 호감

기출문제

12 다음 중 아래 내용이 설명하는 알맞은 예산 설정 방법은 무엇인가?

> • 광고목표를 달성하기 위한 광고비를 추정하여 예산을 편성하는 방법이다.
> • 처음 광고를 집행한다면 일평균 웹 사이트 클릭수의 목표를 설정하고 사용하려는 키워드의 평균 클릭 비용을 곱하면 대략적인 광고비를 추정할 수 있다.
> • 광고를 집행한 이력이 있다면 과거의 광고비, 클릭 비용, 클릭수, 전환성과 데이터를 기반으로 목표에 따라 예산을 추정할 수 있다.
> • 이 방법은 예산 설정 방법 중 가장 논리적인 광고 예산 편성방법으로 쓰인다.

① 광고–판매 반응함수법
② 매출액 비율법
③ 목표과업법
④ 가용예산법

13 대표적인 예로 네이버, 구글, 카카오 등이 있으며, 두 가지 이상의 광고를 섞어 광고를 집행하는 것을 의미하는 것은?

① 매체믹스
② 데이터믹스
③ 제휴광고
④ 검색엔진

14 네이버 운영시스템에 대한 설명으로 가장 적절하지 않은 것은?

① 네이버 검색광고는 사이트 검색 광고, 쇼핑 검색광고, 콘텐츠 검색 광고, 브랜드 검색 광고, 플레이스광고(베타), 지역소상공인 광고, 클릭 초이스 플러스, 클릭 초이스 상품 광고가 있다.
② 콘텐츠 검색 광고, 브랜드 검색 광고는 일부 업종에서만 집행이 가능한 상품광고이다.
③ 사업자 최대 5개, 개인 최대 2개(네이버 검색광고 ID, 네이버 ID)까지 광고주 가입이 가능하다.
④ 계정 구조는 캠페인, 그룹, 키워드와 소재로 이루어져 있다.

기출문제

15 다음 중 네이버 검색광고 상품이 아닌 것은?

① 브랜드 검색
② 프리미엄링크
③ 파워콘텐츠
④ 쇼핑검색광고

기출문제

16 다음 중 네이버 검색광고에 대한 설명으로 알맞은 것은?

① 네이버 광고시스템은 '광고시스템'과 '구 광고관리시스템'으로 나눠져 있다.

② 캠페인 하루 예산은 한 번 클릭당 지불 가능한 금액을 기재하는 것이다.

③ 예산 균등배분에 체크하면, 광고는 늘 노출된다.

④ 캠페인 고급옵션에서는 광고 노출 기간 및 요일/시간대를 설정할 수 있다.

 기출문제

17 다음 중 네이버 검색광고에 대한 설명으로 가장 알맞은 것은?

① 광고로 등록하는 모든 사이트의 테스트 계정을 입력하여 내부 콘텐츠를 확인할 수 있도록 해야 한다.

② 쇼핑검색광고 쇼핑몰 상품형을 집행하기 위해서는 네이버쇼핑에 입점 된 쇼핑몰이 있어야 한다.

③ 지역소상공인(플레이스) 광고는 블로그, 포스트, 카페만 가능하다.

④ 웹 사이트 채널을 등록한 경우, 별도의 쇼핑몰 채널을 추가하지 않아도 쇼핑검색광고가 가능하다.

18 네이버 운영시스템에 대한 설명으로 가장 적절한 것은?

① 지역소상공인 광고는 구 광고관리시스템에서 집행이 가능하다.

② 사업자의 광고주 가입은 네이버 검색광고 ID와 네이버 ID 회원가입을 통하여 2개까지 가능하다.

③ 키워드 확장 기능을 통해 등록 키워드는 자동 광고 노출이 가능하고, 유의 키워드는 키워드 등록 후 노출이 가능하다.

④ 소재는 사용자에게 보이는 광고 요소를 말하며, 매체별 소재 확장이 가능하다.

19 카카오 운영시스템에 대한 설명으로 가장 적절하지 않은 것은?

① 키워드 광고는 클릭당 과금하는 CPC 방식으로 운영할 수 있는 광고주 시스템이다.

② 광고는 캠페인, 그룹, 소재로 구성되어 있으며, 광고대상은 웹 사이트뿐이다.

③ 키워드광고는 캠페인 단위에서 매체유형, 디바이스를 설정한다.

④ 픽셀&SDK를 통하여 전환 추적이 가능하다.

20 카카오 운영시스템에 대한 설명으로 가장 적절하지 않은 것은?

① 키워드 광고는 Daum, Nate, Bing, Kakao Talk 등 주요 포털 동시노출이 가능하며, 그 외 제휴매체에도 광고노출이 가능하다.

② 키워드 광고 페이지는 다이렉트홈, 정보관리, 보고서, 도구, 설정으로 구분되어 있다.

③ 키워드광고의 경우 모바일 검색결과 프리미엄 링크영역에 최대 6개까지 광고노출이 된다.

④ 그룹에 대한 설정변경을 통해 그룹에 소속된 모든 키워드와 광고소재를 관리할 수 있다.

21 다음 중 카카오 키워드광고 운영시스템에 대한 설명으로 틀린 것은?

① 카카오 키워드광고를 통해, Daum, Nate, Bing, Kakao Talk 등 포털의 통합검색 영역에 광고를 노출할 수 있다.

② 광고대상은 웹 사이트만 가능하다.

③ 캠페인은 검색 네트워크, 콘텐츠 네트워크, 쇼핑플러스, 쇼핑윈도가 있다.

④ 광고그룹마다 노출 기간, 노출 요일과 시간을 지정할 수 있다.

22 구글 운영시스템에 대한 설명으로 가장 적절하지 않은 것은?

① Google Ads를 통해 광고등록 및 운영이 가능하다.

② 광고주가 달성하고자 하는 주요 목표를 중심으로 캠페인을 생성한다.

③ 광고그룹은 여러 가지 키워드를 사용하여 공유하는 것이 효과적이다.

④ 개요 페이지에서는 실적과 통계의 요약을 제공한다.

23 구글 운영시스템에 대한 설명으로 가장 적절하지 않은 것은?

① Google Ads 계정을 열면 가장 먼저 표시되는 것은 개요 페이지이다.

② 상세한 운영보고서는 Google Ads 우측 상단에 보고서 탭에서 제공한다.

③ 광고가 존재하지 않는 광고그룹이 존재한다.

④ 맞춤형 대시보드에 데이터를 추가하여 시각화가 가능하다.

part
02

검색광고 실무 활용

24 매체별 운영시스템에 대한 설명으로 가장 적절하지 않은 것은?

① 네이버 검색광고에서 비즈채널이란 웹 사이트, 전화번호, 네이버 예약 등 고객에게 상품 정보를 전달·판매하기 위한 모든 채널을 의미한다.

② 카카오 브랜드 검색광고 캠페인 설정에서 비즈채널, 일예산, 전환추적, 추적URL 설정을 한다.

③ 구글 검색광고의 캠페인 생성 단계에서 네트워크와 기기, 위치 및 언어, 입찰 및 예산, 광고확장을 설정할 수 있다.

④ 카카오 키워드광고의 PC검색포털 노출 영역은 다음, 네이트, 빙, korea.com, GOM TV 등의 포털사이트 검색 결과 최상단에 노출이다.

25 매체별 운영시스템에 대한 설명으로 가장 적절한 것은?

① 네이버 검색광고에서 키워드는 광고그룹 입찰가와 키워드 입찰가가 동일해야 한다.

② 카카오 키워드광고의 PC검색 매체는 PC 검색 포털 Daum, Nate 등 주요 포털 사이트에 노출되며 통합검색결과 최상단(프리미엄링크 영역)에 최대 5개의 광고를 노출한다.

③ 구글 검색광고는 캠페인 생성의 기준 및 제한이 없다.

④ 구글 검색광고는 캠페인에서 타기팅과 잠재고객 설정을 할 수 있다.

26 네이버 광고의 일부 또는 전체 제한 사이트로 가장 적절하지 않은 것은?

① ActiveX 컨트롤을 설치해야 하는 사이트

② 자체 콘텐츠가 충분하지 않은 사이트

③ 한글과 영어 이외의 언어로 구성된 사이트

④ 사이트 접속이 되지 않거나 완성이 되지 않은 사이트

기출문제

27 다음 중 네이버 검색광고 등록기준에 대한 설명으로 틀린 것은?

① 유흥업소 사이트 및 해당 업소의 직업정보 제공 사이트는 성인인증 등의 청소년 보호조치를 취할 경우 광고가 가능하다.

② 담배, 주류는 온라인 판매가 제한되는 상품이므로 광고가 불가하다.

③ 파워콘텐츠는 소재 내 구매한 '키워드'가 포함되어 있거나 '키워드'의 핵심 단어가 포함되어 있어야 광고가 가능하다.

④ 사이트가 접속되지 않거나 완성되지 않은 경우 광고가 불가하다.

28 매체별 광고검수에 대한 설명으로 가장 적절하지 않은 것은?

① 네이버는 광고소재, 키워드 등을 포함한 모든 광고의 구성요소가 검토대상이다.

② 네이버는 비즈채널 검수와 소재와 키워드의 검토가 같이 진행된다.

③ 카카오는 신규 등록뿐만 아니라 게재 중인 광고도 다시 검수할 수 있다.

④ 구글은 영업일 기준 1일 내 검토를 완료한다.

29 매체별 품질지수에 대한 설명으로 가장 적절한 것은?

① 네이버, 카카오 광고의 품질을 측정한 측정치를 품질평가점수라고 하며, 구글 광고의 품질을 측정한 측정치를 품질지수라고 한다.

② 네이버와 카카오의 경우 7단계 막대 모양으로, 최초 등록 시 네이버는 1단계, 카카오는 4단계를 부여 받는다.

③ 품질의 단계가 높을수록 비용이 감소하고, 광고순위가 높아진다.

④ 구글은 등록 시 10점 중 10점으로 시작하여 실적 데이터가 누적되면 변한다.

30 네이버, 카카오, 구글은 검색사용자와 광고주 모두의 만족도를 높이기 위해 광고 품질을 측정한다. 다음 중 틀린 것은?

① 구글의 품질평가점수는 광고그룹 단위로 적용되며, 1~10점 부여한다.

② 네이버 품질지수는 7단계로 분류되고 처음 등록 시 4단계를 부여받는다.

③ 카카오는 그룹 등록 시 1단계의 품질지수를 부여받는다.

④ 네이버와 카카오는 품질지수, 구글은 품질평가점수라고 한다.

31 네이버 검색광고 상품에 대한 설명으로 가장 적절하지 않은 것은?

① 사이트 검색광고는 네이버 통합검색 및 네이버 내/외부 페이지의 검색 결과에 노출되는 검색광고 상품이다.

② 쇼핑검색광고 광고 노출영역을 네이버 쇼핑으로 확장하고, 구매자에게는 추가 혜택을 제공하는 상품 단위의 이미지형 검색광고 상품이다.

③ 콘텐츠검색광고는 브랜드 키워드 또는 브랜드와 관련성 높은 키워드를 검색할 경우, 해당 브랜드의 내용을 다양한 이미지와 함께 통합검색 결과의 최상단에 노출하는 콘텐츠 검색형 광고 상품이다.

④ 지역소상공인광고는 네이버 콘텐츠 서비스를 이용하는 내 지역 사용자에게 노출하는 배너 광고이다.

32 네이버 검색광고 상품 중 사이트 검색광고에 대한 설명으로 가장 적절하지 않은 것은?

① 매체 전략, 시간 전략 등 탄력적 운용이 가능하다.

② 네이버 통합검색에서 파워링크는 최대 10개, 비즈사이트는 최대 5개까지 노출된다.

③ 클릭당 과금이 발생되는 종량제(CPC) 상품으로, 광고 등록과 노출에는 비용이 발생하지 않는다.

④ 네이버 PC 검색 결과 '더보기' 클릭시, 한 페이지당 광고 집행기간 표시가 없는 25개의 광고가 노출된다.

기출문제

33 네이버는 통합검색의 '파워링크' 영역 외에 제휴를 맺고 있는 파트너 사이트에도 광고가 노출된다. 콘텐츠 파트너 사이트가 아닌 것은?

① 뽐뿌

② KBS미디어

③ 네이트

④ 경향신문

---

34 네이버 검색광고 상품 중 쇼핑 검색광고에 대한 설명으로 가장 적절하지 않은 것은?

① 쇼핑몰 상품형은 쇼핑몰(판매처)이 직접 판매중인 상품을 홍보하는 이미지형 광고 상품을 말한다.

② 제품 카탈로그형은 제조사 및 브랜드사가 네이버 쇼핑에 구축된 제품 카탈로그를 홍보하는 이미지형 광고 상품을 말한다.

③ 쇼핑 브랜드형은 브랜드사가 공식몰을 통해 브랜드와 제품 라인업을 홍보하는 브랜드 전용 광고 상품을 말한다.

④ 광고주가 상품 단위로 적용한 '입찰가'와 품질지수에 의해 광고 순위가 결정되고, 클릭당 과금이 발생되는 종량제(CPC) 상품이다.

---

35 네이버 검색광고 상품 중 쇼핑 검색광고의 쇼핑몰 상품형에 대한 설명으로 가장 적절하지 않은 것은?

① 네이버 통합검색 PC/모바일 결과 '네이버 쇼핑' 영역 상단에 2개가 기본으로 노출되며, 키워드 및 노출유형에 따라 광고개수는 변화할 수 있다.

② 네이버 쇼핑검색 PC/모바일 결과 페이지의 '상품리스트' 영역 상단 및 중간에 광고가 3개씩 노출되며, 광고개수는 3개로 정해져 있다.

③ 광고 UI는 상품형, 키워드형, 조합형 등 다양한 형태로 노출되며 이용자 반응에 따라 추후 변경될 수 있다.

④ 콘텐츠 매체의 서비스 지면 PC는 블로그, 모바일은 네이버 뉴스, 블로그, 지식인, 카페 등에 노출된다.

36 네이버 검색광고 상품 중 콘텐츠검색광고에 대한 설명으로 가장 적절하지 않은 것은?

① 네이버 지정 키워드에 한하여 집행이 가능하며, 정책상 개별적인 로그분석 프로그램 사용이 제한된다.

② 광고주가 적용한 입찰가와 광고 집행 중 얻은 품질지수에 의해 광고 순위가 결정되며, 광고 노출 기간 동안 클릭이 일어난 횟수에 따라 과금되는 CPC 방식이다.

③ 네이버 PC/모바일 통합검색 VIEW 영역에서 최대 2개까지 광고가 노출되며, 노출 여부는 그룹 전략에서 설정 가능하다.

④ 줌(zum) PC/모바일 통합검색 결과에 노출되는 파워콘텐츠 영역 광고는 최대 10개까지 노출되며, 노출 여부는 그룹 전략에서 설정 가능하다.

37 네이버 검색광고 상품 중 브랜드검색에 대한 설명으로 가장 적절하지 않은 것은?

① 네이버의 비즈니스 플랫폼을 이용하여, 최신 브랜드 콘텐츠로 이용자와 소통하고 브랜딩 효과를 높일 수 있다.

② 선지불 정액제 상품으로, 노출수의 제한은 없으나 클릭수의 제한이 있다.

③ 네이버 PC/모바일 통합검색 페이지 상단 영역에, 광고주가 구매한 브랜드 키워드에 대해 1개 광고가 단독 노출된다.

④ 광고비는 상품 유형, 광고 노출 기간, 광고 가능한 키워드의 기간 조회수 합계에 따라 산정된다.

38 네이버 검색광고 상품 중 지역소상공인광고에 대한 설명으로 가장 적절하지 않은 것은?

① 온라인 사이트를 대상으로 하고, 지역 소상공인이 쉽게 집행할 수 있는 광고 상품이다.

② 스마트플레이스에 등록한 업체 정보를 바탕으로 쉽고 빠르게 광고를 생성할 수 있다.

③ 네이버의 뉴스/블로그 콘텐츠 서비스 페이지에 업체명, 업체 이미지, 위치, 설명 문구 등이 노출된다.

④ 정보가 노출된 횟수만큼 광고비를 지불하는 CPC 방식이다.

39 네이버 검색광고 상품 중 클릭초이스플러스에 대한 설명으로 가장 적절하지 않은 것은?

① 네이버 PC 통합검색 결과에 노출되는 PC 검색광고상품으로, 업종별로 모바일에 최적화된 광고 UI를 제공한다.

② 펜션, 포토스튜디오, 파티·이벤트 기획, 유아용품 대여의 4개 업종에서 서비스를 제공하고 있다.

③ 광고주의 업체로 연결되는 클릭영역은 클릭당 과금으로, 그 외 영역은 과금되지 않는다.

④ 미리보기 화면을 제공한다.

part
02

검색광고 실무 활용

83

40 네이버 검색광고 상품 중 클릭초이스상품 광고에 대한 설명으로 가장 적절하지 않은 것은?

① 사이트가 아닌 상품 단위로 광고하는 광고상품으로, 상품정보를 전달하기에 최적화된 UI와 기능들을 제공한다.

② 상품 대상의 제한이 없고, 사용자들이 다양한 이미지를 직접 확인하면서 상품을 탐색하도록 해준다.

③ 네이버 모바일 통합검색 페이지 상단 영역에 최대 9개, 네이버 PC 통합검색 페이지 우측 상단 영역에 최대 8개가 노출되며 '더보기' 링크를 통해 추가 노출이 가능하다.

④ 클릭이 일어난 횟수에 따라 비용을 지불하는 CPC 방식으로, 광고주의 업체로 연결되는 '상세보기' 버튼을 클릭할 경우에만 과금된다.

41 네이버 검색광고 상품 중 플레이스광고(베타)에 대한 설명으로 가장 적절하지 않은 것은?

① 네이버에서 원하는 장소를 찾는 이용자에게 나의 가게를 적극적으로 알릴 수 있는 네이티브 형태의 검색광고이다.

② 이용자가 '지역 + 업종/업체' 또는 특정 장소를 검색 시 네이버 통합검색의 플레이스 영역 및 지도 검색 결과 상단에 광고가 노출된다.

③ 경쟁 강도가 높은 키워드의 경우 네이버 통합검색 지면에 한해 입력한 '광고 입찰가'에 의해서만 광고 순위가 결정된다.

④ 경쟁 강도가 낮은 키워드의 경우 노출 지면 및 입찰가와 관계없이, 모든 광고가 균등하게 랜덤 노출된다.

 기출문제

42 다음 중 네이버 검색광고 기능으로 적절하지 않은 것은?

① 대량관리 기능을 통해 키워드와 소재 등을 편리하게 대량으로 등록할 수 있다.

② 키워드와 소재를 복사할 수 있다.

③ 캠페인과 광고그룹을 복사할 수 있다.

④ 광고그룹에서 입찰가를 변경할 수 있다.

43 카카오 검색광고 상품에 대한 설명으로 가장 적절하지 않은 것은?

① 한 번의 광고 등록으로 주요 포털 검색 및 제휴 매체와 각종 모바일 앱에도 광고가 노출되어 폭넓은 마케팅이 가능한 광고 상품은 키워드광고이다.

② 브랜드 키워드 또는 브랜드와 연관성이 높은 키워드 검색시, 통합검색 결과 최상단에 노출되는 정보성 콘텐츠 상품은 브랜드광고이다.

③ 키워드광고의 확장소재에는 추가제목형, 부가링크형, 가격테이블형, 썸네일이미지형, 멀티썸네일형, 말머리형, 계산하기형, 전화번호형, 톡채널형이 있다.

④ 브랜드광고는 이용자가 광고를 클릭하여 사이트에 방문하는 경우에만 과금되는 CPC(Cost Per Click)의 광고 상품이다.

44 카카오 키워드광고의 프리미엄링크에 대한 설명으로 가장 적절하지 않은 것은?

① PC검색 포털 Daum, Nate 등 주요 포털 사이트에 노출되며, 수요가 많은 키워드는 와이드링크 영역으로 최대 5개까지 추가로 노출된다.

② Daum, Nate, Bing 등의 제휴된 모바일 웹 및 앱에서 모바일 검색 결과, 와이드링크 영역에 최대 5개까지 노출된다.

③ Daum PC서비스(뉴스, 카페 등)와 제휴 매체의 PC 지면에 콘텐츠의 연관도에 따라 노출된다.

④ Daum 모바일서비스(Daum 모바일 앱/웹, 카카오톡# 탭 등)와 제휴 매체의 모바일 지면에 콘텐츠의 연관도에 따라 노출된다.

45 카카오 키워드광고의 확장소재에 대한 설명으로 가장 적절하지 않은 것은?

① 부가링크형은 주요 상품 또는 핵심 페이지 경로를 부가링크 형태로 제공해 잠재고객의 즉각적 유입을 유도할 수 있다.

② 썸네일이미지형은 이미지 형태의 소재를 추가로 노출해 시각적 주목도를 높이고, 클릭률 향상을 기대할 수 있다.

③ 말머리형은 제목문구 아래 설명 형태로 부가적인 마케팅 메시지를 전달할 수 있다.

④ 계산하기형은 보험/대출 업종에 한해 계산하기 버튼을 제공해 주는 형태로, 보험료/한도/이자 등을 바로 확인할 수 있는 페이지로 연결한다.

46 카카오 키워드광고의 등록 개수에 대한 내용으로 가장 적절하지 않은 것은?

① 캠페인 : 광고계정 당 최대 1,000개
② 광고그룹 : 캠페인 당 100개
③ 키워드 : 광고그룹 당 1,000개
④ 소재 : 광고그룹 당 20개

47 카카오 브랜드광고에 대한 설명으로 가장 적절하지 않은 것은?

① 브랜드에 대한 '정보탐색'의 목적이 있는 유저에게 이미지/동영상/텍스트 등을 이용하여 브랜딩할 수 있다.

② 카카오톡 채널 영역은 사용할 수 없다는 단점이 있지만, 키워드 광고에 비하여 다양하고, 효과적으로 구성할 수 있다.

③ PC 브랜드검색 광고는 브랜드 키워드 검색 시 Daum 통합검색 결과 최상단에 노출되는 정보성 콘텐츠 상품이다.

④ 모바일 브랜드검색 광고는 모바일 브랜드 검색을 통해 모바일 인터렉션을 만들 수 있고, 모바일 액션까지 가능하다.

기출문제

48 카카오 광고 등록 기준에 대한 설명으로 틀린 것은?

① 사이트는 완성된 홈페이지여야 하며, 사용자 환경과 무관하게 항상 접속이 가능해야 한다.

② 콘텐츠가 충분하지 않을 경우 광고 집행이 안 될 수 있다.

③ 상호명, 주소, 연락처 등 소비자들이 알 수 있는 내용을 표시해야 한다.

④ 회원제 사이트를 등록할 경우 심사단계에서는 ID와 패스워드는 필요 없다.

49 구글 검색광고 상품에 대한 설명으로 가장 적절하지 않은 것은?

① 광고 게재 순위는 연관도와 품질평가점수에 따라 결정된다.

② 노출 위치는 검색결과의 상단, 측면, 하단이며, 상단에는 최대 4개까지만 게재가 가능하다.

③ 검색 네트워크는 키워드와 관련된 용어 검색 시, 구글 검색 결과 옆 및 구글 사이트에 게재한다.

④ 디스플레이 네트워크는 관련성이 높은 고객이 인터넷에서 사이트, 동영상, 앱을 탐색할 때 광고를 게재하여 도달 범위를 넓힐 수 있다.

50 검색광고 운용에서 네이버의 캠페인 관리에 대한 설명으로 가장 적절하지 않은 것은?

① 기본 설정은 캠페인 이름, 노출수, 클릭수, 평균 클릭비용 등이 있다.

② 사용자설정은 캠페인 유형, 등록 시작, 수정시작 등의 일반정보, 전환수, 전환율 등의 성과지표의 선택이 가능하다.

③ 개별 캠페인의 캠페인 정보에서 캠페인 수정이 가능하다.

④ 캠페인 하루 예산 설정 시 예산 조기 소진 예상 시점에 광고가 자동중단 된다.

51 검색광고 운용에서 네이버의 캠페인 관리에 대한 설명으로 가장 적절하지 않은 것은?

① "전체캠페인"에서 모든 캠페인 현황 확인이 가능하고, 노출수, 클릭수, 성과그래프를 제공한다.

② "상세데이터"에서 캠페인 단위 광고의 성과를 제공한다.

③ "캠페인 관리"에서 기간변경, 예산 변경, 자동 규칙 만들기, 삭제가 가능하다.

④ "캠페인 정보"에서 캠페인 이름, 하루 예산, 고급옵션을 통해 노출 기간을 수정할 수 있다.

52 검색광고 운용에서 카카오의 캠페인 관리에 대한 설명으로 가장 적절하지 않은 것은?

① 비즈채널을 선택하여야 캠페인 생성이 가능하다.

② 캠페인 이름 최대 50자까지 자유롭게 입력이 가능하고, 고급옵션을 통해 전환추적, 추적 URL, 일 예산 설정이 가능하다.

③ 캠페인 등록에서는 하나의 캠페인에 다수의 광고그룹이 포함된다. 광고계정당 키워드광고는 1,000개까지, 브랜드검색광고는 100개까지 등록이 가능하다.

④ 대시보드에서는 광고계정에서 운영 중인 캠페인, 광고그룹, 키워드, 소재의 노출수/클릭수/클릭률 지표를 그래프로 확인할 수 있지만, 비용을 확인할 수 없다.

53 검색광고 운용에서 구글의 캠페인 관리에 대한 설명으로 가장 적절하지 않은 것은?

① Google Ads에서 검색캠페인 선택 시 캠페인명, 클릭수, 노출수, 클릭률, 평균 CPC, 전환당비용, 전환율 등 기본 지표를 제공한다.

② 조회 기간에 따른 성과그래프를 제공한다.

③ 분류 기준 아이콘을 눌러 시간, 클릭유형 등의 확인이 가능하다.

④ 입찰통계에서 보고서, 다운로드, 자동 규칙 만들기 등의 기능을 제공한다.

54 구글 캠페인의 입찰통계에서 표시되는 통계에 대한 설명으로 가장 적절하지 않은 것은?

① 노출 점유율은 광고주가 참가한 입찰에서 실제로 얼마나 노출이 발생했는지 보여주는 비율을 말한다.

② 중복율은 광고주의 광고가 노출될 때 또 다른 광고주의 광고에는 얼마나 자주 노출이 발생했는지를 보여주는 빈도를 말한다.

③ 높은 게재순위 비율은 동시에 노출이 발생했을 때 다른 광고주의 광고가 자신의 광고보다 더 높은 순위에 게재되는 빈도를 말한다.

④ 페이지 상단 게재율은 입찰에서 다른 광고주의 광고에 비해 얼마나 자주 더 높은 순위로 게재되는지, 또는 다른 광고주의 광고가 게재되지 않을 때 자신의 광고만 게재되는 빈도를 말한다.

55 검색광고 운용에서 네이버의 그룹 관리에 대한 설명으로 가장 적절하지 않은 것은?

① 그룹 목록에서 그룹 기본 입찰가, 채널 정보, 노출수, 클릭수, 클릭률, 평균 클릭비용, 총비용 지표를 제공한다.

② 개별 그룹에서 입찰가 변경, 매체 변경, 예산 변경, PC 및 모바일 입찰가중치 변경, 소재 노출 방식 변경, 다른 캠페인으로 복사 등은 가능하나 삭제는 불가능하다.

③ "다른 캠페인으로 복사"의 경우 키워드의 품질지수는 복사되지 않고, 복사 후 광고 성과에 따라 재산정된다.

④ 개별 광고 그룹에서 성과 그래프, 광고그룹 정보, 키워드 리스트를 확인할 수 있다.

part
02

검색광고 실무 활용

56 검색광고 운용에서 광고그룹 상태에 대한 설명으로 가장 적절하지 않은 것은?

① 중지 : 비즈채널 검토 중-비즈채널 검토 전 또는 검토가 진행 중인 상태

② 중지 : 비즈채널 노출 제한-광고가이드에 부합하지 않아 노출에 제한된 상태

③ 중지 : 광고 그룹 예산 도달-상위 갬페인 하루 예산 초과

④ 일부 노출 가능 : 모바일-모바일 매체만 노출 가능한 상태

🗒️ 기출문제

57 다음 중 광고 그룹 상태에 대한 설명 및 조치가 가장 적절한 것은?

① 비즈채널 노출제한일 경우, 사이트를 삭제하고 재등록하여 검토 받는다.

② 캠페인 예산 도달의 경우, 광고그룹 하루 예산을 변경하거나 제한 없음으로 변경한다.

③ 캠페인 기간외인 경우, 광고그룹 요일 및 시간대를 재설정한다.

④ 노출 가능은 광고노출이 가능한 상태라는 것을 의미한다.

58 검색광고 운용에서 카카오의 그룹 관리에 대한 설명으로 가장 적절하지 않은 것은?

① 기본입찰가와 일예산을 설정하고, 고급옵션에서 입찰가중치, 집행기간과 요일/시간을 설정할 수 있다.

② 광고가 노출될 매체유형(검색 매체, 콘텐츠 매체)과 디바이스(PC, 모바일)를 설정할 수 있다.

③ 등록한 키워드를 확장하여 광고를 노출할 수 있고, 확장된 키워드 내에서도 제외키워드를 추가할 수 있다.

④ 하나의 광고그룹에 검색 매체 입찰가/콘텐츠 매체 입찰가는 동일해야 한다.

59 검색광고 운용에서 구글의 그룹 관리에 대한 설명으로 가장 적절하지 않은 것은?

① 광고 그룹에서 캠페인과는 다른 형태의 성과 그래프가 제공된다.

② 광고 그룹에서 광고 그룹명, 캠페인, 기본 최대 CPC, 전환수, 전환율 등을 확인할 수 있다.

③ 개별 그룹에서 복사, 붙여넣기, 광고 로테이션 변경, 자동 규칙 만들기 등이 가능하다.

④ 키워드, 광고, 광고 그룹 수준으로 복사하기가 가능하다.

60 구글의 광고효력에 대한 설명으로 가장 적절하지 않은 것은?

① 광고 조합의 관련성과 다양성을 보여주는 지표이다.

② 관련성 높고 독창적인 콘텐츠를 사용하면 고객에게 적합한 광고를 게재하고 광고 실적을 개선하는 데 도움이 된다.

③ 측정항목은 '나쁨'부터 '매우 좋음'까지 평가를 사용하여 측정한다.

④ 광고 문구의 관련성, 품질, 다양성을 측정한다.

61 매체별 입찰관리에 대한 설명으로 가장 적절하지 않은 것은?

① 네이버는 광고그룹에서 입찰가 변경(최소 70원~10만 원)이 가능하다.

② 네이버는 입찰가 일괄변경과 개별변경이 가능하다.

③ 구글은 최소 노출 입찰가, 중간 입찰가, ○○위 평균 입찰가를 제공한다.

④ 카카오는 광고그룹 내 입찰가 선택 또는 직접입력으로 키워드 입찰가 설정이 가능하다.

62 구글의 자동입찰 기능에 대한 설명으로 가장 적절하지 않은 것은?

① 타깃 CPA는 설정한 타깃 전환당 비용 수준에서 전환수를 최대한 늘릴 수 있도록 Google Ads에서 입찰가를 자동으로 설정하는 것이다.

② 타깃 광고 투자수익 ROAS는 설정한 타깃 ROAS 내에서 전환 가치를 최대한 높일 수 있도록 Google Ads에서 입찰가를 자동으로 설정하는 것이다.

③ 전환수 최대화는 예산 내에서 전환 가치를 최대한 높이도록 Google Ads에서 입찰가를 자동으로 설정하는 것이다.

④ 타깃 노출 점유율은 선택한 검색 페이지 영역에 내 광고가 게재될 가능성이 높아지도록 Google Ads에서 입찰가를 자동으로 설정하는 것이다.

63 키워드 발굴에 대한 설명으로 가장 적절하지 않은 것은?

① 네이버는 키워드 도구, 카카오와 구글은 키워드 플래너를 통해 연관검색어를 제공한다.

② 연관검색어로 네이버는 자동완성어와 연관검색어, 구글은 관련검색어를 제공한다.

③ 대표 키워드란 업종을 대표하는 키워드로 잠재고객들이 쉽게 검색하여 광고를 많이 노출시킬 수 있고 클릭당 비용이 낮다는 장점이 있으나, 지출이 높을 수 있다는 단점이 있다.

④ 세부 키워드란 수식어나 지역명 등의 수식어를 포함한 키워드로, 저렴한 입찰가로 광고를 노출시킬 수 있다는 장점이 있으나 검색 수는 낮다는 단점이 있다.

part **02**

검색광고 실무 활용

기출문제

64 다음은 세부 키워드에 대한 설명이다. 틀린 것은?

① 잠재고객들이 쉽게 검색하는 키워드로 검색 수가 높아 광고를 많이 노출시킬 수 있는 장점이 있다.

② 비교적 저렴한 입찰가로 광고를 노출시킬 수 있는 장점이 있다.

③ 수식어나 지역명 등을 조합한 키워드이다.

④ 세부 타기팅 되어 메인 키워드 대비 CPC가 저렴한 경우가 많다.

65 키워드 확장에 대한 설명으로 가장 적절하지 않은 것은?

① 직접적으로 키워드를 등록하지 않아도 기존의 등록 키워드나 유사 키워드에 광고를 노출하는 것을 말한다.

② 네이버는 광고그룹 단위에서 확장 기능 사용이 가능하며, 광고 노출을 원하지 않는 키워드는 제외 키워드 등록을 통해 노출을 제한할 수 있다.

③ 카카오는 광고그룹 단위에서 확장 기능 사용이 가능하고, 광고 노출을 원하지 않는 키워드의 노출을 제한할 수 없다.

④ 구글은 일치검색, 구문검색, 제외어 검색으로 지정하지 않으면 기본적으로 확장검색 유형으로 설정된다.

66 키워드 이동 및 복사에 대한 설명으로 가장 적절하지 않은 것은?

① 네이버는 키워드를 이동할 수 있다.

② 네이버는 키워드를 복사할 수 있다.

③ 카카오는 키워드를 복사할 수 있다.

④ 구글은 키워드를 복사할 수 있다.

67 매체별 소재 관리에 대한 설명으로 가장 적절하지 않은 것은?

① 네이버는 성과기반 노출과 동일 비중 노출 방식 중에서 선택할 수 있다.

② 카카오 키워드광고는 기본 소재에 이미지, 가격 등을 추가로 노출한다.

③ 구글은 성과기반 노출과 랜덤 노출 방식 중에서 선택할 수 있다.

④ 네이버는 광고 그룹당 5개까지, 카카오는 광고 그룹당 20개까지 등록이 가능하다.

68 키워드 삽입에 대한 설명으로 가장 적절하지 않은 것은?

① 키워드가 삽입된 소재는 키워드에 볼드처리가 되어 주목도를 상승시킨다.

② 키워드 삽입은 제목에는 1회, 설명에는 2회만 사용할 수 있다.

③ 키워드를 삽입할 경우 대체 키워드를 반드시 입력해야 하는 것은 아니다.

④ 대체 키워드는 키워드 삽입 시 소재 전체 글자수가 초과 또는 미달의 경우 노출되는 키워드를 말한다.

70 다음은 소재 관리에 대한 설명이다. 틀린 것은?

① 네이버 사이트 검색광고의 경우, 광고그룹당 최대 5개까지 등록 가능하다.

② 카카오 검색 광고는 광고그룹당 최대 50개까지 등록 가능하다.

③ 효과적인 광고 소재는 클릭률을 높여주고 품질지수에도 긍정적인 영향을 미친다.

④ 네이버, 카카오, 구글 검색광고 모두 광고 소재에 키워드를 삽입하는 기능을 제공한다.

69 확장소재에 대한 설명으로 가장 적절하지 않은 것은?

① 네이버는 고급 옵션을 통해 확장 소재가 노출될 요일과 시간대 및 기간 등을 설정할 수 있다.

② 카카오는 키워드광고의 기본 소재에 이미지, 가격 등을 추가로 노출하며, Daum 모바일 앱/웹, PC 검색결과와 카카오톡 #(샵)탭 등에 노출된다.

③ 카카오의 확장소재 유형 중 말머리형은 할인, 이벤트 등 말머리 형태의 소재로 차별화된 브랜드 정보를 제공할 수 있다.

④ 구글은 고객 문의를 유도하기 위하여 콜아웃 광고 확장, 위치 광고 확장, 제휴사 위치 광고 확장 등의 광고확장을 한다.

71 URL에 대한 설명으로 가장 적절한 것은?

① 표시 URL은 광고를 클릭 했을 때 도달하는 페이지의 URL이다.

② 표시 URL은 랜딩페이지의 URL을 의미한다.

③ 연결 URL은 사이트 내 모든 페이지에서 공통으로 확인되는 URL이다.

④ 연결 URL은 네이버와 구글은 키워드와 소재에 연결 URL을 설정할 수 있다.

part
02

검색광고 실무 활용

기출문제

72 다음 중 검색광고 시스템 URL에 대한 설명으로 틀린 것은?

① 최상위 도메인, 사이트 내 모든 페이지에서 공통으로 확인되는 URL을 표시URL이라고 한다.

② 랜딩페이지, 광고를 클릭했을 때 도달하는 페이지이 URL을 언결URL이라고 한다.

③ 광고 클릭 후 광고에서 본 내용과 관련 없는 페이지로 연결되면 사용자가 이탈할 가능성이 커진다.

④ 연결URL은 표시URL 사이트 내의 페이지가 아니어도 되고, 동일 사업자의 다른 사이트(도메인)로 연결되어도 된다.

73 효과적인 광고소재에 대한 설명으로 가장 적절하지 않은 것은?

① 사용자의 요구 및 혜택 등에 초점을 맞춘 광고 메시지를 작성한다.

② 구체적인 클릭유도 문안을 사용하는 것이 좋으며 이벤트 진행 중인 경우 마감시한을 넣지 않는 것이 효과적이다.

③ 사용자가 찾는 정보가 있음을 강조해서 보여줘야 한다. 직접 대응하는 표현을 통해 사용자가 찾는 것을 보유하고 있음을 알려야 한다.

④ 광고 소재에 최상급 표현, 불법의 소지가 있는 단어, 비속어, 선정적 표현, 입증되지 않은 수상 내역, 의미 없이 과도하게 사용된 특수 문자는 사용이 불가능하다.

 기출문제

74 다음 중 광고소재 작성에 대한 설명으로 틀린 것은?

① 광고소재는 사용자가 검색 후 최초로 만나는 상품이나 서비스에 대한 정보이다.

② 소재는 타 업체와의 차별성이 최대한 잘 드러나도록 징점과 혜택을 작성하는 것이 좋다.

③ 소재는 자유롭게 작성할 수 있고, 등록 후 바로 노출된다.

④ 키워드를 소재에 포함하는 것이 유입효과에 일반적으로 좋다.

75 네이버의 비즈채널 및 광고대상 관리에 대한 설명으로 가장 적절하지 않은 것은?

① 비즈채널은 웹 사이트, 전화번호, 쇼핑몰, 위치정보, 네이버 예약 등 잠재적인 고객에게 상품 정보를 전달하고 판매하기 위한 모든 채널을 의미한다.

② 회원제로 운영되는 사이트/성인사이트의 경우 테스트 계정을 입력하여 내부 콘텐츠를 확인할 수 있도록 해야 한다.

③ 웹 사이트의 채널 정보에 노출되는 이미지는 비즈채널 등록 시에 자동으로 캡처되어 수집되며 이후 일정 주기로 자동으로 캡처된다. 해당 이미지는 광고 더 보기 영역, 쇼핑몰 키워드 검색결과의 미리보기 등에서 사용된다.

④ 웹 사이트 채널을 삭제하면 캠페인에 포함된 광고 그룹과 그 안의 키워드 및 소재, 확장소재 전체가 삭제되며 복구가 불가능하다. 전화번호, 위치정보 비즈채널을 삭제할 경우 해당 채널을 사용한 확장소재와 광고 그룹 모두 삭제된다.

76 매체별 비즈채널 및 광고대상 관리에 대한 설명으로 가장 적절하지 않은 것은?

① 네이버 비즈채널은 확장소재의 구성요소로도 활용이 가능하며 비즈채널 등록 후 확장소재 탭에서 노출 여부의 선택이 가능하다.

② 네이버 비즈채널은 모든 유형을 합쳐 계정당 총 1,000개까지 추가 가능하다. 단, 전화번호 유형 중 통화추적번호는 최대 50개, 네이버 톡톡 유형은 최대 5개까지만 추가할 수 있다.

③ 카카오 광고시작을 위해서는 반드시 입력해야 하는 광고 대상은 확장소재이다.

④ 카카오 검색광고에서 광고 대상은 1개 계정당 최대 1,000개까지 등록이 가능하다.

77 매체별 광고노출전략에 대한 설명으로 가장 적절하지 않은 것은?

① 네이버는 고급옵션에서 시작 및 종료를 설정해 원하는 날짜에 광고 노출이 가능하다.

② 네이버는 캠페인 단위에서 하루 예산, 지역, 요일 및 시간대, 콘텐츠 매체, PC 및 모바일 입찰가중치, 소재노출 관리를 할 수 있다.

③ 카카오는 캠페인 단위에서 일 예산 설정이 가능하다.

④ 구글은 캠페인 단위에서 네트워크와 위치, 언어, 예산, 시작일 및 종료일 설정을 통해 노출 전략의 설정이 가능하다.

78 네이버 즐겨찾기에 대한 설명으로 가장 적절하지 않은 것은?

① 네이버 검색광고 관리시스템 중 하나로, 광고그룹, 키워드, 소재 단위로 추가가 가능하다.

② 여러 즐겨찾기 묶음에 중복 추가는 불가능하며, 하나의 즐겨찾기는 총 1,000개 추가가 가능하다.

③ 즐겨찾기 묶음은 총 10개가 제공되며, 이름 변경이 가능하다.

④ PC 이용이 어려운 상황에서 모바일 광고주 센터에서 빠르게 작업할 때 용이하다.

79 무효클릭에 대한 설명으로 가장 적절하지 않은 것은?

① 사용자가 의도하지 않은 클릭이나 악성 소프트웨어로부터 발생한 클릭을 의미한다.

② 무효클릭으로 확인되면 무효클릭에 대해 비용이 청구되지 않도록 보고서와 결제 금액에서 해당클릭을 자동으로 필터링한다.

③ 네이버, 카카오, 구글은 사전 및 사후 모니터링을 진행한다.

④ 필터링 로직과 필터링 결과는 매체별로 공개한다.

part
02

검색광고 실무 활용

80 매체별 무효클릭 관리에 대한 설명으로 가장
적절한 것은?

① 네이버는 무효클릭이 의심될 경우에는 의
심 키워드, 클릭일, 의심 IP 정보를 포함
한 클릭로그를 고객센터 문의접수 또는
상담 챗봇으로 문의가 가능하다.

② 네이버는 도구〉광고노출제한 관리에서
광고가 노출되지 않기를 희망하는 IP 주
소를 등록해 광고노출을 제한할 수 있다.

③ 카카오는 무효클릭이 의심될 경우에 IP
주소, 키워드, 클릭일시, 광고주 URL 정
보를 포함한 클릭로그를 클린센터로 접수
해 조사의뢰 할 수 있다.

④ 구글은 무효클릭이 확인되면 해당 클릭에
대해서 추후에 필터링 되지만, 요금은 청
구된다.

01 다음이 설명하는 용어는?

> 검색 결과에 광고를 노출하여 잠재고객의 유입을 유도하는 광고이며, 네이버, 카카오, 구글 등의 검색엔진을 통해 노출하는 광고를 의미한다. 이용자의 능동적인 검색활동을 통해 노출되며, 정확한 타기팅이 가능하다.

02 다음의 ①, ②가 설명하는 용어는 무엇인가?

> ① 클릭이 발생할 때마다 비용을 지불하는 종량제 광고 방식
> ② 클릭수 대비 전환수 비율

03 다음의 ①, ②가 설명하는 용어는 무엇인가?

> ① 광고비 대비 수익률
> ② 전환당 비용

기출문제

04 다음 검색광고에 대한 주요 용어 중 ①, ② 안에 들어갈 알맞은 용어는 무엇인가?

> • CPM : 1,000회 노출당 비용을 말한다. 주로 정액제 광고에서 쓰인다.
> • (①) : 클릭이 발생할 때마다 비용을 지불하는 종량제광고 방식이다. 노출과 무관하게 클릭이 이루어질 때에만 과금된다.
> • 광고소재 : 검색 결과에 노출되는 메시지로 제목과 설명문구, URL, 다양한 (②) 등으로 구성 된다.
> • (②) : 일반 광고소재 외 전화번호, 위치정보, 홍보문구, 추가링크 등을 말한다. 반드시 광고에 표시되지는 않는다.

05 검색광고의 기획단계에서 예산책정 방법에 대한 설명이다. 다음이 설명하는 예산책정 방법은?

> 기업들이 회사에서 충당 가능한 수준의 촉진비용을 책정하는 것을 말한다. 즉, 회사의 자금 사정 상 급박한 다른 상황에 비용을 모두 예산으로 책정한 후에 나머지를 촉진비용으로 정하는 방법을 말한다.

06 광고의 기획 단계를 거쳐 2가지 이상의 광고를 섞어 광고를 집행하는 것을 의미하며, 매체로는 네이 버, 구글, 카카오 등이 있는 집행 방법은?

07 네이버 검색광고의 구조를 나타낼 때, 다음의 (괄호) 안에 들어갈 용어는 무엇인가?

(괄호)〉그룹〉키워드와 소재

 기출문제

08 다음은 네이버 검색광고 운영시스템이다. ①, ②, ③에 들어갈 용어는 각각 무엇인가?

- 계정의 구조는 (①), (②), 키워드와 (③)로 이루어져 있으며, 그 중 (①)은 마케팅 활동에 대한 목적을 기준으로 묶어서 관리하는 광고 전략 단위라고 할 수 있다.
- (①) 하위에는 (②)이 있다.
- (②)에서는 웹 사이트, 매체, 노출 요일과 시간대, 하루예산, 입찰가 등을 설정할 수 있다.
- (③)는 사용자에게 보이는 광고 요소이며, 확장될 수 있다(확장소재).

 기출문제

09 다음 (괄호) 안에 공통으로 들어갈 알맞은 용어는 무엇인가?

- 쇼핑검색광고는 쇼핑몰 상품형 광고와 (괄호) 광고로 나뉜다.
- (괄호) 광고를 집행하려면 쇼핑 제조사 비즈채널을 등록해야 한다.
- (괄호)는 광고 가능한 카테고리가 별도로 정해져 있으며 집행 가능한 광고주는 제품의 소유권을 가진 제조사/브랜드사, 국내 독점 유통권 계약자만 가능하다.

10 다음이 설명하는 매체는 무엇인가?

> 이 매체의 키워드광고는 CPC 방식으로 운영할 수 있는 광고주 시스템이다. 광고관리, 보고서, 도구, 설정으로 구분되어 있으며, 광고 대상은 웹사이트다.

11 카카오 키워드 검색광고의 구조를 나타낼 때, 다음의 (괄호) 안에 들어갈 용어는 무엇인가?

> 캠페인〉(괄호)〉소재

12 Google Ads 계정을 열면 가장 먼저 표시되는 페이지는 무엇인가?

13 구글 검색광고의 구조를 나타낼 때, 다음의 (괄호) 안에 들어갈 용어는 무엇인가?

> 캠페인〉(괄호)〉광고

14 네이버 검색광고 등록 단계 중 (괄호) 안에 들어갈 가장 적절한 용어는 무엇인가?

> • (괄호) 생성단계에서 기본 입찰가와 하루 예산 설정이 가능하다.
> • (괄호) 고급옵션에서 광고 노출 매체, 지역, 일정 설정이 가능하다.

15 네이버의 소재 노출 방식 두 가지는 무엇인가?

16 네이버의 키워드 입찰 방식 중 최근 4주간 검색을 통해 노출된 광고 중에서 최하위에 노출되었던 광고의 입찰가 중 가장 큰 값을 입찰하는 방식은 무엇인가?

기출문제

17 다음에서 설명하는 (이것)은 무엇인가?

- (이것)은 '키워드별 입찰가'가 설정된 키워드를 제외한 모든 키워드에 적용되는 입찰가이다.
- (이것)은 광고 만들기 때 광고그룹에서 설정 가능하며, 이후에도 그룹 정보를 수정할 때 변경할 수 있다.
- (이것)은 콘텐츠 매체 전용입찰가를 설정하지 않은 경우 해당 매체에 적용되는 입찰가이다. 직접 설정 또는 자동입찰 설정 중에 선택할 수 있다.

기출문제

18 네이버 검색광고 등록시스템에서 아래에서 설명하는 ①과 ②에 해당하는 것은 각각 무엇인가?

① 최근 4주간 검색을 통해 노출된 광고 중에서 최하위에 노출되었던 광고의 입찰가 중 가장 큰 값
② 최근 4주간 검색을 통해 노출된 모든 광고의 입찰가를 큰 순서대로 나열했을 때 중간에 위치한 값

19 카카오의 광고대상은 무엇인가?

20 카카오의 브랜드 검색광고의 광고그룹 유형 4가지는 무엇인가?

21 구글은 키워드 플래너를 이용하여 관련성 높은 키워드를 조회하고, 추가할 수 있다. 일치검색, 구문 검색, 제외어검색 유형으로 미지정시 기본적으로 설정되는 유형은 무엇인가?

22 구글의 검색어 지정 범위는 '확장 검색 〉 구문 검색 〉 일치 검색' 순이다. 다음이 설명하는 검색 유형은 무엇인가?

> 일치하는(유사한) 구문의 앞, 뒤에 추가 단어가 포함된 검색어

23 다음의 ①, ②에 들어갈 수의 합 ①+②의 값은 얼마인가?

> 네이버의 품질지수는 (①)단계가 가장 높은 단계이고, 구글의 품질평가점수는 (②)점이 가장 높은 점수이다.

24 네이버 검색광고 상품 중 이용자에게 신뢰성 있는 정보를 제공하고, 광고주에게는 효과적인 브랜딩 기회와 전환 성과를 제공하는 콘텐츠 마케팅 상품은 무엇인가?

25 네이버 검색광고 중 다음이 설명하는 검색광고 상품은 무엇인가?

> 키워드 검색 시 네이버 통합검색 및 다양한 매체에 홈페이지와 홍보 문구가 노출되는 검색광고 상품으로, 매체 전략, 시간 전략 등 탄력적 운용이 가능하다. 클릭당 과금이 발생되는 종량제(CPC) 상품으로, 광고 등록과 노출에는 비용이 발생하지 않는다. 입찰가와 품질지수에 따라 광고 노출 여부와 순위가 결정된다.

26 네이버 검색광고 중 다음이 설명하는 검색광고 상품은 무엇인가?

> • 네이버 콘텐츠 서비스를 이용하는 내 지역 사용자에게 노출하는 배너 광고로, 스마트플레이스에 등록한 업체 정보를 바탕으로 쉽고 빠르게 광고를 생성할 수 있다.
> • 오프라인 가게를 알리고 싶은 지역 소상공인이 쉽게 집행할 수 있는 광고 상품이다.

 기출문제

27 다음 (괄호) 안에 공통적으로 들어갈 단어는 무엇인가?

> • 네이버 검색광고에서는 전화번호, 위치정보, 네이버 예약, 계산, 추가제목, 홍보문구, 서브링크, 가격링크, (괄호), 이미지형 서브링크, 플레이스 정보, 홍보영상, 블로그 리뷰 유형이 있다.
> • 광고 성과 향상에 유의미한 기여를 하지 못했을 때는 광고에 노출되지 않을 수 있다.
> • 성인, 병/의원 업종의 광고에는 (괄호)가 노출되지 않는다.
> • 광고그룹 단위로 등록할 수 있다.

28 카카오 키워드 상품에 대한 설명이다. 다음의 (괄호) 안에 들어갈 용어는 무엇인가?

> 프리미엄링크는 검색한 키워드와 연관성 있는 광고가 Daum, 카카오톡, 제휴 매체 등 다양한 지면에 검색 결과 또는 텍스트형 배너 형태로 노출되는 광고이다. 확장소재 미등록 시에 (괄호)만 노출된다.

29 구글 검색광고 상품의 광고 게재 영역에 대한 설명이다. ①, ②가 설명하는 영역은 무엇인가?

> ① 키워드와 관련된 용어 검색 시, 구글 검색 결과 옆 및 구글 사이트에 게재한다.
> ② 관련성이 높은 고객이 인터넷에서 사이트, 동영상, 앱을 탐색할 때 광고를 게재하여 도달 범위를 넓힐 수 있다.

 기출문제

30 다음의 설명에서 (이것)에 해당하는 알맞은 용어는 무엇인가?

> • 구글에서 특정 검색어에 대해 광고가 노출되지 않도록 하려면 해당 검색어를 광고그룹이나 캠페인에 (이것)으로 추가하여 노출을 제한 할 수 있다.
> • 네이버 쇼핑검색광고도 노출을 원하지 않는 키워드를 (이것)에 등록 할 수 있다.

31 다음이 설명하는 카카오 키워드광고의 서비스 명칭은 무엇인가?

> • 집행한 광고의 결과를 원하는 항목별로 구성하여 확인할 수 있는 맞춤화된 보고서를 말한다.
> • 광고계정, 캠페인, 광고그룹, 키워드, 소재별로 구분하여 보고서를 만들 수 있으며, 노출수, 클릭
> 수와 같은 기본지표 외에도 전환지표, 추가지표 등을 함께 확인할 수 있다.

🔖 기출문제

32 다음은 네이버 검색광고 입찰가에 대한 설명이다. ①, ②, ③에 들어갈 금액을 각각 얼마인가?

> 입찰가는 최소 (①)원부터(쇼핑검색광고는 (②)원), 최대 (③)원까지 설정할 수 있다.

33 다음이 설명하는 키워드 입찰관리 방법은 무엇인가?

> • 구글은 목표를 달성하기 위하여 자동으로 입찰가를 설정할 수 있다.
> • 구글은 캠페인 유형에 맞춘 여러 입찰 전략을 제공한다.

34 카카오에서 제공하는 전환추적 서비스로, 최적의 잠재고객을 파악하고, 광고에서 발생한 회원가입과 구매 등의 전환을 확인할 수 있는 스크립트 도구는 무엇인가?

 기출문제

35 아래 내용이 설명하는 기능(메뉴)명은 무엇인가?

> 네이버 광고 키워드별 연간 월별 검색 수 추이와 디바이스별 검색량, 사용자 통계자료를 확인할 수 있다. 연관키워드를 조회하여 파워링크 캠페인의 새로운 키워드를 발굴/추가할 수 있다. 선택한 키워드의 월간 예상 실적을 볼 수 있다.

36 URL에 대한 설명이다. ①, ②가 각각 설명하고 있는 용어는 무엇인가?

> ① 광고소재에서의 URL로, 사이트 내 모든 페이지에서 공통으로 확인되는 URL이다. 즉, 최상위 도메인을 말한다.
> ② 광고소재에서의 URL로, 광고를 클릭 했을 때 도달하는 페이지의 URL이다. 즉, 랜딩페이지의 URL을 말하고, 네이버와 구글은 키워드와 소재에 연결 URL을 설정할 수 있다.

37 다음은 광고소재 관리에 관한 설명이다. ①, ②, ③ 안에 들어갈 숫자는 각각 무엇인가?

> • 네이버 검색광고는 광고그룹당 최대 (①)개까지 등록 가능하며 소재 노출 방식은 성과 기반 노출과 동일 비중 노출 중 선택할 수 있다.
> • 카카오 검색광고는 광고그룹당 최대 (②)개까지 등록 가능하며 기본 소재에 이미지, 가격 등을 추가로 노출한다.
> • 구글 검색광고는 광고그룹당 텍스트 광고 (③)개까지 등록 가능하며 캠페인 단위에서 광고 순환게재를 선택할 수 있다.

38 네이버 검색광고 관리시스템 중 하나로, 광고그룹, 키워드, 소재 단위로 추가가 가능하며, PC 이용이 어려운 상황에서 모바일 광고주 센터에서 빠르게 작업할 때 용이하다. 서로 다른 캠페인이나 광고그룹에 속해 있지만 하나의 묶음에 추가하면 한 눈에 성과 지표를 확인할 수 있는 관리시스템은 무엇인가?

39 다음이 설명하는 용어는 무엇인가?

> 사용자가 의도하지 않은 클릭이나 악성 소프트웨어로부터 발생한 클릭 즉, 검색광고 본래의 취지에 맞지 않은 무의미한 클릭을 의미한다. Google 시스템은 광고에 발생한 각 클릭을 면밀히 검사하여 노출을 파악하고 계정 데이터에서 삭제한다. 네이버, 카카오, 구글은 사전 및 사후 모니터링을 진행한다.

40 무효클릭 관리에 대한 설명이다. 다음이 설명하는 매체는 무엇인가?

> 무효클릭이 의심될 경우에는 IP 주소, 키워드, 클릭일시, 광고주 URL 정보를 포함한 클릭로그를 클린센터로 접수해 조사의뢰 할 수 있다. 도구>광고노출제한 관리에서 광고가 노출되지 않기를 희망하는 IP 주소를 등록해 광고노출을 제한할 수 있다. 광고노출제한 IP는 최대 600개, 유동 IP는 마지막 네 번째 자리에 와일드카드를 활용해 차단할 수 있다.

검색광고
활용 전략

객관식 문제

단답식 문제

01 검색광고 사용자의 행동 단계로 가장 적절한 것은?

① 노출 → 클릭 → 구매
② 노출 → 분석 → 클릭
③ 클릭 → 노출 → 분석
④ 클릭 → 분석 → 투자

02 소비자 행동 단계와 효과 측정에 대한 표이다. ㉠, ㉡, ㉢에 각각 들어갈 적절한 용어는?

일반적인 소비자 행동	인지	방문	구매
검색광고 소비자 행동	노출	클릭	구매
단계별 효과 측정	㉠	㉡	㉢

	㉠	㉡	㉢
①	CPC	CPI	CPS
②	CPI	CPC	CPS
③	CPI	CPS	CPC
④	CPC	CPS	CPI

03 검색광고 효과를 매일 분석해야 하는 이유로 가장 적절하지 않은 것은?

① 날마다 키워드의 양과 질이 달라진다.
② 실시간으로 효과적인 광고 분석이 가능하다.
③ 다양한 광고상품이 존재하여 광고를 믹스하여 진행할 수 있다.
④ 검색광고는 정해진 시간에 고정 노출된다.

04 검색광고 효과분석에 대한 설명으로 가장 적절하지 않은 것은?

① 검색광고 효과 분석은 광고 집행 프로세스의 마지막 단계이면서 동시에 시작의 단계이다.
② 초기 수립한 광고목표를 기반으로 평가에서 끝나기만 하면 실질적인 효과분석을 하는 의미가 없다.
③ 검색광고 효과분석을 통해 끝없이 개선하고 성장을 이끌어내는 것이야말로 검색광고 마케터의 역량이다.
④ 검색광고는 명확한 성과측정이 가능하지 않지만, 실시간으로 운영되는 시스템으로 추후 사후관리를 통해 광고 성과를 크게 개선시키는 것이 가능하다.

기출문제

05 다음 중 광고효과 분석 후 성과개선을 위해 취해야 할 행동으로 가장 적절하지 않은 것은?

① CTR이 낮은 키워드는 광고 소재 및 확장 소재를 변경한다.
② CVR이 높은 키워드를 중심으로 키워드를 확장한다.
③ ROAS가 높은 키워드는 입찰가를 낮추거나 시간 설정을 하여 광고 노출수를 줄인다.
④ CVR이 낮은 키워드는 랜딩페이지 및 페이지뷰, 체류시간을 체크한다.

06 검색광고 효과분석을 위한 목표설정으로 가장 적절하지 않은 것은?

① CPC 1,000원
② CVR 5%
③ CPM 1,000원
④ 높은 전환매출액

07 단계별 검색광고 효과 분석에 대한 설명으로 가장 적절하지 않은 것은?

① 노출당 광고비는 광고비당 노출의 정도가 어느 정도인지를 분석하는 방법이다.
② CPC는 광고를 통해 한 사람의 사용자가 사이트를 방문하는데 투여되는 비용을 말한다.
③ CPS는 광고를 통해 사용자가 광고주의 사이트를 방문하여 머무르는 시간을 의미한다.
④ CPC, CPS는 낮을수록 효과적인 광고라고 할 수 있다.

08 단계별 검색광고 효과 분석에 대한 설명으로 가장 적절하지 않은 것은?

① 노출당 광고비는 동일한 광고비에서 노출수가 많은 것이 더 높은 효과가 있는 광고이며, CPT 상품에서는 비효율적이다.
② CPC는 클릭당 비용이 낮을수록 또는 동일 광고비용으로 클릭률이 높을수록 광고효과가 높음을 알 수 있다.
③ CPS는 구매건당 비용이 낮을수록 효율적으로 광고가 집행되고 있음을 알 수 있다.
④ CTR은 노출수 대비 클릭수의 비율이며, 높을수록 효과적인 광고라고 할 수 있다.

part
03
검색광고 활용 전략

09 광고실적이 다음과 같을 때 CTR이 가장 높은 그룹은 무엇인가?(단, 계산 값은 소수점 첫째자리에서 반올림한다.)

그룹	노출수 (회)	방문수 (회)	구매수 (회)	광고비 (원)	물품 단가 (원)
A	100,000	8,000	200	10,000,000	70,000
B	150,000	10,000	750	12,000,000	30,000
C	200,000	25,000	8,000	15,000,000	2,000
D	270,000	18,000	15,000	24,000,000	2,000

① A
② B
③ C
④ D

11 광고실적이 다음과 같을 때 CVR이 가장 높은 그룹은 무엇인가?(단, 계산 값은 소수점 첫째자리에서 반올림한다.)

그룹	노출수 (회)	구매수 (회)	광고비 (원)	물품 단가 (원)	CTR (%)
A	300,000	2,600	25,000,000	10,000	33
B	350,000	18,500	30,000,000	2,500	20
C	480,000	26,000	40,000,000	1,800	38
D	720,000	1,800	50,000,000	30,000	13

① A
② B
③ C
④ D

🔖 기출문제

10 광고실적이 다음과 같을 때 CVR이 가장 높은 그룹은 무엇인가?

그룹	클릭수	클릭률	전환수	광고수익률
A 그룹	2,500	3%	20	800%
B 그룹	6,000	6%	30	450%
C 그룹	8,000	8%	80	130%
D 그룹	11,000	11%	100	950%

① C 그룹
② D 그룹
③ A 그룹
④ B 그룹

🔖 기출문제

12 광고 결과가 아래와 같을 때, 다음 중 CPC와 ROAS가 바르게 연결된 것은?

- 광고비 : 20,000,000원
- 광고를 통한 방문수 : 16,000명
- 물품 단가 : 50,000원
- 광고를 통해 판매된 물품 수 : 300개
- 이익률 : 40%

① CPC = 1,250원, ROAS = 30%
② CPC = 400원, ROAS = 75%
③ CPC = 1,250원, ROAS = 75%
④ CPC = 400원, ROAS = 30%

13 광고실적이 다음과 같을 때 CTR과 CVR의 값은 각각 얼마인가?(단, 계산 값은 소수점 첫째자리에서 반올림한다.)

노출수(회)	방문수(회)	구매수(회)
750,000	100,000	22,500
광고비(원)	물품 단가(원)	전환 매출액(원)
50,000,000	2,500	56,250,000
CTR(%)	CVR(%)	ROAS(%)
		113

	CTR(%)	CVR(%)
①	12	22
②	12	23
③	13	22
④	13	23

🔖 기출문제

14 다음 광고 결과 데이터를 통해 얻을 수 있는 것으로 바르게 짝지어진 것은?

방문수	클릭률	광고비
17,500회	2%	7,000,000원
물품단가	전환수	
35,000원	700회	

① 노출수 = 875,000회, CVR = 2%

② CVR = 4%, ROAS = 350%

③ 전환매출 = 24,500,000원, CVR = 2%

④ 노출수 = 437,500회, ROAS = 500%

15 광고실적이 다음과 같을 때 CPC, CPS의 값은 얼마인가?(단, 계산 값은 소수점 첫째자리에서 반올림한다.)

- 노출수 : 150,000회
- 방문수 : 25,000회
- 구매수 : 12,000회
- 광고비 : 24,000,000원
- 물품단가 : 3,200원
- ROAS : 160%

	CPC	CPS
①	960	2,000
②	970	2,100
③	960	2,100
④	970	2,000

part
03
검색광고 활용 전략

16 광고실적이 다음과 같을 때 CPC, CPS의 값은 얼마인가?(단, 계산 값은 소수점 첫째자리에서 반올림한다.)

그룹	노출수(회)	방문수(회)	구매수(회)
M	225,000	18,000	7,200
광고비 (원)	물품 단가 (원)	전환 매출액 (원)	
36,000,000	6,000	43,200,000	
수익률(%)	CTR(%)	CVR(%)	ROAS(%)
20	8	40	120
CPC(원)	CPS(원)		

	CPC	CPS
①	1,500	4,500
②	2,000	5,000
③	1,500	5,000
④	2,000	4,500

기출문제

17 다음 중 아래 표에서 산출한 데이터로 적절하지 않은 것은?

노출수	클릭수	광고비
1,250,000회	5,000회	5,750,000원
전환수	전환매출액	
150회	50,000,000원	

① 클릭률이 0.40%이다.
② 클릭당 비용이 1,150원이다.
③ ROAS가 870%이다.
④ 전환율은 0.3%이다.

18 광고실적이 다음과 같을 때 ROAS의 값은 얼마인가?(단, 계산 값은 소수점 첫째자리에서 반올림한다.)

노출수 (회)	방문수 (회)	광고비 (원)	물품 단가 (원)
180,000	60,000	24,000,000	2,800
CTR(%)	CVR(%)	ROAS(%)	
33	20		

① 100%
② 120%
③ 140%
④ 160%

기출문제

19 다음 중 전환 매출액이 가장 높은 키워드는 무엇인가?

키워드	노출수 (회)	클릭수 (회)	광고비 (원)	광고수익률 (%)
예쁜 가방	2,780	100	200,800	800
여성 의류	15,900	620	310,000	450
다이어트 보조제	62,400	900	1,350,000	130
남성 의류	4,570	200	130,000	950
건강 식품	7,350	70	21,000	1,000

① 건강식품
② 여성 의류
③ 다이어트 보조제
④ 예쁜 가방

20 광고실적이 다음과 같을 때 ROAS의 값이 가장 큰 그룹은 무엇인가?(단, 계산 값은 소수점 첫째자리에서 반올림한다.)

구분	A	B	C	D
광고비 (천 원)	12,000	13,000	15,000	30,000
전환매출액(천 원)	13,000	14,400	20,400	40,000
CTR(%)	7	8	10	4
CVR(%)	20	25	68	6
CPC(원)	1,846	1,354	1,200	3,750
CPS(원)	9,231	5,417	1,765	60,000

① A
② B
③ C
④ D

21 광고실적이 다음과 같을 때 ROAS의 값이 다른 그룹은 무엇인가?(단, 계산 값은 소수점 첫째자리에서 반올림한다.)

그룹	A	B	C	D
노출수 (천 회)	250	3,000	6,000	1,000
광고비 (천 원)	42,000	186,000	315,000	80,500
물품 단가 (원)	40,000	4,000	20,000	13,000
CTR(%)	6	4	2	10
CVR(%)	9	50	17	8

① A
② B
③ C
④ D

22 광고실적이 다음과 같을 때 광고비가 가장 많은 그룹은 무엇인가?(단, 계산 값은 소수점 첫째자리에서 반올림한다.)

그룹	A	B	C	D
노출수 (회)	250,000	3,000,000	6,000,000	1,000,000
CTR(%)	6	5	2	10
CPC(원)	3,000	1,750	2,900	900

① A
② B
③ C
④ D

part
03

검색광고 활용 전략

23 광고실적이 다음과 같을 때 노출수와 클릭수의 값은 얼마인가?(단, 계산 값은 소수점 첫째자리에서 반올림한다.)

> • 물품 단가 : 15,000원
> • 전환 매출액 : 39,000,000원
> • CPC : 190원
> • 광고비 : 38,000,000원
> • CTR : 8%

	노출수	클릭수
①	2,500,000회	100,000회
②	2,500,000회	200,000회
③	5,000,000회	100,000회
④	5,000,000회	200,000회

24 광고실적이 다음과 같을 때 CPA의 값은 얼마인가?(단, 계산 값은 소수점 첫째자리에서 반올림한다.)

> • CPC = 200원
> • CVR = 12%

① 1,444
② 1,556
③ 1,667
④ 1,778

25 광고실적이 다음과 같을 때 ㉠, ㉡, ㉢에 들어갈 값이 아닌 것은?(단, 계산 값은 소수점 첫째자리에서 반올림한다.)

노출수 (회)	구매수 (회)	광고비 (원)	물품 단가 (원)
2,000,000	16,000	100,000,000	7,000
전환 매출액 (원)	CPS (원)	ROAS (%)	
㉠	㉡	㉢	

① 112
② 6,250
③ 48,000,000
④ 112,000,000

26 광고실적이 다음과 같을 때 산출한 데이터가 적절한 것은?(단, 계산 값은 소수점 첫째자리에서 반올림한다.)

> • 노출수 : 2,500,000회
> • 방문수 : 200,000회
> • 구매수 : 18,000회
> • 광고비 : 140,000,000원
> • 물품 단가 : 8,000원
> • 전환 매출액 : 144,000,000원

① CTR의 값은 CVR의 값보다 크다.
② 노출당 비용의 값은 60원보다 크다.
③ CPC의 값은 700원이다.
④ CPS의 값은 7,000원보다 작다.

27 광고실적이 다음과 같을 때 산출한 데이터가 적절한 것은?(단, 계산 값은 소수점 첫째자리에서 반올림한다.)

물품 단가 (원)	전환 매출액 (원)	CVR (%)	ROAS (%)
6,000	162,000,000	15	108

① 노출수는 900,000회이다.
② 클릭수는 18,000회이다.
③ 전환수는 2,700회이다.
④ 광고비는 150,000,000원이다.

28 광고실적이 다음과 같을 때 산출한 데이터가 적절하지 않은 것은?(단, 계산 값은 소수점 첫째자리에서 반올림한다.)

- 노출당 비용 : 10원
- CPC : 100원
- CPS : 1,000원
- ROAS : 104%

① 노출수는 클릭수의 10배이다.
② 클릭수는 전환수의 10배이다.
③ 클릭률은 10%이다.
④ 전환율은 1%이다.

29 광고효과 조사의 목적으로 가장 적절하지 않은 것은?

① 광고 집행 실패의 사전 방지, 대안의 객관적 평가를 위해 사전조사를 한다.
② 광고 목표의 달성정도의 파악, 차기 캠페인을 위한 기반을 마련하기 위해 사후조사를 한다.
③ 효과적이고 효율적인 광고활동 계획의 수립, 과학적 매체 계획의 수립을 위해 중간조사를 한다.
④ 소비자의 광고 노출량 측정, 타깃 적합매체의 선정을 위해 매체조사를 한다.

30 사후관리에 대한 설명으로 가장 적절하지 않은 것은?

① 키워드 사후관리 또는 랜딩페이지 관리로 구분이 가능하다.
② 키워드 사후관리를 통해 광고를 끊임없이 최적화하여야 한다.
③ 랜딩페이지 관리를 통해 힘들게 방문한 고객들이 이탈되지 않고 전환으로 연결이 가능하도록 사후관리를 철저히 해야 한다.
④ 키워드 사후관리 성과 향상을 위해 고려해야 할 지표는 ROAS, ROI이다.

31 키워드 사후관리 중 노출 순위 및 소재 등은 매력적이지만 실제적으로는 사이트에 방문해서 전환 행동이 발생하지 않은 상태로 가장 적절한 것은?

① CTR, CVR이 모두 높은 경우

② CTR은 높고, CVR은 낮은 경우

③ CTR, CVR이 모두 낮은 경우

④ CTR은 낮고, CVR은 높은 경우

🔖 기출문제

32 다음 중 키워드 차원의 효과분석 후 사후관리로 적절하지 않은 것은?

① CVR이 낮은 키워드는 랜딩페이지를 개선하거나 교체한다.

② 광고비용을 많이 소진하고 전환이 없는 키워드는 입찰가를 낮추거나 OFF 시킨다.

③ CTR이 낮은 키워드는 랜딩페이지를 개선하거나 교체한다.

④ CTR과 CVR이 모두 높을 때는 연관키워드와 세부 키워드를 확장한다.

33 랜딩페이지에 대한 설명으로 가장 적절하지 않은 것은?

① 메인페이지가 랜딩페이지이다.

② 광고를 통해 방문하게 되는 페이지를 의미한다.

③ 광고를 클릭해 방문한 페이지에서 찾고자 했던 제품 및 콘텐츠 등이 없는 경우 고객들은 쉽게 포기하고 타 페이지를 사용한다.

④ 1명의 방문자를 웹 사이트로 유입시키기까지 많은 노력 및 비용을 투하했다 하더라도 랜딩페이지에서 이탈해버리면 아무 소용이 없게 된다.

34 다음이 설명하는 용어로 가장 적절한 것은?

> 방문자 수 대비 사이트에 방문한 후 페이지 이동 없이 바로 이탈한 경우의 비율 데이터를 의미한다. 이 비율이 높다는 것은 해당 랜딩페이지가 고객들에게는 효과적이지 않다는 것이다.

① 반송률

② 클릭률

③ 추출률

④ 부착률

35 광고 극대화를 위한 랜딩페이지 구성요소로 가장 적절하지 않은 것은?

① 특정한 타깃이나 시즈널 이슈 등 세부적인 니즈보다는 보편적 페이지를 구성한다.

② 상품이나 서비스의 상세 설명은 있어야 하며, 장점에 대한 증거를 제시하는 것이 좋다.

③ 특별한 판매조건이나 구매 결정을 바로 내릴 수 있는 혜택이 포함되어 있는 것이 효과적이다.

④ 상품구매 및 서비스 예약 등과 같은 행동을 즉각적으로 할 수 있게 하는 요소가 들어가야 한다.

36 로그분석에 대한 설명으로 가장 적절하지 않은 것은?

① 웹 사이트 등을 방문한 유저들의 데이터를 수집해 분석하는 도구를 의미한다.

② 네이버, 카카오, 구글 검색광고에서 유료로 로그분석을 지원하고 있다.

③ 매체에서 제공하는 로그분석을 활용할 시에 별도의 엑셀 작업 없이 그룹, 캠페인, 키워드별 전환성과를 보고서와 함께 볼 수 있다.

④ 로그분석이 가능하기 위해서는 웹 사이트 등에 전환추적 스크립트의 삽입이 필요하며 자가 설치 및 대행 설치도 가능하다.

기출문제

37 다음 중 키워드광고 로그분석 보고서를 통하여 알 수 없는 것은?

① ROI

② 물품단가(객단가)

③ ROAS

④ CTR

38 네이버 검색광고에서 제공하는 프리미엄 로그분석에서 확인 가능한 항목으로 가장 적절하지 않은 것은?

① 순위지수, 품질지수

② 전환수, 직접전환수, 간접전환수

③ 전환매출액, 간접전환매출액, 직접전환매출액

④ 방문당 평균 체류시간, 방문당 평균 페이지 뷰

기출문제

39 네이버 프리미엄 로그분석을 통해 매출을 추적할 수 없는 광고 상품은?

① 파워링크

② 쇼핑검색

③ 브랜드검색

④ 파워콘텐츠

40 매체 별로 지원하는 로그 분석 시스템에 대한 설명으로 틀린 것은?

① 네이버 검색광고 : 도구〉프리미엄 로그 분석

② 카카오 검색광고 : 도구〉픽셀&SDK 연동 관리

③ 구글 검색광고 : 도구 및 설정〉전환, 애널리틱스

④ 매체 별 로그 분석은 유료 결제 후 이용할 수 있다.

01 검색사용자의 행동 단계를 나타낸 것이다. (괄호) 안에 들어갈 가장 적절한 용어는 무엇인가?

노출 → (괄호) → 구매

02 다음의 (괄호) 안에 들어갈 용어로 가장 적절한 것은?

일반적인 소비자 행동	인지	방문	(괄호)
검색광고 소비자 행동	노출	클릭	구매
단계별 효과 측정	CPI	CPC	CPS

03 검색광고의 단계별 효과분석에 대한 설명이다. ①, ②가 각각 설명하는 것은 무엇인가?

① 구매당 광고비를 의미하며, 광고비당 구매의 정도가 어느 정도인지를 분석하는 방법이다.
② 광고를 통해 한 사람의 사용자가 사이트를 방문하는데 투여되는 비용을 말한다.

04 검색광고의 광고비용 효과분석에 대한 설명이다. ①, ②가 각각 설명하는 것은 무엇인가?

> ① 투자수익률은 가장 널리 사용되는 측정기준 중 하나이며 이는 키워드 광고를 통해 발생하는
>   이익을 광고비로 나누어 계산하면 되며 100% 이상이면 광고 집행의 효과가 있다고 본다.
> ② 사용한 광고비를 통해서 직접적으로 발생하는 매출액의 크기를 의미하며, 광고를 통한 매출/
>   광고비×100으로 구한다.

05 다음의 ①, ②에 각각 들어갈 용어는 무엇인가?

용어	산식
CPC	총 광고비용/클릭수
CPS	총 광고비용/구매건수
①	구매건수/클릭수
②	클릭수/노출횟수

06 웹 사이트 등을 방문한 유저들의 데이터를 수집해 분석하는 도구를 의미하며, 구글의 애널리틱스, 에이스카운터, 비즈스프링의 로거 등 네이버, 다음 카카오, 구글 검색광고에서 무료로 지원하는 도구는 무엇인가?

07 광고실적이 다음과 같을 때 ① CVR, ② CPC는 각각 얼마인가?(단, 소수 첫째자리에서 반올림한다.)

노출수(회)	방문수(회)	구매수(회)	광고비(원)	물품단가(원)
50,000	6,000	200	10,000,000	70,000

08 광고실적이 다음과 같을 때 물품단가(객단가)는 얼마인가?(단, 소수 첫째자리에서 반올림한다.)

- 광고비 : 12,000,000원
- 매출액 : 16,000,000원
- 노출수 : 180,000회
- CVR : 4%
- CPC : 15,000원

09 광고비가 8,000,000원이고, 광고로 인한 전환매출액이 24,000,000원일 때 ROAS는 얼마인가?(단, 광고비 이외의 비용은 없다고 가정한다.)

10 다음은 '시스컴'에 해당하는 키워드 검색광고 결과이다. ROAS의 값은 얼마인가?

키워드	노출수	전환수	광고비	전환매출액	ROAS
시스컴	526,000회	86,000회	750,000원	3,000,000원	

11 사후관리를 두 가지로 구분할 수 있다. 두 가지는 각각 무엇인가?

12 키워드 사후관리에서 성과 향상을 위해 고려해야 할 지표 두 가지는 무엇인가?

13 다음의 ①, ②에 각각 들어갈 말은 무엇인가?(단, '높' 또는 '낮'의 단어만 사용한다.)

> CTR은 (①)고, CVR은 (②)은 경우
> 키워드 및 광고 소재가 모두 적합한지를 사전에 점검한 후에 광고 중단을 고려해야 한다. 키워드는
> 여러 가지 이유로 언제나 변화가능성이 있으므로 주기적인 효과분석 및 필터링 과정은 필수적이다.

14 광고를 통해 방문하게 되는 페이지를 의미하며, 광고를 클릭해 방문한 페이지에서 찾고자 했던 제품 및 콘텐츠 등이 없는 경우 고객들은 쉽게 포기하고 타 페이지를 사용하므로, 이 페이지의 관리가 중요하다. 이 페이지는 무엇인가?

15 사이트에 방문한 후에 페이지 이동 없이 바로 이탈한 경우를 무엇이라 하는가?

16 다음 중 아래 광고 데이터에서 노출수와 물품단가(객단가)는 각각 얼마인가?

> • 광고를 통한 클릭수 : 5,000건
> • 클릭률 : 4%
> • 광고비 : 5,000,000원
> • 전환율 : 5%
> • ROAS : 450%

17 다음은 네이버 검색광고에서 제공하는 프리미엄 로그분석의 항목 중 하나에 대한 설명이다. (괄호) 안에 들어갈 알맞은 용어는 무엇인가?

> (괄호)는 광고클릭 이후 30분 내에 마지막 클릭으로 전환이 일어난 경우의 전환수이다.

18 광고 효율 개선을 위해 랜딩페이지 2개로 A, B TEST를 진행하였다. A랜딩 페이지는 전환율이 3%, B랜딩 페이지는 전환율이 9% 나왔다. A랜딩 페이지와 B랜딩 페이지의 ROAS 차이는 몇 배인가?(CPC, 클릭수, 광고비, 객단가 등 다른 조건은 모두 동일하다고 가정.)

19 광고를 통한 클릭수 3,500명, 클릭당 비용 450원, 클릭률 8%, ROAS 500% 이다. 이 경우 노출수는 얼마인가?

20 다음의 광고 사례에서 전환매출액은 얼마인가?

클릭수	광고비	전환율	전환수	ROAS
8,000회	6,400,000원	2.50%	200회	745%

FINAL
실전모의고사

객관식
40문제 × 1.5점 = 60점
단답식
20문제 × 2.0점 = 40점

객관식 : 1번 ~ 40번
단답식 : 41번 ~ 60번
시험시간 90분

실전모의고사

정답 및 해설 239p

▥ 객관식 문제

01 온라인 비즈니스에 대한 설명으로 가장 적절하지 않은 것은?

① 온라인 포털이란 인터넷을 사용할 때 기본적으로 거쳐 가는 웹 사이트를 의미하며, 광고를 주 수익 기반으로 한다.

② 검색엔진이란 인터넷에서 자료를 쉽게 찾을 수 있게 도와주는 소프트웨어를 의미한다.

③ 소셜 미디어란 유무선 전기 통신망에서 사용하기 위해 부호 · 문자 · 음성 · 음향 이미지 · 영상 등을 디지털 방식으로 제작, 처리, 유통하는 자료, 정보 등을 의미한다.

④ 온라인 커머스란 소셜 미디어와 온라인 미디어를 활용하는 전자상거래를 의미한다.

02 디지털 미디어에 대한 설명으로 가장 적절하지 않은 것은?

① Paid media는 조직이나 개인이 비용을 들여 온 · 오프라인 미디어 채널을 통해 메시지를 전달하고자 할 때 유료로 이용하는 미디어를 말한다.

② Owned media는 자기의 회사가 보유하고 있는 커뮤니케이션 미디어를 말한다.

③ Earned media는 제3자에 의해 창작되고 소유되어 소비자로부터 신뢰와 평판을 획득할 수 있는 모든 종류의 퍼블리시티를 의미한다.

④ 네이티브 광고, 배너광고는 Owned media에, 홈페이지, 블로그는 Earned media에 속한다.

03 다음이 설명하는 용어로 가장 적절한 것은?

> • 가상의 마켓 플레이스에서 재화와 서비스를 판매하는 비즈니스 모델을 일컫는 포괄적인 개념이다.
> • 물리적 상품과 서비스의 구매 편리성과 구매 안정성을 동시에 충족시킬 수 있다.
> • 신속하고 소비자 지향적 물류체계 구축이 중요하다.

① 촉진믹스
② 온라인 커머스
③ 디지털 광고
④ 시장세분화

04 디지털 마케팅에 대한 설명으로 가장 적절한 것은?

① 디지털 시대의 소비자들은 능동적이지 않고 수동적이다.
② 기업주도의 커뮤니케이션으로 노출위주이다.
③ 대량의 일원화되어 있는 메시지를 Push 하는 형태의 광고이다.
④ 소셜 빅데이터를 통한 조사를 하여 소비자 욕구를 채우려 한다.

05 인플루언서 마케팅에 대한 설명으로 가장 적절하지 않은 것은?

① 인플루언서란 주로 SNS상에서 영향력이 큰 사람들을 일컫는다.
② 소셜 미디어를 통해 일반인들이 생산한 콘텐츠가, 브랜드 측에서 게시하는 TV광고와 유사하거나, 혹은 그 이상의 영향력을 가지게 되었다.
③ 인플루언서들이 SNS를 통해 공유하는 특정 제품 또는 특정 브랜드에 대한 의견이나 평가는 콘텐츠를 소비하는 이용자들의 인식과 구매 결정에 커다란 영향을 끼친다.
④ 인플루언서는 자체적으로 콘텐츠를 생산하지 않지만 큰 파급력을 가진다.

06 디지털 마케팅에서의 소비자 정보처리 과정으로 가장 적절한 것은?

① Attention-Interest-Search-Action-Share
② Attention-Search-Click-Action-Share
③ Attention-Interest-Desire-Memory-Action
④ Attention-Interest-Desire-Action-Share

07 다음이 설명하는 디지털 마케팅 전략으로 가장 적절한 것은?

> 전체시장을 하나의 시장으로 보지 않고, 소비자 특성의 차이 또는 기업의 마케팅 정책, 예를 들어 가격이나 제품에 대한 반응에 따라 전체시장을 몇 개의 공통된 특성을 가지는 시장으로 나누어서 마케팅을 차별화시키는 것을 말한다.

① 표적시장
② 포지셔닝
③ 시장세분화
④ 믹스 마케팅

08 검색광고에 대한 설명으로 가장 적절하지 않은 것은?

① 인터넷 검색서비스를 통해 광고주의 온라인 사이트에 대한 연결고리를 보여주는 광고, 키워드를 검색하기 때문에 키워드 광고라고도 한다.
② 불특정 다수에게 광고를 노출하기 때문에 광고의 효과가 상대적으로 낮다는 단점이 있다.
③ 실시간으로 광고를 관리할 수 있는 장점이 있는 반면에 광고 운영에 소비되는 시간이 너무 많다는 단점이 있다.
④ 광고 클릭과 구매가 강하게 연결되는 장점이 있는 반면에 초기 브랜드를 알리는 광고로는 적합하지 않다.

09 검색광고의 특징으로 가장 올바른 것은?

① 관리 리소스가 적게 투여되고, 종량제광고로 광고주가 받은 클릭에 대해서만 과금되어 효율적이다.
② 부정클릭 발생을 방지하기 어렵지만, 대형포털의 검색광고 경쟁을 완화시킬 수 있다.
③ 광고 효과를 즉시 확인할 수 있으며, 시스템을 통하여 광고 효과에 대한 데이터를 확인할 수 있다.
④ 노출 순위는 최대클릭비용에 의해서만 달라지며, 광고운영시스템을 통해 탄력적으로 운영할 수 있다.

10 검색광고 기획에 있어 경쟁사 분석에 대한 설명으로 가장 적절하지 않은 것은?

① 네이버 키워드 도구를 통하여 경쟁사들의 통계를 파악한다.
② 집행상품을 모니터링하여 광고전략을 적절히 벤치마킹한다.
③ 경쟁사의 광고를 모니터링하는 방법은 집행상품을 모니터링하는 방법뿐이다.
④ 브랜드검색 소재는 경쟁사의 주요 이벤트나 주력 상품을 확인할 수 있다.

11 검색광고의 매체노출 효과 용어에 대한 설명으로 가장 적절하지 않은 것은?

① CPC는 노출당 비용을 의미한다.

② CPA는 전환당 비용을 의미한다.

③ ROAS는 광고비 대비 수익률을 의미한다.

④ 클릭률(CTR)은 노출수 대비 클릭수 비율을 의미한다.

13 네이버 캠페인 단위에서 수정할 수 없는 것은?

① 노출기간

② 노출요일

③ 하루예산

④ 예산균등배분

12 네이버 검색광고에 대한 설명으로 가장 적절하지 않은 것은?

① 사이트 검색 광고, 쇼핑 검색광고, 콘텐츠 검색 광고, 브랜드 검색 광고, 지역소상공인 광고는 광고관리시스템에서 관리한다.

② 구조는 캠페인, 그룹, 키워드와 소재이며, 키워드 확장 기능을 통해 등록 키워드 및 유의 키워드의 자동 광고 노출이 가능하다.

③ 광고그룹에서 웹 사이트, 매체, 지역, 노출 요일과 시간대, 하루 예산 등을 설정할 수 있다.

④ 캠페인 등록 후 유형 변경이 불가하며, 비즈채널 등록은 선택이다.

14 네이버 검색광고에 대한 설명으로 가장 적절하지 않은 것은?

① 캠페인은 마케팅 활동에 대한 목적을 기준으로 묶어서 관리하는 광고 전략 단위로 7개의 유형이 존재한다.

② 캠페인 등록 후 유형 변경은 불가하며, 광고 집행을 위해서는 캠페인에 맞는 비즈채널이 반드시 등록되어야 한다.

③ 광고 그룹에서는 캠페인 활동에 대한 개별 실행 방법을 설정하며, 웹 사이트, 매체, 지역, 노출 요일과 시간대, 하루 예산, 입찰가 설정이 가능하다.

④ 광고소재는 검색 결과에 노출되는 메시지를 말하며, 확장소재의 유형으로는 일반 광고소재 외 전화번호, 위치정보, 홍보문구, 추가 링크 등이 있다.

15 카카오 운영시스템에 대한 설명으로 가장 적절한 것은?

① 키워드 광고는 다이렉트홈, 개요페이지, 보고서, 도구 및 설정, 결제로 구분되어 있다.

② 광고의 구조는 캠페인, 그룹, 키워드로 구성되어 있다.

③ 캠페인은 5개의 유형이 존재한다.

④ 키워드 광고는 그룹 단위에서 PC 검색 포털, 모바일 검색, PC 콘텐츠, 모바일 콘텐츠 영역의 노출여부 선택이 가능하다.

16 구글 운영시스템에 대한 설명으로 가장 적절한 것은?

① 광고의 구조는 캠페인, 그룹, 소재이다.

② 캠페인 생성 단계에서 웹 사이트, 매체, 지역, 노출 요일과 시간대, 하루 예산, 입찰가 설정이 가능하다.

③ 개요 페이지에서 데이터 조회, 구성 및 분석이 가능하다.

④ 상세 운영보고서는 Google Ads 우측 상단 보고서 탭에서 제공한다.

17 카카오와 구글의 검색광고에 대한 설명으로 가장 적절하지 않은 것은?

① 카카오는 등록한 키워드를 확장하여 광고를 노출할 수 있고, 확장된 키워드 내에서는 제외키워드를 추가할 수 없다.

② 카카오는 다음, 카카오톡#, 네이트 등 제휴된 웹/앱에서의 모바일 검색 결과, 프리미엄 링크영역에 최대 6개까지 광고노출이 가능하다.

③ 구글은 광고주가 달성하고자 하는 주요 목표(판매, 리드, 웹 사이트 트래픽)를 중심으로 캠페인을 생성한다.

④ 구글은 캠페인 생성 단계에서 네트워크와 기기, 위치 및 언어, 입찰 및 예산, 광고 확장을 설정할 수 있다.

18 매체별 운영시스템에 대한 설명으로 가장 적절하지 않은 것은?

① 네이버 검색광고 중 클릭 초이스 상품 광고는 일부 업종에 한한다.

② 카카오 브랜드 검색광고는 키워드별 입찰가, 광고 진행 과정에서 얻은 품질 지수에 따라 비용이 달라진다.

③ 구글 검색광고의 계정은 Google Ads에 로그인 하는 ID이다.

④ 네이버 검색광고는 즐겨찾기, 키워드 도구 등을 통하여 광고를 관리할 수 있다.

19 매체별 검색광고 등록시스템이 대한 설명으로 가장 적절한 것은?

① 네이버는 그룹 생성단계에서 광고 노출 매체, 지역, 일정 설정이 가능하며, 그룹 고급옵션에서 기본 입찰가와 하루 예산 설정이 가능하다.

② 네이버는 광고 그룹 단위에서 키워드 확장이 가능하지만, 별도의 제외 키워드 등록은 불가능하다.

③ 구글은 여러 개의 그룹을 생성할 수 있지만, 광고그룹에는 하나 이상의 광고가 있어야 한다.

④ 네이버는 키워드 맞춤제안기능으로, 카카오는 키워드 도구로 키워드를 발굴한다.

20 네이버의 검색광고 중 경매(입찰) 방식으로 구매가 가능한 상품이 아닌 것은?

① 사이트 검색 광고
② 쇼핑 검색광고
③ 지역소상공인 광고
④ 클릭초이스플러스

21 네이버는 통합검색의 '파워링크' 영역 외에 제휴를 맺고 있는 파트너 사이트에도 광고가 노출된다. 검색파트너가 아닌 것은?

① 옥션
② 다나와
③ 이마트몰
④ 인터파크

22 네이버에서 광고의 일부나 전체가 제한되는 사이트나 상황으로 가장 적절하지 않은 것은?

① 등록한 사이트와 관련성이 낮은 키워드나 광고소재로 광고하는 경우

② 브랜드제품의 정보만을 제공하는 사이트

③ 검수를 받은 사이트와 다른 사이트로 광고를 연결하는 경우

④ 사이트 내에 성인콘텐츠가 있지만 성인인증 등의 법령에 따른 청소년 보호조치를 취한 경우

part
04

FINAL 실전모의고사

23 네이버 검색광고 상품에 대한 설명으로 가장 적절하지 않은 것은?

① 사이트 검색광고는 키워드 검색 시 네이버 통합검색 및 다양한 매체에 홈페이지와 홍보 문구가 노출되는 검색광고 상품으로, 매체 전략, 시간 전략 등 탄력적 운용이 가능하다.

② 브랜드검색의 광고비는 최소 50만 원이며, 상품 유형, 광고 노출 기간, 광고 가능한 키워드의 기간 조회수 합계에 따라 산정된다.

③ 클릭초이스플러스는 네이버 모바일 통합검색 페이지의 해당 업종 영역에 최대 5개 노출되고 '더보기' 링크를 통해 추가 노출된다.

④ 콘텐츠검색광고는 네이버 지정 키워드에 한하여 집행이 가능하며, 개별적인 로그분석 프로그램 사용이 빈번한 상품이다.

24 검색광고의 캠페인 관리에 대한 설명으로 가장 적절하지 않은 것은?

① 네이버는 "모든 캠페인"에서 등록한 캠페인 현황을 제공하며, "상세데이터"에서 캠페인 단위 광고의 성과를 제공한다.

② 네이버는 캠페인 하루 예산 설정 시 예산 조기 소진 예상 시점에 광고가 자동 중단되며, 예산 균등 배분 체크는 불가능하다.

③ 카카오는 "도구"에서 비즈채널 관리, 심사서류 관리, 광고소재 관리, 키워드 플래너, 대량 관리, 이미지 관리, 픽셀&SDK 연동 관리, 광고노출 제한을 설정할 수 있다.

④ 구글은 검색캠페인 선택 시 캠페인명, 예산, 상태, 유형, 클릭수, 노출수, 클릭률, 평균 CPC, 전환당비용, 전환율 등 기본 지표를 제공한다.

25 검색광고의 그룹관리에 대한 설명으로 가장 적절하지 않은 것은?

① 네이버는 개별 그룹에서 입찰가 변경, 매체 변경, 예산 변경, PC 및 모바일 입찰 가중치 변경, 소재 노출 방식 변경, 다른 캠페인으로 복사, 삭제 등이 가능하다.

② 카카오의 그룹 리스트는 가나다 순으로 정렬되어 있으며, 개별 그룹에서 자동입찰, 대량 다운로드 신청, 그룹 전략 설정이 가능하다.

③ 구글은 개별 그룹에서 복사, 붙여넣기, 광고 로테이션 변경, 자동 규칙 만들기 등이 가능하며, 캠페인, 키워드, 광고, 광고 그룹 수준으로 복사하기가 가능하다.

④ 카카오는 개별 그룹에서 입찰가와 랜딩 URL을 변경할 수 있으며, 키워드는 복사가 불가능하다.

26 검색광고의 키워드 관리에 대한 설명으로 가장 적절한 것은?

① 키워드 이동이란 직접적으로 키워드를 등록하지 않아도 기존의 등록 키워드나 유사 키워드에 광고를 노출하는 것을 말한다.

② 네이버는 키워드를 복사할 수 없으나 이동은 가능하다. 단, 품질지수는 이동 후 광고 성과에 따라 재산정된다.

③ 카카오 키워드 플래너를 통하여 모바일과 PC 각각의 조회수, 클릭수, 클릭률, 평균 경쟁 광고수, 최고입찰가를 파악할 수 있다.

④ 구글은 일치검색, 구문검색, 제외어 검색으로 지정하지 않으면 기본적으로 제외어 검색 유형으로 설정된다.

part
04

FINAL 실전모의고사

27 검색광고의 입찰관리에 대한 설명으로 가장 적절하지 않은 것은?

① 네이버는 광고그룹에서 입찰가 변경이 가능하다.

② 카카오는 직접입력으로 키워드 입찰가 설정이 가능하다.

③ 구글은 키워드 선택 전까지 최대 CPC 입찰가 변경이 가능하다.

④ 키워드 입찰관리 방법은 선택키워드 입찰가 변경과 자동입찰 기능이 있다.

28 구글 검색광고에서 제공하는 자동입찰 기능으로 가장 적절하지 않은 것은?

① 타깃 CPA

② 노출수 최대화

③ 클릭수 최대화

④ 타깃 노출 점유율

29 검색광고의 소재에 대한 설명으로 가장 적절하지 않은 것은?

① 키워드 삽입은 제목에는 1회, 설명에는 2회만 사용할 수 있으며, 키워드 삽입 시 대체 키워드를 필수로 입력해야 한다.

② 네이버의 확장소재 유형은 전화번호, 위치정보, 서브링크, 가격링크 등이 있으며, 캠페인 또는 광고 그룹 단위로 등록할 수 있다.

③ 카카오는 키워드광고의 기본 소재에 이미지, 가격 등을 추가로 노출하며, Daum 모바일 앱/웹, PC 검색결과와 카카오톡 #(샵)탭 등에 노출된다.

④ 표시 URL은 광고소재에서의 URL로, 광고를 클릭 했을 때 도달하는 페이지의 URL이다. 즉, 랜딩페이지의 URL을 말하고, 네이버와 구글은 키워드와 소재에 표시 URL을 설정할 수 있다.

30 검색광고의 비즈채널 및 광고대상 관리에 대한 설명으로 가장 적절하지 않은 것은?

① 네이버는 웹 사이트 채널을 삭제하면 캠페인에 포함된 광고 그룹과 그 안의 키워드 및 소재, 확장소재 전체가 삭제되지만 복구가 가능하다.

② 네이버는 전화번호, 위치정보 비즈채널을 삭제할 경우 해당 채널을 사용한 확장소재는 삭제되지만 광고 그룹은 삭제되지 않는다.

③ 네이버의 비즈채널 추가는 도구>비즈채널 관리 메뉴에서 채널 추가 버튼을 통해 추가할 수 있다.

④ 다음 카카오는 계정>도구>비즈채널 관리에서 등록 및 수정이 가능하며, 광고 대상은 1개 계정당 최대 1,000개까지 등록이 가능하다.

31 검색광고의 광고노출전략에 대한 설명으로 가장 적절하지 않은 것은?

① 네이버는 캠페인 단위에서 하루 예산, 지역, 요일 및 시간대, 콘텐츠 매체, PC 및 모바일 입찰가중치, 소재노출 관리를 할 수 있다.

② 네이버는 광고그룹 단위에서 기간 변경과 계산 변경이 가능하며, 고급옵션에서 시작 및 종료를 설정해 원하는 날짜에만 광고 노출이 가능하다.

③ 카카오는 광고수요가 적은 일부 키워드에 대해 Daum 통합검색결과와 와이드링크 영역에 최대 5개의 광고가 노출된다.

④ 구글은 광고그룹 단위에서 네트워크와 위치, 언어, 예산, 시작일 및 종료일 설정을 통해 노출 전략의 설정이 가능하다.

32 검색광고의 광고품질관리에 대한 설명으로 가장 적절한 것은?

① 네이버 광고의 품질을 측정한 측정치를 품질지수라고 하며, 최초 등록 시에 1단계의 품질지수를 부여 받는다.

② 카카오 광고의 품질을 측정한 측정치를 품질지수라고 하며, 최초 등록 시 같은 키워드가 노출되고 있는 광고 평균에 근접한 값으로 4단계 품질지수를 부여 받으며, 24시간 내 품질 측정되어 품질지수가 적용된다.

③ 구글 광고의 품질을 측정한 측정치를 품질평가점수라고 하며, 등록 시 10점 중 10점으로 시작하여 실적 데이터가 누적되면 변한다.

④ 네이버와 카카오의 품질지수는 7단계 막대 모양이고, 구글의 품질평가점수는 예상클릭률, 광고관련성, 방문페이지 만족도를 통해 키워드별로 1~10점으로 측정한다.

33 무효클릭에 대한 설명으로 가장 적절하지 않은 것은?

① 무효클릭이란 사용자의 일반적인 클릭이나 검색광고로부터 발생한 클릭 즉, 검색광고 본래의 취지에 맞는 클릭을 의미한다.

② 네이버는 무효클릭이 의심될 경우에는 IP주소, 키워드, 클릭일시, 광고주 URL 정보를 포함한 클릭로그를 클린센터로 접수해 조사의뢰 할 수 있다

③ 카카오는 무효클릭이 의심될 경우에는 의심 키워드, 클릭일, 의심 IP 정보를 포함한 클릭로그를 카카오 고객센터 문의접수 또는 상담 챗봇으로 문의가 가능하다.

④ 구글은 무효클릭이 확인되면 해당 클릭에 대해서는 비용이 청구되지 않도록 보고서 및 결제금액에서 자동으로 해당 클릭이 필터링 된다.

34 매체별 무효클릭 관리에 대한 설명으로 가장 적절하지 않은 것은?

① 네이버의 광고노출제한 IP는 최대 600개, 유동 IP는 마지막 네 번째 자리에 와일드카드를 활용해 차단할 수 있다.

② 카카오는 광고가 노출되지 않기를 희망하는 IP나 사이트가 있을 경우 노출제한 설정메뉴에서 IP와 사이트를 등록해 특정 IP 및 사이트에서 광고가 노출되지 않도록 제한할 수 있다.

③ 카카오는 계정>노출제한 설정에서 IP 최대 600개, 사이트 최대 600개까지 등록이 가능하다. 유동 IP는 마지막 네 번째 자리에 와일드카드를 이용해 차단이 가능하다.

④ 구글은 자동 감지 시스템에서 잡아내지 못한 무효클릭이 있을 경우 해당 클릭에 대해 크레딧을 받을 수 있으며, 이를 무효 활동 조정 크레딧이라고 한다.

35 주어진 조건이 다음과 같을 때, 옳은 것은?(단, 이외의 조건은 없다고 가정한다.)

- 광고비 : 1,000,000원
- 클릭수 : 4,000회
- 구매수 : 80회
- ROAS : 400%

① 클릭률은 4%이다.

② 전환율은 20%이다.

③ CPS는 250원이다.

④ 물품단가는 50,000원이다.

36 광고 개선 작업을 하면서, 9,000원 하는 상품을 13,500원에 판매하였다. 판매수의 변동은 없었으나, ROAS가 4배가 되었다면 광고비는 몇 배가 되었는가?(단, 이외의 조건은 없다고 가정한다.)

① 0.125배

② 0.25배

③ 0.375배

④ 0.5배

37 주어진 조건이 다음과 같을 때, CVR이 가장 높은 그룹과 CPC가 가장 높은 그룹을 순서 대로 나열한 것은?(단, 이외의 조건은 없다고 가정한다.)

구분	클릭수 (회)	전환매출액 (원)	물품단가 (원)	ROAS (%)
A그룹	5,000	1,200,000	6,000	150
B그룹	6,000	1,500,000	6,000	250
C그룹	7,000	1,800,000	12,000	300

① A, B
② A, C
③ B, A
④ B, C

38 주어진 조건이 다음과 같을 때, (괄호) 안에 들어갈 값이 아닌 것은?(단, 이외의 조건은 없다고 가정한다.)

광고비(원)	노출수(회)	클릭수(회)
8,000,000	144,000	9,000
전환수(회)	클릭률(%)	전환율(%)
720	(괄호)	(괄호)
전환매출액(원)	ROAS(%)	
36,000,000	(괄호)	

① 6.25
② 7
③ 8
④ 450

39 검색광고 소비자 행동 단계별 효과 측정 방법으로 가장 적절한 것은?

① 노출 : CPC
② 인지 : CPC
③ 클릭 : CPA
④ 구매 : CPS

40 랜딩페이지에 대한 설명으로 가장 적절하지 않은 것은?

① 랜딩페이지와 키워드 간의 연관도가 높으면 반송률이 높아지기 쉬우며, 효율적이라 볼 수 있다.
② 시즌 이슈, 이벤트 등 방문자의 세부적인 니즈를 파악하여 별도의 페이지를 구성하는 것이 효율적이다.
③ 랜딩페이지 내에 행동을 유발할 수 있는 요소인 구매버튼, 예약버튼 등을 포함시키는 것이 효율적이다.
④ 다양한 디바이스 환경에 대응할 수 있도록 랜딩페이지를 구현하고, 상품이나 서비스의 상세설명을 넣는 것이 효율적이다.

▦ 단답식 문제

41 인터넷에서 자료를 쉽게 찾을 수 있게 도와주는 소프트웨어를 의미하며, 종류로는 디렉토리 검색과 주제어 검색, 통합 검색 등이 있다. 이것은 무엇인가?

42 다음이 설명하는 용어는 무엇인가?

> • 디지털광고는 대부분 이것을 통하여 제공된다.
> • 네이버 광고주센터, 구글 애드워즈, 다음클릭스 에이전시는 이것을 통해 제공된다.
> • 광고물을 게재하거나 삭제하며 각종 타깃팅 기법을 적용해주고, 광고 통계리포트를 산출해주는 자동시스템이다.

43 다음에서 설명하는 디지털 광고의 한 형태(유형)는 무엇이라고 하는가?

> • 이 광고는 게재되는 웹페이지 또는 모바일 앱과 내용 면에서 잘 조화되고, 디자인 측면에서 적절하게 동화되며 플랫폼의 성격과 조화를 이루는 유료 광고이다.
> • 소비자의 광고 회피 현상을 피하고 사용자 도달을 극대화할 수 있는 새로운 온라인 광고 유형으로 급부상하고 있다.
> • 매력적인 콘텐츠를 제공하여 소비자의 긍정적 반응과 브랜드에 대한 우호적인 태도를 유도한다는 측면에서 콘텐츠 마케팅의 한 기법으로 사용된다.
> • 페이스북 뉴스 피드 광고, 트위터 프로모티드 트윗이 대표적인 사례이다.

44 다음의 ①, ②가 설명하는 용어는 무엇인가?

> ① 검색 결과에 노출되는 메시지로, 제목과 설명문구(T&D), URL과 다양한 ②로 구성되어 있다.
> ② 일반 ① 외 전화번호, 위치정보, 홍보문구, 추가 링크 등을 말한다.

45 다음이 설명하는 네이버 검색광고의 용어는?

> • 사이트, 전화번호, 네이버 예약 등 고객에게 상품 정보를 전달·판매하기 위한 모든 채널을 의미한다.
> • 광고 집행을 위해서는 캠페인에 맞는 이것이 반드시 등록되어야 한다.

46 네이버 검색광고 운영정책의 일부이다. ①, ②에 들어갈 숫자는 무엇인가?

회원 가입의 제한	네이버 검색광고는 안정적인 서비스 운영 및 검색 이용자의 보호를 위해 다음과 같은 경우에 회원 가입을 탈퇴 또는 직권 해지일로부터 (①)개월간 제한할 수 있습니다. • 가입 신청자가 약관 및 광고운영정책 위반으로 직권 해지된 이력이 있는 경우 • 가입 신청자가 약관 및 광고운영정책 위반으로 이용정지된 상태에서 탈퇴한 이력이 있는 경우 • 가입 신청자가 약관 및 광고운영정책을 중대하게 위반하는 행동을 한 후 자진하여 탈퇴한 이력이 있는 경우
회원 탈퇴와 재가입 제한	회원 탈퇴를 하신 경우 탈퇴한 계정 정보(사업자등록번호 등)로는 원칙적으로 탈퇴일로부터 (②)일간 다시 회원으로 가입하실 수 없습니다. 회사는 안정적인 서비스 운영 및 검색 이용자의 보호를 위해 다음의 경우 탈퇴 또는 직권 해지일로부터 (①)개월간 회원 가입을 제한할 수 있습니다. • 약관 및 광고운영정책 위반으로 직권해지된 이력이 있는 경우 • 약관 및 광고운영정책 위반으로 이용정지된 상태에서 탈퇴한 이력이 있는 경우 • 약관 및 광고운영정책에 중대하게 어긋나는 행동을 한 후 자진하여 탈퇴한 이력이 있는 경우

47 구글 검색광고는 목표에 따라 목표달성 방법이 존재한다. 다음의 목표달성 방법을 가진 목표는 무엇인가?

> 비즈니스 웹사이트

48 키워드가 삽입된 소재는 키워드에 볼드처리가 되어 주목도를 상승시킨다. 키워드 삽입은 제목에 몇 회까지 가능한가?

49 다음이 설명하는 용어는 무엇인가?

> 광고메시지가 목표 수용자에게 효과적으로 도달하기 위해 각 매체의 양적, 질적 특징과 기능을 감안하여 둘 이상의 매체를 섞어 광고를 집행

50 다음이 설명하는 용어는 무엇인가?

> 네이버 캠페인 관리 중 캠페인, 광고그룹 등의 대상에 입력한 조건이 달성되면 알림, OFF, 입찰가 변경 등의 작업을 수행해주는 기능이다.

51 다음의 특징을 가진 네이버 검색광고는 무엇인가?

> • 업종별로 모바일에 최적화된 광고 UI를 제공하는 광고 상품으로, 부가정보, 미리보기 화면 등을 통해 모바일 사용자에게 업체 및 상품 정보를 효과적으로 전달할 수 있다.
> • 펜션, 포토스튜디오, 파티 · 이벤트 기획, 유아용품 대여의 4개 업종에서 서비스를 제공하고 있다.
> • 네이버 모바일 통합검색 페이지의 해당 업종 영역에 최대 5개 노출되고 '더보기' 링크를 통해 추가 노출된다.

52 다음의 ①, ②가 각각 설명하는 용어는 무엇인가?

> ① 사이트 내 모든 페이지에서 공통으로 확인되는 URL
> ② 광고 클릭 이후 30분 내에 마지막 클릭으로 발생한 전환

53 사용자 행동단계는 노출, 클릭, 구매의 단계를 거친다. 단계별 효과측정 방법으로 ①, ②, ③에 각각 들어갈 용어는 무엇인가?

일반적인 소비자 행동	인지	방문	구매
검색광고 소비자 행동	노출	클릭	구매
단계별 효과 측정	①	②	③

54 다음의 ①, ②가 각각 설명하는 용어는 무엇인가?

> ① 사용자가 의도하지 않은 클릭이나 악성 소프트웨어로부터 발생한 클릭 즉, 검색광고 본래의 취지에 맞지 않은 무의미한 클릭을 의미한다.
> ② 웹 사이트 등을 방문한 유저들의 데이터를 수집해 분석하는 도구를 의미하며, 네이버, 다음 카카오, 구글 검색광고에서도 무료로 지원한다.

part
04

FINAL 실전모의고사

55 다음의 조건을 통해 얻어진 CPS의 값은 얼마인가?(단, 이외의 조건은 없다고 가정한다.)

> • 광고비 : 1,200,000원
> • 광고를 통한 방문수 : 15,000
> • 구매전환율 : 20%

56 다음의 ① CVR, ② ROAS에 들어갈 값은 얼마인가?(단, 이외의 조건은 없다고 가정한다.)

광고비	노출수	방문수	CVR
	99,000	66,000	(①)
CPC	CPA	물품단가	ROAS
250	1,000	9,900	(②)

57 광고의 결과가 다음과 같고, 모든 키워드의 광고비는 동일하고, 객단가는 10,000원으로 동일하다. 이 때 ROAS가 가장 높은 키워드는 무엇인가?(단, 이외의 조건은 없다고 가정한다.)

키워드	클릭수	CPC	CPS	ROAS
검색광고	28,000	1,350	5,400	
마케터	36,000	1,050	6,300	
자격증	54,000	700	4,200	

58 다음의 ①, ②에 각각 들어갈 용어는 무엇인가?

네이버와 카카오 광고의 품질을 측정한 측정치를 (①)(이)라고 하며, 품질이 높을수록(6~7) 비용이 감소하고, 광고순위가 높아진다. 구글 광고의 품질을 측정한 측정치를 (②)라고 하며, 품질이 높을수록(9~10) 비용이 감소하고, 광고순위가 높아진다.

59 네이버 검색광고 중 쇼핑 검색광고는 상품을 탐색하고 구매하고자 검색하는 이용자에게 광고주의 상품과 메시지를 효과적으로 홍보할 수 있는 쇼핑 특화 검색광고 상품이다. 쇼핑 검색광고의 종류 중 브랜드사가 공식몰을 통해 브랜드와 제품 라인업을 홍보하는 브랜드 전용 광고 상품을 무엇이라 하는가?

60 매체별 지원하는 로그분석 시스템에 대한 설명이다. ①, ②에 해당하는 용어는 각각 무엇인가?

네이버	도구)(①)
카카오	도구)픽셀&SDK 연동 관리
구글	도구 및 설정)전환, (②)

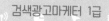

실전모의고사

객관식
40문제 × 1.5점 = 60점
단답식
20문제 × 2.0점 = 40점

객관식 : 1번 ~ 40번
단답식 : 41번 ~ 60번
시험시간 90분

정답 및 해설 252p

▦ 객관식 문제

01 온라인 비즈니스에 대한 설명으로 가장 적절하지 않은 것은?

① 인터넷을 이용한 물리적 상품과 서비스의 제공을 정의로 한다.
② 인터넷 비즈니스와 e-business와 일맥상통하는 용어이다.
③ 인터넷 관련 비즈니스에 있어 수익을 창출하는 주요 원천이다.
④ 디지털 경제의 핵심으로 온라인 비즈니스에 대한 관심이 증가하고 있다.

02 온라인 포털에 대한 설명으로 가장 적절하지 않은 것은?

① 반트래픽 기반 수익 모델로 다양한 서비스로 적은 트래픽을 유도한다.
② 인터넷 사용자자 인터넷을 사용할 때 관문 역할을 하는 웹사이트를 말한다.
③ 광고를 주 수익 기반으로 하지만 온라인 커머스, 유료 콘텐츠, 결제 등 다양한 수익 모델을 의미한다.
④ 'Search → Communication → Community → Contents&Commerce' 순으로 발전하였다.

03 소셜미디어에 대한 설명으로 가장 적절하지 않은 것은?

① 마케팅 효과가 있으며, 오프라인 매체에 비하여 저렴한 비용이 든다.
② 사람들이 의견, 생각, 관점 등을 공유하기 위해 사용하는 온라인 툴/플랫폼을 말한다.
③ 기업이 주도하는 미디어 툴로, 자료의 대량 확산이 가능하다.
④ 실시간 쌍방향 의사소통, 고객과의 직접 소통이 가능하고, 전 세계를 대상으로 글로벌마케팅이 가능하다.

04 온라인 커머스에 대한 설명으로 가장 적절하지 않은 것은?

① 온라인 커머스를 통하여 물리적 상품과 서비스의 구매 편리성뿐만 아니라 구매 안정성을 충족시킬 수 있다.

② 쿠팡의 와우와 같은 유료 서비스는 소비자들에게 부담을 주기 때문에 최근에는 지양하는 추세이다.

③ 온라인 커머스란 소셜미디어와 온라인 미디어를 활용한 전자상거래의 일종으로, E-커머스, 소셜 커머스, T-커머스, 소셜 커머스가 포함된다.

④ 기술의 발달로 인하여 개인 맞춤형 쇼핑이 가능해지면서 기존의 B2C 거래 형식에서 소비자의 욕구를 충족시키는 C2B 거래 형식으로 바뀌는 추세이다.

05 디지털 마케팅 패러다임에 대한 설명으로 가장 적절하지 않은 것은?

① 수동적 소비자에서 생산자, 소비자, 광고 제작자의 역할을 하는 참여형 소비자로 변하였다.

② 데이터 베이스마케팅의 성장으로 일원화된 광고 방식에서 개인 맞춤형 광고 방식으로 변하였다.

③ 일방향적이고 기업주도적이었던 소통방식에서 양방향적이고 소비자 욕구 중심의 소통방식으로 변하였다.

④ 소비자 유형의 변화로 인해 소비자 경험 지향의 마케팅 패러다임이 판매 지향의 마케팅 패러다임으로 변하였다.

06 네이티브 광고, 배너광고 등과 같이 금액을 지불하고 구매하는 미디어를 일컫는 용어는?

① Multi media
② Paid media
③ Owned media
④ Earned media

07 마케팅 4P에 대한 설명으로 가장 적절한 것은?

① Promotion이란 기업이 마케팅 목표 달성을 위하여 사용하는 수단으로 대중들의 원활한 의사소통을 기반으로 하여 구매를 이끌어내는 유인 기법을 말한다.

② Place란 기업이 특정 물품의 판매를 촉진하기 위해서 활용하는 공간의 단순한 배치를 의미한다.

③ Price란 기업의 가치를 가장 객관적이며 수치화된 지표로 나타내는 전략이다.

④ Product란 단순히 제품이나 서비스를 생산하는 것을 의미한다.

part
04

FINAL 실전모의고사

08 구전 마케팅의 종류로 보기 가장 어려운 것은?

① 코즈 마케팅
② 니치 마케팅
③ 바이럴 마케팅
④ 커뮤니티 마케팅

09 인플루언서 마케팅에 대한 설명으로 가장 적절하지 않은 것은?

① 주로 SNS 상에서 큰 영향력을 미치는 의견선도자를 통한 마케팅 기법이다.
② 높은 신뢰도와 화제성을 통하여 많은 소비자들에게 영향력을 미친다.
③ 주로 브랜드의 상품이나 제품, 개인의 콘텐츠 마케팅에 이용된다.
④ 마케팅 성공을 위하여 팔로워 수가 가장 많은 인플루언서를 선정하여야 한다.

10 디지털 광고의 특징으로 가장 적절하지 않은 것은?

① 디지털 광고란 디지털 미디어를 활용해 소비자와 쌍방향으로 소통하는 일종의 설득 메시지를 의미한다.
② 광고의 소재는 교체가 불가하지만, 시공간의 제약이 없고 텍스트, 이미지, 비디오 등의 여러 형태로 크리에이티브 구현이 가능하다.
③ 배너 광고노출 – 클릭 – 타깃 페이지로의 연결 – 상품정보의 검색 – 상품 경험 – 구매정보의 공유 등 한 매체에서 여러 수용자 행위가 동시에 이루어지는 특성이 있다.
④ 사용자 성별, 연령 등의 정보 기반 타기팅이 가능하며, 쿠키 파일을 활용하여 검색어와 연관된 광고를 노출하는 콘텐츠 타기팅, 사용자 위치를 기반으로 한 지역 타기팅이 가능하다.

11 배너광고에 대한 설명으로 가장 적절하지 않은 것은?

① 디스플레이 광고의 대표 격이지만, 검색광고에 비해 클릭률은 낮은 편이다.

② 띠 모양으로 만들어 부착하는 광고로써, 현수막처럼 생겨서 배너라고 한다.

③ 광고 메시지를 TV CM과 같은 형태로 노출할 수 있고 크기에 제한이 없어 많은 정보를 한꺼번에 보여줄 수 있다.

④ 온라인 사이트 방문자가 해당 광고 이미지를 클릭하면 광고주의 웹페이지로 연결되어 광고 내용을 보거나 이벤트 참여, 구매 등을 하게 할 수 있다.

12 검색광고에 대한 설명으로 가장 적절하지 않은 것은?

① 정확한 타기팅이 가능하지만, 관리 리소스가 많이 투입된다.

② 광고효과를 즉시 확인할 수 있지만, 초기 브랜드를 알리는 광고로는 적합하지 않다.

③ 부정클릭 발생을 방지하기 쉽지만, 클릭률이 높을 경우 광고비가 증가할 수 있다.

④ 광고운영시스템을 통해 탄력적으로 운영할 수 있지만, 검색광고 경쟁이 심화될 수 있다.

13 검색광고의 특징이다. (괄호) 안에 들어갈 말로 가장 적절한 것은?

> 검색광고의 노출 순위는 (괄호) 외에 광고품질에 따라 달라진다. 키워드와 웹사이트, 광고 소재의 연관도, 클릭률 등에 따라 품질지수가 부여된다.

① 노출당 비용

② 최대클릭비용

③ 전환당 비용

④ 최대전환비용

14 광고노출효과의 산출방법이 가장 적절하지 않은 것은?

① 클릭률 = 클릭수 ÷ 노출수 × 100

② 전환율 = 전환수 ÷ 클릭수 × 100

③ CPA = 광고비 ÷ 전환수 × 100

④ ROI = 순이익 ÷ 투자비용 × 100

15 검색광고 기획과정에서 경쟁자 분석을 중요한 요소이다. 경쟁사 분석에 대한 설명으로 가장 적절하지 않은 것은?

① 경쟁사와의 비교·분석을 해야 위협요인을 줄일 수 있고, 기회요인을 발굴하여 경쟁상황에서 유리한 입지를 선점할 수 있다.

② 경쟁사를 파악하기 위해서는 다른 카테고리의 다른 브랜드를 파악하지 말고 동일한 카테고리의 다른 브랜드를 파악하여야 한다.

③ 네이버의 키워드도구를 통하여 경쟁 브랜드명을 검색하면, 최근의 검색수, 사용자 통계 등을 확인할 수 있다.

④ 경쟁 브랜드가 집행하고 있는 광고를 모니터링하여 자사의 광고 전략에 반영하는 것이 시행착오를 줄일 수 있어 효과적이다.

16 매체믹스에 대한 설명으로 가장 적절하지 않은 것은?

① 목표를 효율적으로 달성하기 위하여 매체믹스를 한다.

② 매체나 상품의 특성을 활용하여 미흡한 부분을 보완하고, 장점을 부각할 수 있어 검색광고 기획에 있어 중요하다.

③ 매체믹스를 하면 클릭수가 증가하고 클릭당 비용이 감소하여 광고목표를 달성했다고 할 수 있다.

④ 노출되는 영역과 형식, 상품을 이해하여 적절한 믹스를 하여야 운영을 효과적으로 할 수 있다.

17 네이버 검색광고에 대한 설명으로 가장 적절하지 않은 것은?

① 검색광고의 캠페인 등록 후에는 유형 변경이 불가능하다.

② 광고 집행을 위해서는 캠페인에 맞는 비즈채널이 반드시 필요하다.

③ 네이버 검색광고의 광고주 가입은 사업자 또는 개인으로 가입이 가능하다.

④ 구 브랜드검색의 광고데이터, 이력, 보고서를 조회하기 위해서는 광고관리시스템을 확인하여야 한다.

18 네이버의 비즈채널을 관리해야 하는 이유로 가장 적절하지 않은 것은?

① 네이버 광고를 통해 사용자의 트래픽을 보낼 수 있는 모든 채널을 비즈채널을 통해 관리할 수 없기 때문에

② 기존의 사이트검색광고에서 웹 사이트가 광고 운영을 위한 필수 요소였다면, 새로운 광고시스템에서는 그 외 다양한 채널로도 사용자의 트래픽을 보낼 수 있기 때문에

③ 채널별로 필요한 서류 관리, 커뮤니케이션 관리 등이 용이해질 수 있기 때문에

④ 비즈니스와 관련된 다양한 채널을 한눈에 보고 광고 집행 가능 여부를 통합적으로 인지할 수 있기 때문에

20 다음이 설명하는 카카오 검색광고의 용어는?

- 카카오에서 제공하는 전환추적 서비스이다.
- 최적의 잠재고객을 파악하고, 광고에서 발생한 회원가입과 구매 등의 전환을 확인할 수 있는 스크립트 도구이다.

① 프리미엄 로그분석
② CTS 전환추적
③ 픽셀&SDK
④ 애널리틱스

part
04

FINAL 실전모의고사

19 카카오 키워드광고 운영시스템에 대한 설명으로 가장 적절하지 않은 것은?

① 광고의 구조는 캠페인, 광고그룹, 소재의 단위로 이루어져 있으며, 광고대상의 제한이 없다.

② 클릭당 과금 방식으로 광고를 운영할 수 있는 광고주 시스템이다.

③ 확장검색 기능을 통해 등록하지 않은 키워드라도 등록한 키워드와 연관도가 있는 키워드에 광고를 노출시킬 수 있다.

④ Daum, Nate, Bing, Kakao Talk 등 주요 포털 동시노출이 가능하며, 그 외 제휴 매체에도 광고를 노출할 수 있다.

21 구글 운영시스템에 대한 설명으로 가장 적절하지 않은 것은?

① 맞춤형 대시보드에 데이터를 추가하여 시각화할 수 있다.

② 보고서 페이지에서 원하는 데이터를 조회, 구성 및 분석할 수 있다.

③ Google Ads 계정을 열면 가장 먼저 표시되는 것은 보고서 페이지이다.

④ 캠페인 생성 단계에서 네트워크와 기기, 위치 및 언어, 입찰 및 예산, 광고확장을 설정할 수 있다.

22 네이버 검색광고 등록 시스템에 대한 설명으로 가장 적절하지 않은 것은?

① 클릭초이스상품광고는 구 광고시스템에서 등록이 가능하며, 패션의류, 패션잡화, 주얼리 업종에 한하여 등록이 가능하다.

② 쇼핑검색 캠페인의 광고그룹 만들기에서 고급옵션을 통하여 노출 연령대별, 성별을 설정할 수 있다.

③ PC 입찰가 가중치와 모바일 입찰가 가중치는 기본 입찰가, 파워링크 캠페인과 파워컨텐츠 캠페인의 키워드 입찰가와 콘텐츠 매체 전용 입찰가, 쇼핑검색 캠페인의 소재 입찰가와 콘텐츠 매체 전용 입찰가에 모두 적용된다.

④ 파워링크 캠페인 등록시 소재노출방식은 성과 우선 노출과 랜덤 노출 방식 중 선택이 가능하다.

23 카카오 검색광고 등록 프로세스에 대한 설명으로 가장 적절하지 않은 것은?

① 캠페인 등록에서 노출기간 최초 선택 시 오늘부터 종료일 없음으로 자동 설정된다.

② 그룹 등록에서 광고노출을 원하지 않는 특정 키워드는 제외키워드로 등록한다.

③ 캠페인은 광고 집행을 위한 가장 기본 단위이며, 하나의 캠페인에 하나의 광고그룹만이 포함된다.

④ 소재 설정시 제목은 최대 60자 입력이 가능하며, 띄어쓰기도 한 글자로 계산한다.

24 구글 검색광고 등록 프로세스에 대한 설명으로 가장 적절하지 않은 것은?

① 광고 만들기에서 광고 제목은 2개까지 등록 가능하며, 설명은 3개까지 등록이 가능하다.

② 캠페인 설정 선택에서 동적 검색광고 설정 시 광고 제목/페이지 웹 사이트 콘텐츠를 이용하여 자동 설정된다.

③ 광고그룹 설정에서 키워드 등록 시 일일 예상 클릭 수, 예상 비용, 평균 CPC 일일 예상치를 제공한다.

④ 검색어 지정 범위에 순서가 있다.

25 네이버 광고 등록 기준과 게재에 대한 설명으로 가장 적절하지 않은 것은?

① 국내 사이트이며, 접속이 가능한 사이트만 광고를 할 수 있다.

② 최상급 문구는 관련 내용이 해당 사이트에서 확인되거나 객관적으로 확인할 수 있고 공신력 있는 서류를 제출할 경우 기재할 수 있다.

③ 순위, 점유율 문구는 관련 내용이 해당 사이트에서 확인되거나 객관적으로 확인할 수 있고 공신력 있는 서류를 제출할 경우 기재할 수 있다.

④ 검색광고의 내용과 관련성이 지나치게 떨어지는 사이트에 연계됨으로써, 검색광고 서비스의 품질을 떨어뜨릴 가능성이 있는 경우 광고 게재가 제한된다.

26 광고 검수에 대한 설명으로 가장 적절하지 않은 것은?

① 광고의 최초 등록시에만 검수를 한다.

② 광고소재, 광고 게재 키워드 등 광고를 구성하는 모든 요소가 검토 대상이다.

③ 구글의 경우 Google Ads 정책 준수 여부 검토는 평균 영업일 기준 1일 이내이다.

④ 광고 또는 광고 확장을 만들거나 수정한 후에는 검토 절차가 자동으로 시작된다.

27 광고품질 관리에 대한 설명으로 가장 적절하지 않은 것은?

① 네이버 품질지수 7단계 중 6~7은 다른 광고에 비하여 높은 품질의 광고를 말한다.

② 카카오의 경우 그룹 내의 키워드는 개별 그룹의 품질지수에 영향을 받아 순위가 결정된다.

③ 카카오의 경우 같은 사이트에 연결되어 있는 여러 개의 그룹이라도 서로 다른 품질 지수를 가질 수 있다.

④ 구글의 품질평가점수는 1~10점으로 산정되며, 광고 및 방문 페이지가 사용자와 관련성이 높을수록 품질평가 점수가 낮아진다.

28 네이버 쇼핑검색광고에 대한 설명으로 가장 적절하지 않은 것은?

① 쇼핑몰 상품형은 광고시스템에서 콘텐츠 매체 노출 설정을 별도로 할 수 있으며, 전용 입찰가를 입력하거나 입찰가 가중치를 설정할 수 있다.

② 제품 카탈로그형이 노출되는 콘텐츠 매체는 네이버 뉴스(일반/스포츠/연예), 지식iN, 카페, 뿜, 네이버 블로그이다.

③ 쇼핑 브랜드형은 네이버쇼핑 브랜드패키지 권한을 가진 브랜드사만이 집행이 가능하다.

④ 쇼핑몰 상품형은 내 브랜드, 다른 브랜드, 일반 3가지 유형의 키워드를 직접 등록하여 노출을 희망하는 키워드에 입찰할 수 있다.

29 네이버 검색광고 중 플레이스광고에 대한 설명으로 가장 적절하지 않은 것은?

① 원하는 장소를 찾는 이용자에게 가게 홍보 및 방문 유도를 목적으로 한다.

② 광고 집행 전 네이버 스마트플레이스에 업체 정보를 등록해야 한다.

③ 플레이스가 노출되는 PC/모바일 통합검색 및 플레이스 서비스페이지, PC 지도웹, 지도앱의 목록 내에 2~4개의 광고가 노출된다.

④ 키워드를 직접 등록하여, 광고주가 선정한 지역에서 콘텐츠 이용 시 자동 노출된다.

30 다음이 설명하는 검색광고 상품으로 가장 적절한 것은?

> • 네이버 지정 키워드에 한하여 집행이 가능
> • 정책상 개별적인 로그분석 프로그램 사용의 제한
> • 고관여 업종 중심으로 광고주가 직접 작성한 양질의 정보 제공

① 콘텐츠검색

② 브랜드검색

③ 쇼핑검색광고

④ 사이트검색광고

31 카카오 키워드광고에 대한 설명으로 가장 적절하지 않은 것은?

① Daum, 카카오톡, 제휴매체 등에 검색 결과 또는 텍스트형 배너 형태로 노출된다.

② PC 검색결과 수요가 많은 키워드는 와이드 링크 영역으로 최대 5개까지 추가 노출이 가능하나.

③ 콘텐츠 영역에 연관도 높은 광고를 텍스트 및 확장소재 썸네일 이미지를 결합하여 배너 형태로 노출되고, 확장소재 미등록 시에 노출되지 않는다.

④ 카카오 내부 지면 및 카카오와 제휴를 맺고 있는 외부 지면에 노출되고, 노출을 희망하지 않을 경우 그룹 노출 영역에서 PC 콘텐츠, 모바일 콘텐츠를 제외하면 된다.

32 네이버의 그룹관리에 대한 설명으로 가장 적절하지 않은 것은?

① 광고그룹 정보에 상태가 표시된다.

② 캠페인 이름을 선택하면 해당 캠페인의 하위에 등록된 전체 광고그룹의 목록을 조회할 수 있다.

③ 파워링크의 개별 광고그룹은 키워드, 소재, 확장소재, 입찰 탭으로 구성되어 있으며, 품질지수를 확인할 수 있다.

④ 그룹목록에서 그룹 기본 입찰가, 그룹별 ON/OFF, 상태, 광고그룹 이름, 채널 정보, 노출 수, 클릭 수, 클릭률, 평균 클릭비용, 총비용 지표를 제공한다.

33 다음이 설명하는 구글의 입찰통계는?

> 광고주의 광고가 노출될 때 또 다른 광고주의 광고에는 얼마나 자주 노출이 발생했는지를 보여주는 빈도

① 경쟁 광고보다 높은 순위를 얻은 노출 비율
② 중복율
③ 높은 게재순위 비율
④ 페이지 상단 게재율

35 다음 광고 결과 데이터를 통해 판매품의 물품단가로 가장 적절한 것은?

방문수	구매 전환율	광고비	ROAS
1,200,000회	5%	144,000,000원	250%

① 6,000원
② 9,000원
③ 12,000원
④ 15,000원

34 카카오 키워드광고의 키워드는 입찰가가 설정된 경우 광고그룹의 기본입찰가 대신 키워드의 기본입찰가를 사용한다. 입찰가 변경을 할 때, 고정입찰에서 제공되는 목록이 아닌 것은?

① 직접입력
② 입찰가 증액
③ 최대 CPC 입찰가
④ 순위별 평균 입찰가

36 주어진 자료에서 전환 매출액이 가장 높은 키워드로 가장 적절한 것은?

키워드	노출수	클릭수	광고비	광고 수익률 (ROAS)
시스컴	2,500회	300회	310,000원	1,200%
검색광고	10,000회	800회	480,000원	650%
마케터	70,000회	1,200회	1,300,000원	210%
KAIT	6,500회	600회	50,000원	7,400%

① 시스컴　　② 검색광고
③ 마케터　　④ KAIT

37 검색광고효과분석을 매일 해야 하는 이유로 가장 적절하지 않은 것은?

① 검색광고 시스템을 통해 광고 분석을 할 수 있기 때문에 실시간으로 효과분석이 가능하다.

② 사용자들이 검색하는 키워드는 일정하므로 다양한 매체에 광고의 최적화 방법을 찾을 수 있나.

③ 한 가지의 광고만이 아니라 상품에 따라 다양한 종류의 광고를 믹스하여 진행 후 최적화를 유지시켜야 한다.

④ 하루 하루 효과분석을 통해 키워드의 변화를 감지하고 이에 대해 빠르게 대응해야만 불필요한 광고비의 소진을 막고 더욱 많은 전환의 기회를 확보할 수 있다.

38 다음 중 효과분석을 위한 목표설정으로 가장 적절한 것은?

① 적은 CPC
② 오랜 DT
③ 높은 CVR
④ ROAS 150%

39 네이버 검색광고에서 제공하는 프리미엄 로그분석에서 확인 가능한 항목으로 가장 적절하지 않은 것은?

① 직접전환수
② 광고수익률
③ 지역별 전환수
④ 전환매출액(네이버 페이)

40 반송에 대한 설명으로 가장 적절하지 않은 것은?

① 반송률은 방문자 수 대비 반송 수의 비율 데이터를 의미한다.

② 사이트에 방문한 후에 페이지 이동 없이 바로 이탈한 경우를 반송이라고 한다.

③ 반송률이 높다는 것은 해당 랜딩페이지가 고객들의 니즈를 제대로 파악했다는 의미이다.

④ 랜딩페이지 효과를 객관적으로 분석하기 위해 광고를 통한 전환 데이터 외에도 로그분석의 여러 가지 지표를 참조할 수 있다.

▦ 단답식 문제

41 다음에서 설명하는 용어는 무엇인가?

> • 인터넷에서 자료를 쉽게 찾을 수 있게 도와주는 소프트웨어를 의미한다.
> • 종류로는 디렉토리 검색, 인덱스 검색, 통합검색 등이 있다.

42 디지털 미디어의 한 유형으로, 검색광고와 같이 금액을 지불하고 구매한 광고 미디어는?

43 다음에서 설명하는 용어는 무엇인가?

> • 시장의 주도권이 생산자에서 소비자에게로 넘어가면서 발전된 개념이다.
> • 1980년 엘빈 토플러가 〈제3의 물결〉에서 처음 사용한 용어로 생산자적 기능을 수행하는 소비자를 말한다.

44 다음이 설명하는 구전 마케팅의 유형(종류)은?

> 소비자가 마케팅 메시지를 다른 소비자들에게 퍼뜨리게 하는 마케팅을 의미하며, 바이러스처럼 퍼진다는 의미를 가지고 있다.

45 다음이 설명하는 디지털 광고시장의 주체는 무엇인가?

> 사전효과 예측 및 매체안 등을 제시, 광고소재 송출, 노출 및 클릭 관리, 보유한 광고 솔루션을 활용해 각 매체별 트래킹을 통해 광고효과를 측정 및 비교한다. 또한, 광고주 입장에서 보면 많은 인터넷 매체사와의 접촉을 통해 광고 구매, 집행 등을 관리해주는 역할을 대행해주며 매체사 입장에서 보았을 시에는 광고 판매를 대행하고 더욱 많은 광고를 수주할 수 있는 기회를 제공한다.

46 동영상 광고의 한 유형으로 유튜브에서 SKIP이 불가한 6초 이하의 짧은 영상의 광고는?

47 다음에서 설명하는 검색광고 용어는 무엇인가?

> 클릭이 발생할 때마다 비용을 지불하는 종량제 광고 방식이다. 노출과 무관하게 클릭이 이루어질 때만 과금되며, 클릭당 비용은 경쟁현황에 따라 차이가 난다.

48 다음에서 설명하는 예산설정 방법은 무엇인가?

> 가장 논리적인 촉진예산 방식으로서, 자사는 촉진활동을 통하여 자사가 얻고자 하는 것이 무엇인지에 따라 예산을 책정하는 방식을 말한다.

49 다음이 설명하는 네이버 검색광고 상품은 무엇인가?

> 이용자가 브랜드 키워드 또는 브랜드와 연관성이 높은 키워드를 검색할 경우 해당 브랜드와 관련된 최신 정보를 다양한 템플릿을 이용하여 통합검색 결과의 상단에 노출하는 콘텐츠형 상품이다.

50 다음의 (괄호) 안에 들어갈 용어는 무엇인가?

> 웹사이트, 쇼핑몰, 전화번호, 위치정보 등 고객에게 전달하고 판매하기 위한 사업자의 정보가 있다.
> 광고를 집행하기 위해서는 캠페인 유형에 맞는 정보를 등록하고 관리하여8야 하는데, 이러한 사업
> 자 정보를 네이버에서는 (괄호)(이)라 한다.

51 네이버 캠페인 관리 중 캠페인, 광고그룹 등의 대상에 입력한 조건이 달성되면 알림, OFF, 입찰가
변경 등의 작업을 수행해주는 기능은 무엇인가?

52 네이버 파워링크에서 광고그룹을 등록하려 한다. 기본 입찰가가 100원인데, ① PC 입찰가중치를
50%, ② 모바일 입찰가중치를 100%로 설정하려 한다. ①과 ②에 설정되는 입찰가는?

53 다음은 카카오 키워드광고 상품에 대한 설명이다. ①과 ②에 들어갈 숫자는 얼마인가?

> Daum, Nate, Bing 등의 PC 포털 사이트 검색 결과 최상단에 노출되며, 수요가 많은 키워드는 와이드링크 영역으로 최대 (①)개까지 추가 노출된다. Daum, Nate, Bing 등의 제휴된 모바일 웹 및 앱에서 모바일 검색 결과, 프리미엄링크 영역에 최대 (②)개의 광고가 노출된다.

54 구글 검색광고 상품에 대한 설명이다. (괄호) 안에 공통으로 들어갈 용어는 무엇인가?

> 구글 검색광고 상품은 광고 순위에 따라 게재 순위가 결정되며, 광고 게재 영역은 (괄호), 디스플레이 네트워크로 구분되며, (괄호)는(은) 사용자가 키워드와 관련된 용어 검색 시, 구글 검색 결과 옆 및 구글 사이트에 게재된다. 디스플레이 네트워크는 관련성이 높은 고객이 인터넷에서 사이트, 동영상, 앱을 탐색할 때 광고를 게재하여 도달 범위를 넓힐 수 있다.

55 매체별 캠페인에 대한 설명이다. ①, ②에 들어갈 숫자는 각각 얼마인가?

> 카카오는 3개의 광고그룹을 포함하려면 최소 (①)개의 캠페인이 필요하고, 구글은 목표가 2개라면 최소 (②)개의 캠페인을 생성하여야 한다.

56 다음은 네이버 검색광고 운영정책의 회원 가입 항목의 일부이다. ①과 ②에 각각 들어갈 용어(단어)는?

회원 가입	회원 가입은 원칙적으로 회원 자신의 사이트를 광고하기 위한 목적으로 하셔야 하고, 만약 (①)에 따른 적법한 권한의 위탁 없이 다른 "광고주" 회원의 사이트를 광고하기 위해 사용하실 경우엔 네이버 검색광고 서비스의 이용이 제한되거나 거부될 수 있습니다.
회원 가입의 제한	네이버 검색광고는 안정적인 서비스 운영 및 검색 이용자의 보호를 위해 다음과 같은 경우에 회원 가입을 탈퇴 또는 직권 해지일로부터 (②)개월간 제한할 수 있습니다. • 가입 신청자가 약관 및 광고운영정책 위반으로 직권 해지된 이력이 있는 경우 • 가입 신청자가 약관 및 광고운영정책 위반으로 이용정지된 상태에서 탈퇴한 이력이 있는 경우 • 가입 신청자가 약관 및 광고운영정책을 중대하게 위반하는 행동을 한 후 자진하여 탈퇴한 이력이 있는 경우

57 다음의 표를 통해 얻어진 CPS의 값은?

물품단가	광고를 통해 판매된 물품 수	ROAS	CPS
35,000원	400개	700%	

58 광고비의 변동 없이 5,000원 하는 상품을 1,000원에 판매하였더니, ROAS의 변동이 없었다. 이때 클릭수의 변동이 없다면, 전환율(CVR)은 몇 배가 되었는가?

59 키워드 사후관리에서 성과향상을 위해 고려해야 하는 지표 2가지는 무엇인가?

60 매체별 지원하는 로그분석 시스템에 대한 설명이다. ①, ②, ③에 해당하는 매체는 각각 무엇인가?

> ① 도구＞프리미엄 로그분석
> ② 계정＞픽셀&SDK 연동 관리
> ③ 도구 및 설정＞전환, 애널리틱스

제3회

객관식
40문제 × 1.5점 = 60점
단답식
20문제 × 2.0점 = 40점

실전모의고사

객관식 : 1번 ~ 40번
단답식 : 41번 ~ 60번
시험시간 90분

정답 및 해설 260p

▓ 객관식 문제

01 온라인 비즈니스 모델의 필수 성공요인으로 가장 적절하지 않은 것은?

① 할인
② 특허
③ 고객관점
④ 차별화된 콘텐츠

02 검색엔진에 대한 설명으로 가장 적절하지 않은 것은?

① 인터넷에서 자료를 쉽게 찾을 수 있게 도와주는 소프트웨어를 의미한다.
② 검색엔진은 디렉토리 검색방법과 인덱스 검색방법을 모두 지원하고 있다.
③ 디렉토리 검색은 주제별로 분류된 메뉴를 선택하여 한 단계씩 상세한 주제로 찾아가는 방법을 의미한다.
④ 주제어 검색 방법은 원하는 정보를 나타내는 특정한 단어들을 사용하여 정보를 찾아가는 형태를 의미한다.

03 소셜미디어의 특성으로 가장 적절하지 않은 것은?

① 소셜미디어는 빠르게 커뮤니티를 구성케 하고 커뮤니티로 하여금 공통의 관심사에 대해 이야기하게 한다.
② 소셜미디어는 시간적 제약이 있는 쌍방향성 커뮤니케이션으로, 이용자가 생산자이면서 소비자가 될 수 있다.
③ 소셜미디어는 관심 있는 모든 사람들의 기여와 피드백을 촉진하며 미디어와 오디언스의 개념을 불명확하게 한다.
④ 대부분 피드백과 참여가 공개되어 있으며 투표, 코멘트, 정보 공유를 촉진함으로써 콘텐츠 접근과 사용에 대한 장벽이 거의 없다.

04 온라인 커머스에 대한 설명으로 가장 적절하지 않은 것은?

① 소셜미디어와 온라인 미디어를 활용하는 전자 상거래의 일종이다.

② 물리적 상품과 서비스의 구매 편리성은 충족시키나, 구매 안정성은 불안정하다.

③ 쿠팡, SSG.COM과 같은 기업이 배송에 막대한 투자를 하고 있는 것이 좋은 사례이다.

④ 가상의 마켓 플레이스에서 재화와 서비스를 판매하는 비즈니스 모델을 일컫는 포괄적인 개념이다.

05 디지털 마케팅이 기존의 전통적 마케팅과 차별화되는 요인으로 보기 어려운 것은?

① 데이터 중심의 마케팅 전략

② 고객으로의 빠른 도달력과 세분화

③ 쌍방향에서 일방향으로의 소통 진행

④ 저렴한 가격과 기존보다 높은 ROI

06 디지털 마케팅에 대한 설명으로 가장 적절하지 않은 것은?

① 소비자가 구매를 결정하기에 있어 해당 브랜드에 대한 호감도도 큰 영향을 미친다.

② 광고의 역할은 제품에 대한 기능성, 편리성 전달을 넘어 브랜드에 대한 느낌을 긍정적으로 변화시키는 것이다.

③ 인터넷 마케팅, 소셜미디어 마케팅, 콘텐츠 마케팅, 모바일 마케팅을 모두 포괄하는 개념으로, 모든 마케팅은 디지털로 바뀌어야 한다.

④ 디지털을 활용하여 수익을 얻고자 하는 전략적 활동을 말하며, 디지털 상의 사이버 공간을 통해 수행되는 모든 마케팅 활동을 의미한다.

07 마케팅 4C에 대한 설명으로 가장 적절하지 않은 것은?

① Customer value란 고객의 니즈와 취향에 맞추어 기업이 상품과 서비스를 제공한다는 개념으로, 고객 분석과 트렌드 및 유행 파악이 중요하다.

② Convenience란 고객의 편리성을 생각한 유통과정을 의미하며, 쉬운 구매 환경을 조성하는 것을 의미한다.

③ Communication이란 고객과 의사소통을 하며, 직접적인 피드백과 소통을 의미한다.

④ Cost to Consumer란 고객에게 청구하는 금액으로, 고가 마케팅, 저가 마케팅 등을 의미한다.

08 오락이나 뉴스로 이야깃거리를 제공해 소
비자가 제품을 직접 사용해보고, 자신의
SNS에 올려서 자연스럽게 구매를 유도하
는 구전 마케팅 전략은?

① 버즈 마케팅
② 바이럴 마케팅
③ 커뮤니티 마케팅
④ 인플루언서 마케팅

09 소셜미디어 마케팅에 대한 설명으로 가장
적절하지 않은 것은?

① 블로그, 유튜브, SNS를 통한 마케팅을 의
미한다.
② 제품 인지도를 향상시키는 데 효과적이
며, 기업 이미지 개선에 효과적이다.
③ 구매와의 연결성을 부족하지만 사용량의
증가로 마케팅 활용이 증대되고 있다.
④ 양방향 소통과 상호작용을 통하여 제품과
서비스 개선에 좋은 영향을 미친다.

10 다음이 설명하는 배너광고의 유형은?

> 배너광고의 단점을 보완하기 위하여 다
> 양한 정보를 제공하여 사용자와 상호작
> 용할 수 있고, 사용자 정보도 수집할 수
> 있는 배너광고

① 스마트 배너
② 인터스티널 배너
③ 인터랙티브 배너
④ 리치미디어 배너

11 검색광고의 특징으로 가장 적절하지 않은 것
은?

① 인터넷 검색서비스를 통해 광고주의 온라
인 사이트에 대한 연결고리를 보여주는
광고라고 할 수 있다.
② 다수의 온라인 사이트 방문자를 대상으로
광고를 노출하기 때문에 광고의 효과가
상대적으로 낮다.
③ 시장세분화가 가능하며, 실시간으로 광고
를 관리할 수 있는 장점이 있다.
④ 광고 운영에 소비되는 시간이 너무 많고,
과다한 광고비로 판매 이익이 상쇄되는
단점이 있다.

12 검색광고의 용어에 대한 설명으로 가장 적절하지 않은 것은?

① CPM(Cost Per Mile) : 1,000회 노출당 비용, 주로 배너광고에 쓰임

② CPC(Cost Per Click) : 클릭이 발생할 때마다 비용을 지불하는 종량제 광고 방식

③ CPV(Cost Per View) : 광고 시청당 비용으로, 주로 동영상 서비스 플랫폼에 주로 사용

④ CPI(Cost Per Impression) : 노출당 비용, 광고효과 분석에 사용

13 광고노출 효과에 대한 설명이 가장 적절하지 않은 것은?

① 클릭률은 노출수 대비 클릭수 비율을 말한다.

② 컨버젼은 광고를 통해 사이트로 유입 후 특정 전환을 취하는 것을 말한다.

③ CPA는 Cost Per Action의 약자로, 전환당 비용을 말한다.

④ ROAS는 Return On Ad Spend의 약자로 수익률 대비 투자를 말한다.

14 검색광고의 목표 수립시 고려해야 할 사항으로 가장 적절하지 않은 것은?

① 광고 목표는 행동 지향적이어야 한다.

② 광고 목표는 이상적으로 잡아야 한다.

③ 광고 목표는 측정 가능한 것이어야 한다.

④ 광고 목표는 달성 가능한 기간을 명시해야 한다.

15 매체믹스에 대한 설명으로 가장 적절하지 않은 것은?

① 두 가지 이상의 광고를 섞어 집행하는 것을 말한다.

② 검색광고에서 매체믹스는 파워콘텐츠, 클릭초이스플러스, 키워드광고 등이 있다.

③ 매체나 상품의 특성을 활용하여 보완하거나 시너지를 낼 수 있기 때문에, 검색광고 기획에 매우 주요한 단계이다.

④ 동일한 비용으로 더 많은 잠재고객에게 도달하고 다양한 전환 기회를 확보해 광고효과를 증가시킨다.

16 네이버 운영시스템에 대한 설명으로 가장 올바른 것은?

① 브랜드 검색 광고, 지역소상공인 광고는 일부 업종에서만 집행할 수 있는 상품이다.

② 캠페인은 파워링크, 쇼핑검색, 파워콘텐츠, 브랜드검색, 플레이스로 5가지 유형이 있다.

③ 그룹은 마케팅 활동에 대한 목적을 기준으로 묶어서 관리하는 광고전략 단위라 할 수 있다.

④ 키워드 확장 기능으로는 해당 광고그룹의 등록 키워드와 유사한 키워드 광고를 노출할 수 없다.

17 네이버 광고관리시스템의 세부기능이 바르게 짝지어지지 않은 것은?

① 정보관리 – 비즈채널관리, 상품관리

② 보고서 – 다차원 보고서, 대용량 다운로드 보고서, 기타보고서(일부 캠페인)

③ 설정 – 광고관리 TIP, 광고노출 진단, 검토 진행 현황, 키워드 도구, 대량 관리, 자동 규칙

④ 비즈머니 – 비즈머니 관리, 쿠폰 관리, 자동충전 관리, 세금계산서

18 카카오 브랜드검색광고에 대한 설명으로 가장 적절하지 않은 것은?

① kakao 브랜드검색 시스템을 통하여 운용이 가능하다.

② 집행기간은 30일 단위의 구매기간 설정이 가능하다.

③ 브랜드검색광고는 Daum PC와 모바일 검색결과에 노출된다.

④ 브랜드검색광고의 비용은 구간별 쿼리수와 소재 형태에 따라 달라진다.

19 구글 검색광고에 대한 설명으로 가장 적절하지 않은 것은?

① 검색광고가 가능한 목표는 판매, 리드, 웹사이트 트래픽뿐이다.

② 캠페인은 검색, 디스플레이, 쇼핑, 동영상, 스마트, 디스커버리, 앱, 지역 중 검색에 해당한다.

③ 구조는 캠페인, 광고그룹, 광고이다.

④ 검색어 지정 범위는 '확장검색 > 변형 확장검색 > 구문검색 > 일치검색' 순이다.

20 구글의 상단 탭에 존재하는 도구 및 설정의 세부기능이 바르게 짝지어지지 않은 것은?

① 계획 – 실적 플래너, 키워드 플래너, 앱 광고 허브
② 공유 라이브러리 – 잠재고객 관리자, 입찰전략, 공유 예산
③ 측정 – 전환, Google 애널리틱스, 기여 분석
④ 설정 – 요약, 문서, 거래, 프로모션

21 네이버 검색광고 등록 시스템에 대한 설명으로 가장 적절한 것은?

① 캠페인의 이름은 1~50자로 입력이 가능하다.
② 광고그룹에서 누구에게 무엇을 어디로 안내할지를 설정한다.
③ 비즈채널 유형 중 전화번호 유형은 개수 제한이 존재하지 않는다.
④ 검색광고 등록 절차는 회원가입, 광고 검토, 광고 등록, 광고 노출 순이다.

22 카카오 검색광고 등록에 대한 설명으로 가장 적절하지 않은 것은?

① 키워드광고의 광고그룹 등록시 키워드 확장을 통하여 연관된 키워드를 노출시킬 수 있으며, 제외 키워드 역시 설정이 가능하다.
② 브랜드검색광고는 광고그룹 등록시 광고 대상을 선택하며 디바이스와 템플릿 유형에 따라 단가가 존재한다.
③ 키워드광고는 광고그룹 등록시 집행기간을 설정할 수 있을 뿐 아니라 노출 요일, 시간까지 설정이 가능하다.
④ 브랜드검색광고의 소재 등록시 카카오톡 채널을 부가노출하려면 검색용 ID 또는 사이트 URL을 입력하여야 한다.

23 검색광고의 캠페인 등록에 대한 설명으로 가장 적절하지 않은 것은?

① 네이버는 고급옵션에서 추적URL 설정이 가능하다.
② 네이버는 광고 목적에 따라 캠페인 유형을 선택하고, 캠페인 이름 및 예산을 등록한다.
③ 카카오는 캠페인 등록에서 전환추적, 일 예산 등을 설정할 수 있다.
④ 구글은 목표를 중심으로 캠페인을 생성하고 목표에 따라 목표달성 방법이 존재한다.

24 네이버 검색광고 중 클릭초이스플러스에 광고등록 기준이 존재하지 않는 업종은?

① 주얼리
② 파티/이벤트
③ 포토스튜디오
④ 유아용품 대여

25 광고 검수에 대한 설명으로 가장 적절하지 않은 것은?

① 광고 검수는 광고등록이 끝난 후에 시작된다.
② 사이트가 완성이 되지 않더라도 완성예정일 전에 광고를 할 수 있다.
③ 네이버는 비즈채널이 먼저 검토되고 이후 소재와 키워드 검토가 진행된다.
④ 회원제로 운영되는 사이트이거나 성인 사이트인 경우 내부 콘텐츠를 확인할 수 있도록 테스트 계정의 아이디와 비밀번호를 함께 등록해야 한다.

26 검색광고의 입찰관리에 대한 설명으로 가장 적절하지 않은 것은?

① 카카오는 직접입력으로 키워드 입찰가 설정이 가능하다.
② 네이버 검색광고의 쇼핑검색광고, 클릭초이스플러스는 경매(입찰) 방식이다.
③ 네이버의 검색광고 노출 순위는 입찰가와 캠페인 유형을 고려하여 결정된다.
④ 구글의 광고순위는 입찰가, 광고품질, 광고순위 기준, 사용자의 검색 환경설정, 광고확장 및 기타 광고 형식의 예상되는 영향을 종합하여 결정된다.

27 다음은 네이버 쇼핑검색광고의 노출영역이다. 설명하고 있는 노출영역을 가진 쇼핑검색광고의 종류는?

> • 네이버 모바일 쇼핑검색 상단 및 하단, PC 쇼핑검색 우측 상단 및 우측 하단에 광고가 게재된다.
> • 검색결과 1페이지에만 노출되며, 키워드 및 노출유형에 따라 광고 영역 및 광고 개수는 변할 수 있다.

① 쇼핑몰 상품형
② 제품 카탈로그형
③ 쇼핑 브랜드형
④ 쇼핑 콘텐츠형

28 네이버 검색광고 중 지역소상공인광고에 대한 설명으로 가장 적절하지 않은 것은?

① 네이버 콘텐츠 서비스를 이용하는 내 지역 사용자에게 노출하는 배너 광고이다.

② 광고 등록과 노출로는 과금되지 않으며, 노출 광고의 클릭이 일어난 횟수에 따라 비용을 지불하는 CPC 방식이다.

③ 네이버의 뉴스/블로그 컨텐츠 서비스 페이지에 업체명, 업체 이미지, 위치, 설명 문구 등이 노출된다.

④ 광고주가 선정한 지역에서 콘텐츠 이용 시 자동으로 노출된다.

29 검색광고 상품에 대한 설명으로 가장 적절하지 않은 것은?

① 네이버의 파워콘텐츠는 키워드의 등록 제한이 없어 방대한 양의 키워드를 등록할 수 있다.

② 구글의 디스플레이 네트워크는 관련성이 높은 고객이 인터넷에서 사이트, 동영상, 앱을 탐색할 때 광고를 게재하여 도달 범위를 넓힐 수 있다.

③ 카카오 키워드광고는 Daum, Nate, Bing 등의 제휴된 모바일 웹 및 앱에서 모바일 검색 결과, 프리미엄링크 영역이 최대 6개까지 노출된다.

④ 네이버의 브랜드검색은 상품 유형, 광고 가능한 키워드의 기간 조회 수 합계, 광고 노출 기간에 따라 광고비를 산정한다.

30 카카오 키워드광고의 확장소재에 대한 설명이다. 다음이 설명하고 있는 확장소재의 유형은?

> 3개의 이미지를 노출해 상품과 서비스 정보를 시각적으로 더욱 풍부하게 전달할 수 있다.

① 말머리형
② 톡채널형
③ 부가링크형
④ 멀티썸네일형

31 카카오의 그룹관리에 대한 설명으로 가장 적절하지 않은 것은?

① 그룹 리스트는 가나다 순으로 정렬되어 있다.

② 브랜드검색광고의 광고그룹에 진입하면 디바이스, 광고대상, 연결 계약정보 등이 표시된다.

③ 키워드광고의 광고그룹에 진입하면 조회 기간에 따른 노출수, 클릭수, 비용 성과 그래프가 표시된다.

④ 키워드광고의 그룹 상태 중 '불가' 상태로는 광고대상등록불가, 노출가능소재없음, 광고계정OFF, 캠페인OFF, 광고그룹OFF가 있다.

32 다음의 (괄호) 안에 공통으로 들어갈 말로 가장 적절한 것은?

> (괄호)은(는) 광고주의 광고가 검색 결과의 페이지 상단에 게재되는 빈도를 말하며, (괄호)의 절댓값은 검색 절대 상단 노출 수 비율, 노출 수 중에서 자연 검색 결과 위에 첫 번째 광고로 게재되는 비율을 말한다.

① 노출 점유율
② 높은 게재순위 비율
③ 페이지 상단 게재율
④ 경쟁 광고보다 높은 순위를 얻은 노출 비율

33 구글의 자동입찰 기능에 대한 설명으로 가장 적절하지 않은 것은?

① 전환 가치 극대화란 설정한 타깃 전환 당 비용 수준에서 전환수를 최대한 늘릴 수 있도록 Google Ads에서 입찰가를 자동으로 설정하는 것이다.
② 타깃 광고 투자수익(ROAS)이란 설정한 타깃 ROAS 내에서 전환 가치를 최대한 높일 수 있도록 Google Ads에서 입찰가를 자동으로 설정하는 것이다.
③ 클릭 수 최대화란 예산 내에서 클릭 수를 최대한 높일 수 있도록 Google Ads에서 입찰가를 자동으로 설정하는 것이다.
④ 타깃 노출 점유율이란 선택한 검색 페이지 영역에 내 광고가 게재될 가능성이 높아지도록 Google Ads에서 입찰가를 자동으로 설정하는 것이다.

34 네이버의 무효클릭 관리에 대한 설명으로 가장 적절하지 않은 것은?

① 무효클릭이 의심될 경우에는 IP 주소, 키워드, 클릭일시, 광고주 URL 정보를 포함한 클릭로그를 클린센터로 접수해 조사 의뢰 할 수 있다.
② 도구 〉 광고노출제한 관리에서 광고가 노출되지 않기를 희망하는 IP 주소를 등록해 광고노출을 제한할 수 있다.
③ 광고노출제한 IP는 최대 600개, 유동 IP는 마지막 네 번째 자리에 와일드카드를 활용해 차단할 수 있다.
④ 사이트 방문자 IP는 관리시스템을 통해 확인이 가능하다.

35 다음의 주어진 광고실적을 보고, CVR이 가장 높은 것은?

구분	노출수	클릭수	전환수	광고비
A	30,000회	1,400회	150회	2,500,000원
B	16,000회	600회	70회	1,500,000원
C	8,000회	450회	50회	500,000원
D	12,000회	120회	13회	50,000원

① A
② B
③ C
④ D

36 광고비가 300만원, CPC가 1,000원, CVR이 5%일 때, CPS의 값은?

① 10,000원

② 20,000원

③ 30,000원

④ 40,000원

37 설명하는 것으로 가장 알맞은 것은?

① CPS와 CPC가 낮아질수록 광고효과가 좋다고 할 수 있다.

② CTR과 CVR이 낮아질수록 광고효과가 좋다고 할 수 있다.

③ CVR은 낮아질수록, CPA는 높아질수록 광고효과가 좋다고 할 수 있다.

④ ROI와 ROAS는 낮아질수록 광고효과가 좋다고 할 수 있다.

38 검색광고의 효과분석 및 목표설정에 대한 설명으로 옳지 않은 것은?

① 효과분석은 진행해온 광고흐름을 정리하고 이를 바탕으로 개선을 하는 과정이다.

② 검색광고의 목표로는 수치로 확인할 수 있는 명확하고 확실한 목표 설정이 바람직하다고 할 수 있다.

③ 사용자들이 키워드를 선택하는 빈도수와 구매에 영향을 주는 키워드는 매일 변동하므로 효과분석은 매일매일 진행해야 한다.

④ 검색광고는 마케터의 역량이 가장 중요한 요소이므로, 마케터의 능력을 기초로 하는 것이 중요하다.

39 키워드 사후관리에 대한 설명으로 가장 적절하지 않은 것은?

① CTR, CVR이 모두 높은 경우는 키워드 및 소재 랜딩페이지 모두 매력적일 때 가능하다.

② CTR은 높고, CVR은 낮은 경우는 클릭률은 낮지만 일단 방문한 고객은 높은 확률로 전환이 이루어지는 경우이다.

③ CTR은 낮고, CVR은 높은 경우는 광고소재의 매력도가 낮은지, 키워드 입찰순위가 현저히 낮아 충분한 클릭을 받지 못하고 있는지를 점검해야 한다.

④ CTR, CVR이 모두 낮은 경우는 키워드는 여러 가지 이유로 언제나 변화가능성이 있으므로 주기적인 효과분석 및 필터링 과정이 필수적이다.

part
04

40 반송에 대한 설명으로 가장 적절하지 않은 것은?

① 반송률은 랜딩페이지의 효과분석을 위해서 사용되는 좋은 지표가 된다.

② 반송이란 접속페이지와 마지막 페이지가 서로 다른 것을 의미한다.

③ 반송수가 높다는 것은 방문자의 관심과 매칭되지 않았다는 의미로 해석할 수 있다.

④ 반송률이 낮다는 것은 랜딩페이지가 방문자의 의도를 잘 파악하여 제작되었다고 판단 할 수 있다.

▦ 단답식 문제

41 다음이 설명하는 검색엔진의 유형(종류)은?

> 웹사이트뿐만 아니라 거의 모든 유형의 문서나 파일을 제공하는 방법을 의미한다. 대표적인 예로 네이버가 있으며, 쇼핑검색, 커뮤니티, 검색 이미지 검색 등 다양한 검색 기능을 제공한다.

42 덴쯔가 주창한 디지털 시대의 소비자 행동의 5단계 중 (괄호) 안에 들어갈 용어는 무엇인가?

> 인지(Attention) → 흥미(Interest) → 검색(Search) → 구매(Action) → (괄호)

43 마케팅 목표를 달성하기 위하여 여러 가지 마케팅 방법을 동원하여 조정하고 구성하는 마케팅 활동을 의미하는 용어(단어)는?

44 다음이 설명하는 구전 마케팅의 유형(종류)은?

> 주로 SNS상에서 영향력이 큰 사람 즉, 의견선도자를 활용하는 마케팅을 의미한다. 인터넷이 발전
> 하면서 소셜미디어의 영향력이 크게 확대되어, 의견선도자의 평가가 소비자들에게 큰 영향력을 미
> 친다.

45 다음의 (괄호) 안에 들어갈 광고 참여 주체는?

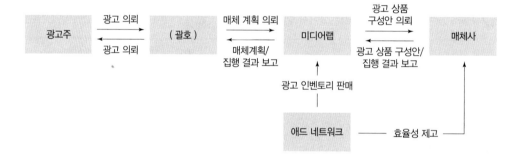

46 다음이 설명하는 광고의 유형은?

> 기존광고와 달리 이용자가 경험하는 콘텐츠 일부처럼 보이도록 하여 이용자의 관심을 자연스럽게
> 이끄는 형태의 광고를 말한다. 콘텐츠 자체로의 가치가 충분하여 이용자에 의한 소비과정에서 거부
> 반응이 적다는 장점이 있다. 대표적인 예로 인-피드 광고, 프로모티드 리스팅 등이 있다.

47 매체노출효과에 대한 설명 중 ①과 ②에 각각 들어갈 용어는?

> • (①) = 광고비 대비 수익률
> • (②) = 클릭수 대비 전환수

48 다음이 설명하는 용어는?

> • 2가지 이상의 광고를 섞어 광고를 집행하는 것을 의미한다.
> • 검색광고에서는 네이버, 구글, 카카오 등이 있고, 상품에서는 브랜드검색, 파워링크, 쇼핑검색광고 등이 있다.

49 네이버 검색광고 중 구 광고관리시스템에서 운영이 가능하며, 일부 업종에서만 집행이 가능한 광고 2가지는?

50 네이버 파워콘텐츠 광고를 집행하기 위해서는 콘텐츠 채널을 추가해야 한다. 파워콘텐츠 비즈채널이 될 수 있는 유형 3가지는?

51 네이버의 그룹관리에 대한 설명이다. (괄호) 안에 공통으로 들어갈 용어는 무엇인가?

(괄호)(이)가 '사용'인 경우 네이버 검색 영역에 해당 광고그룹의 등록키워드와 유사한 의미를 가진 키워드가 자동으로 광고에 노출된다. 노출될 유의어에 대한 입찰가는 중간 입찰가의 100%로 설정되며 변경이 가능하다. 단, 등록 키워드에 적용되는 입찰가를 초과하지 않아야 한다. (괄호)(이)가 '사용'인 경우 광고그룹 내 키워드를 OFF 하더라도 유의어로 광고가 노출되어 과금이 발생할 수 있다.

52 네이버의 소재 노출 방식 2가지는?

53 다음이 설명하는 용어(단어)는?

> • 카카오에서 제공하는 전환추적 서비스이다.
> • 최적의 잠재고객을 파악하고, 광고에서 발생한 회원가입과 구매 등의 전환을 확인할 수 있는 스크립트 도구이다.
> • 타기팅을 고도화하고, 전환 목적의 캠페인을 운영할 수 있다.

54 구글에는 광고를 게재할 검색어를 지정하는 검색 유형으로 일치검색, 구문검색, 확장검색이 있다. 검색어가 도달하는 범위(순서)는?

55 다음은 키워드관리에 대한 매체별 분류표이다. ②에 들어갈 모든 매체는 무엇인가?(모든 매체는 네이버, 카카오, 구글로 생각한다.)

키워드	기능
이동	①
복사	②

56 다음은 카카오 키워드광고의 확장소재 등록기준의 일부이다. ①과 ②에 각각 들어갈 숫자는?

추가제목	• 광고주가 제공하는 상품 또는 사이트 연관성이 있는 설명을 추가할 수 있습니다. • 사이트 내에서 확인되거나, 객관적이고 인정할 수 있는 사실로 작성해야 합니다.
부가링크	• 광고주가 제공하는 사이트 내 링크를 활용하여 추가할 수 있습니다. • 부가링크는 최소 (①)개에서 최대 4개까지 등록할 수 있습니다.
가격테이블	• 광고주가 제공하는 상품 또는 서비스의 주요 가격정보를 추가할 수 있습니다. • 가격테이블은 최소 (②)개에서 최대 3개까지 등록할 수 있습니다.

57 광고 결과가 다음과 같을 때, ① 전환율과 ② 전환당 비용(CPA)는 각각 얼마인가?(단, 이외의 다른 조건은 없다.)

- 노출수 : 2,000,000회
- 클릭수 : 50,000회
- 물품단가 : 3,200원
- 광고비 : 4,000,000원
- ROAS : 400%

58 다음의 표를 통해 얻어진 ① 구매전환율과 ② ROAS는 각각 얼마인가?(단, 이외의 조건은 없다.)

광고비	방문수	물품단가	판매수	노출수
500,000원	600명	4,800원	180개	7,500명

59 키워드 사후관리에 대한 설명이다. ①과 ②에 들어갈 용어는 각각 무엇인가?

CTR은 (①), CVR은 (②) 경우는 노출순위 및 소재 등은 매력적이지만, 실제적으로는 사이트에 방문해서 전환 행동이 발생하지 않은 상태를 의미한다. 원하는 것이 없거나 콘텐츠가 충분하지 않은 경우 타 사이트로 이탈할 가능성이 높아진다.

60 네이버 비즈채널에 대한 설명이다. ①과 ②의 알맞은 숫자는?

비즈채널은 모든 유형을 합쳐 계정당 총 1,000개까지 추가할 수 있다. 단, 전화번호 유형 중 통화추적번호는 최대 (①)개, 네이버 톡톡 유형은 최대 (②)개까지만 추가할 수 있다.

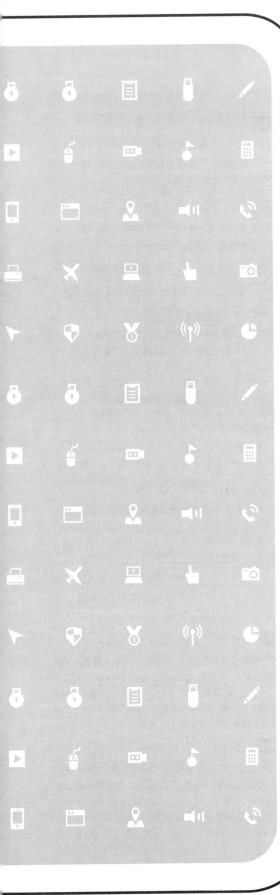

Part **05**

정답 및 해설

온라인 비즈니스 및 디지털 마케팅

객관식 문제

01 ③	02 ④	03 ①	04 ①	05 ③
06 ②	07 ③	08 ①	09 ①	10 ②
11 ③	12 ②	13 ②	14 ②	15 ③
16 ③	17 ③	18 ②	19 ③	20 ③
21 ②	22 ①	23 ②	24 ③	25 ②
26 ③	27 ①	28 ②	29 ③	30 ②
31 ③	32 ③	33 ④	34 ④	35 ④
36 ①	37 ①	38 ③	39 ①	40 ②

01
정답 ③

정답해설

온라인 비즈니스란 인터넷을 이용하여 다양한 형태의 상품과 서비스를 제공하고 그와 관련된 모든 거래행위와 가치를 창출할 수 있는 비즈니스 활동이다. 디지털 경제의 핵심으로 온라인 비즈니스 모델이 사회경제적인 주목을 받고 있다.

오답해설

① 인터넷을 통한 양방향 정보 교류를 통한 비즈니스 영역을 말한다.

② 인터넷 비즈니스, e-business와 일맥상통하는 개념이다.

④ 인터넷을 이용하여 실물적 상품 이외에도 무형의 디지털 상품을 거래의 대상으로 하는 비즈니스 영역을 말한다.

핵심 Search

e-business

e-비즈니스는 인터넷을 기업경영에 도입하여 기존 기업의 경영활동 영역을 가상공간으로 이전시킨 것을 말한다. 이를 통해 기업은 가치사슬 재구축을 통한 경영의 효율화를 도모하고, 새로운 비즈니스 모델의 창출을 통해 신규 수익원을 확보하고, 고객관계강화를 통해 고객가치를 증대시킬 수 있다. e-비즈니스의 성공적인 추진을 위해서는 핵심 축, 추진프로세스, 추진 유형별 전략 수립, 인프라 등이 필수적으로 고려되어야 한다.

02
정답 ④

정답해설

온라인 비즈니스 모델의 성공요인으로는 크게 5가지 요인을 들 수 있다. 꾸준한 수익 창출 기회의 제공, 차별화된 콘텐츠와 서비스, 고객 맞춤 서비스를 제공하려 노력하는 고객관점 및 고객경험, 경쟁업체들에게는 엄청난 진입장벽이 되는 특허, 변화에 빠른 대응을 통한 기회의 선점이 있다. 온라인 비즈니스는 초기 비용이 비교적 적게 들어가므로 진입장벽이 낮은 것은 맞으나, 온라인 비즈니스의 성공요인으로 보기는 어렵다.

핵심 Search

온라인 비즈니스 모델의 성공요인

• 차별화된 콘텐츠 및 서비스 : 콘텐츠 및 서비스는 확실한 차별점을 지녀야 한다. 고객들을 붙잡을 수 있게 만드는 LOCK-IN 효과를 위해 필요한 요인이다.

• 꾸준한 수익 창출 : 기업은 이윤을 기반으로 운영되므로 꾸준하게 수익을 창출할 수 있어야 한다.

• 특허 : 자사의 상품에 독점적 위치를 제공하고 경쟁업체들에게는 엄청난 진입장벽이 된다.

• 스피드로 기회의 선점 : 온라인 비즈니스는 기존 비즈니스에 비해 변화의 속도가 상당히 빠르다. 따라서 시장에 진입하는 것 그리고 철수하는 것 모두 경쟁자보다 빨라야 한다.

• 고객관점 및 고객경험 : 소비자 자신이 관심 있는 상품을 자동으로 추천해주고, 구매를 돕는 정보를 제공하며 빠른 구매가 이루어지도록 구성된 페이지를 선호한다.

03
정답 ①

정답해설

온라인 비즈니스 모델의 5대 성공요인으로는 차별화된 콘텐츠 및 서비스, 지속적인 수익 창출, 특허, 스피드로 기회의 선점, 고객관점 및 고객경험이 있다. 오프라인 매장의 확장과 직접 배송 시스템 구축은 디지털 비즈니스의 성공요인으로 보기는 어렵다.

오답해설

② 차별화된 콘텐츠와 서비스로 고객의 충성도 획득 : 콘텐츠 과잉시대에 매력적이지 않은 콘텐츠 및 서비스는 소비자들에게 외면 받는다. 자사의 콘텐츠 및 서비스는 확실한 차별점을 지녀야 고객들을 붙잡을 수 있다. 이렇듯 고객을 이탈하지 않게 만드는 LOCK-IN 효과를 위해 필요한 요인이다.

③ 고객관점 및 고객경험 : 웹 사이트에서 잘 드러나는 것으로 판매자 및 관리자는 효율성을 따져 웹 사이트를 구성하는 것이 가장 바람직하다. 소비자는 자신이 관심 있는 상품을 자동으로 추천해주고, 구매를 돕는 정보를 제공하며 빠른 구매가 이루어지도록 구성된 페이지를 선호한다.

④ 스피드로 기회의 선점 : 온라인 비즈니스는 기존 비즈니스에 비해 변화의 속도가 상당히 빠르다. 조금만 트렌드 파악을 게을리 했을 시 자사의 상품은 이미 지나간 상품으로 전락하게 된다. 시장에 진입하는 것 그리고 철수하는 것 모두 경쟁자보다 빨라야 한다.

디지털 비즈니스 모델의 필수 성공 요인

- 차별화된 콘텐츠 및 서비스
- 꾸준한 수익 창출
- 특허
- 스피드로 기회의 선점
- 고객관점 및 고객경험

04 정답 ①

정답해설

사용자가 많더라도 수익을 창출하지 못하면 장기적인 관점에서 실패한 온라인 비즈니스가 될 수 있다.

05 정답 ③

정답해설

상품의 판매 방식에 따라 온라인 비즈니스의 유형을 구분할 수 있다. 카테고리 킬러형과 몰형으로 구분하는 판매형, 경매형과 매칭형으로 구분하는 중개형, 정보검색형과 정보생산형으로 구분하는 커뮤니티형, 전문 커뮤니티형과 포털형으로 구분하는 정보제공형으로 구분할 수 있다.

온라인 비즈니스의 유형

거래의 대상	• B2C • B2B • C2C
제공 가치에 따른 구분	• 가격 지향형 모델 • 맞춤형·서비스 지향형 모델 • 편의·신속성 지향형 모델

거래 제품에 따른 구분	• 물리적 제품 • 디지털 제품
판매방식	• 판매형 • 중개형 • 커뮤니티형 • 정보제공형

06 정답 ②

정답해설

온라인 포털은 인터넷을 사용할 때, 기본적으로 거쳐 가는 웹 사이트를 말하며, 사용자에게 제공되는 다양한 서비스로 많은 트래픽을 유도한다. 이를 통한 수익 창출을 비즈니스 모델로 하고 있다.

오답해설

① 온라인 포털은 광고를 주 수익 기반으로 하지만 온라인 커머스, 유료 콘텐츠, 결제 등 다양한 수익 모델이 존재한다.

③ 검색엔진은 인터넷에서 자료를 쉽게 찾을 수 있게 도와주는 소프트웨어를 의미한다.

④ 온라인 포털은 검색, 디렉토리 서비스를 제공하는 검색서비스 단계에서 이메일, 채팅 등 커뮤니케이션을 제공하는 서비스 단계로 발전하였다.

온라인 포털의 발전과정

Search 검색 서비스의 제공
↓
Communication 이메일, 채팅 등의 커뮤니케이션 서비스 제공
↓
Community 커뮤니티 서비스 제공
↓
Contents&Commerce 온라인 커머스, 유료 콘텐츠 제공

part
05

정답 및 해설

07
정답 ③

정답해설

온라인 포털은 인터넷을 사용할 때, 기본적으로 거쳐 가는 웹 사이트를 말하며, 광고를 주 수익 기반으로 하지만 온라인 커머스, 유료 콘텐츠, 결제 등 다양한 수익 모델을 비즈니스 모델로 하고 있다.

08
정답 ①

정답해설

디렉토리 검색은 주제별로 분류된 메뉴를 선택하여 한 단계씩 상세한 주제로 찾아가는 방법을 의미한다. 웹 사이트뿐만 아니라 거의 모든 유형의 문서나 파일을 제공하는 방법을 의미하는 검색엔진은 통합 검색이다.

Search

검색엔진의 종류
- 디렉토리 검색 : 주제별로 분류된 메뉴를 선택하여 한 단계씩 상세한 주제로 찾아가는 방법을 의미한다.
- 주제어 검색 : 원하는 정보를 나타내는 특정한 단어들을 사용하여 정보를 찾아가는 형태를 의미한다.
- 통합 검색 : 웹 사이트뿐만 아니라 거의 모든 유형의 문서나 파일을 제공하는 방법을 의미한다.
- 인덱스 검색 : 인터넷에 새롭게 만들어진 파일 등의 정보를 검색로봇이 주기적으로 수집하여 인덱스 데이터베이스에 정보위치를 저장하는 방법을 의미한다.

09
정답 ①

정답해설

소셜 미디어의 등장배경으로는 웹 기반 기술의 발달로 인한 다양한 정보 공유와 네트워킹 기능의 확대를 들 수 있다. 현재 웹 2.0 기반의 가장 대표적인 웹 기술로는 매쉬업(Mash-up), REST, FOX, XML 등이 있으며 또한 웹 애플리케이션들이 새롭게 각광받고 있는 상호 작용 웹 애플리케이션 구성 스타일인, AJAX(Asynchronous Javascript And XML)의 사용이 두드러지고 있다. 기술 발달로 인한 개인화된 쇼핑이 가능하여 온라인 커머스 시장의 변화를 가져왔다. 그러나 소셜 미디어의 등장배경으로 보기엔 가장 적절하지 않다.

10
정답 ②

정답해설

웹 브라우저는 웹 서버에서 이동하며 쌍방향으로 통신하고 HTML 문서나 파일을 출력하는 그래픽 사용자 인터페이스 기반의 응용 소프트웨어이다. 웹 브라우저는 대표적인 HTTP 사용자 에이전트의 하나이기도 하다. 주요 웹 브라우저로는 모질라 파이어폭스, 구글 크롬, 인터넷 익스플로러/마이크로소프트 엣지, 오페라, 사파리가 있다.

Search

소셜 미디어
사람들의 의견, 생각, 경험, 관점 등을 서로 공유하기 위해 사용하는 온라인 도구나 플랫폼을 의미한다. 이러한 소셜 미디어는 텍스트, 이미지, 오디오, 비디오 등의 다양한 형태를 가지고 있는데, 대표적으로 블로그(blog), 소셜 네트워크(Social Network), 유튜브, 메시지 보드(Message Board), 팟캐스트(Pod-cast), 위키스(Wikis), 비디오 블로그(Vlog) 등이 있다.

11
정답 ③

정답해설

소셜 미디어는 관심 있는 모든 사람들의 기여와 피드백을 촉진하며 미디어와 오디언스의 개념을 불명확하게 한다. 이는 소셜 미디어의 특성인 참여(Participation)에 해당한다.

12
정답 ②

정답해설

소셜 미디어의 특성으로는 참여(Participation), 공개(Openness), 대화(Conversation), 커뮤니티(Community), 연결(Connectedness)이 있다. 거래는 소셜 미디어의 특성이라기보다는 온라인 커머스의 특성으로 보는 것이 적절하다.

Search

소셜 미디어의 특성
- 참여(Participation) : 소셜 미디어는 관심 있는 모든 사람들의 기여와 피드백을 촉진하며 미디어와 오디언스의 개념을 불명확하게 한다.

- 공개(Openness) : 대부분의 소셜 미디어는 피드백과 참여가 공개되어 있으며 투표, 피드백, 코멘트, 정보 공유를 촉진함으로써 콘텐츠 접근과 사용에 대한 장벽이 거의 없다.
- 대화(Conversation) : 전통적인 미디어가 'Broadcast'이고 콘텐츠가 일방적으로 오디언스에게 유통되는 반면 소셜 미디어는 쌍방향성을 띤다.
- 커뮤니티(Community) : 소셜 미디어는 빠르게 커뮤니티를 구성케 하고 커뮤니티로 하여금 공통의 관심사에 대해 이야기하게 한다.
- 연결(Connectedness) : 대부분의 소셜 미디어는 다양한 미디어의 조합이나 링크를 통한 연결상에서 번성한다.

13 정답 ②

정답해설

프로슈머는 1980년 엘빈 토플러가 〈제3의 물결〉에서 처음 사용한 용어로 생산자적 기능을 수행하는 소비자를 말한다. 소비자들이 자신들의 욕구를 충족시킬 수 있는 상품의 개발을 직접 요구하고 때로는 유통에도 직접 관여하는 마케팅을 말한다.

오답해설

① 애드슈머(Adsumer) : 광고를 제작하는 과정에 직접 참여하고 여러 의견을 제시하는 소비자를 말한다.
③ 디지털 노마드(Digital Nomad) : 프랑스 경제학자 자크 아탈리가 처음 소개한 용어로, 장소에 구애받지 않고 여기저기 이동하며 업무를 보는 사람을 일컫는 말이다.
④ 블랙 컨슈머(Black Consumer) : 제품을 구매한 후 고의적으로 악성 민원을 제기하여 기업 또는 가게 등을 상대로 부당한 이익을 취하고자 하는 소비자를 말한다.

Search

프로슈머(Prosumer)

- 1980년 엘빈 토플러가 〈제3의 물결〉에서 처음 사용한 용어로 생산자적 기능을 수행하는 소비자를 말한다.
- 소비자들이 자신들의 욕구를 충족시킬 수 있는 상품의 개발을 직접 요구하고 때로는 유통에도 직접 관여하는 소비자를 말한다.
- Producer와 Consumer의 합성어이다.

14 정답 ②

정답해설

프로슈머(Prosumer)란 소비자들이 자신들의 욕구를 충족시킬 수 있는 상품의 개발을 직접 요구하고 때로는 유통에도 직접 관여하는 소비자를 말한다. 광고를 제작하는 과정에 직접 참여하고 여러 의견을 제시하는 소비자는 애드슈머(Adsumer)이다.

15 정답 ③

정답해설

온라인 커머스의 시장트렌드 전략으로는 '유료 멤버십'을 통한 록인(Lock-in) 전략, 온라인과 오프라인을 통합한 옴니 채널(Omni-channel) 전략 등이 있다. '유료 멤버십'을 통한 록인(Lock-in) 전략은 기존의 저가경쟁에서 유로 멤버십 전환을 통한 록인 전략을 말하며, 예로는 쿠팡의 로켓와우회원이 있다. 온라인과 오프라인을 통합한 옴니 채널(Omni-channel) 전략은 오프라인 서비스를 온라인으로 제공해주거나 온라인 서비스를 오프라인으로 제공해주는 전략을 말한다.

16 정답 ③

정답해설

온라인 커머스는 소셜 미디어와 온라인 미디어를 활용하는 전자 상거래의 일종으로, 가상의 마켓 플레이스에서 재화와 서비스를 판매하는 비즈니스 모델을 일컫는 포괄적인 개념이다.

오답해설

① 소셜 미디어와 온라인 미디어를 활용하는 전자 상거래의 일종이다.
② 쿠팡, SSG.COM과 같은 기업이 배송에 막대한 투자를 하고 있는 것이 좋은 사례이다.
④ 물리적 상품과 서비스의 구매 편리성과 구매 안정성을 동시에 충족시킬 수 있다.

part
05

업무 및 운영

17 정답 ③

정답해설

능동적 소비자, 소비자 욕구 중심 커뮤니케이션, 개인 맞춤형 광고는 모두 디지털 마케팅 패러다임의 특징으로 볼 수 있다. 소비자 설문조사는 전통적 마케팅 패러다임의 특징으로 볼 수 있고 디지털 마케팅 패러다임의 소비자 조사방식은 소셜 빅데이터 기반이다.

마케팅 패러다임의 변화

구분	Old Paradigm	New Paradigm
소비자	수동적 소비자	능동적 소비자
커뮤니케이션	• 기업주도적 • 일방향 • 노출 위주 효율성	• 소비자 욕구 중심 • 양방향 • 상호작용, 참여, 체험
소비자 조사	설문조사	소셜 빅데이터
광고 방식	• 푸쉬형 • 대량의 일원화된 메시지	• 개인 맞춤형 • 재미와 감성을 지닌 브랜디드 콘텐츠 (Branded Contents)

18 정답 ②

정답해설

디지털마케팅은 TV 광고에 비해 불특정 다수에게 광고를 푸쉬(push)하는 것이 쉽지 않지만 비용은 저렴하다.

19 정답 ③

정답해설

과거의 고객들은 특정 기업과 제품에 대해서 좋은 이미지를 갖게 되면 이에 대한 충성도 역시 꾸준하게 유지되었으나, 최근의 고객은 디지털 기기 활용을 통해 보다 넓어진 선택권을 이용하여 개성에 맞는 다양한 제품을 선택하며 일시적인 유행 흐름에 편승하는 경향이 높아졌다.

디지털 마케팅 등장 배경

• 산업 및 시장의 변화 : 산업화 사회에서 정보화 사회로 패러다임이 변화함에 따라 시장참여자, 제품, 프로세스에서의 새로운 변화가 유도되었으며, 새로운 마케팅 개념, 즉 인터넷과 정보통신기술의 장점을 살리면서 마케팅의 효과성을 극대화하기 위한 새로운 접근법이 요구되었다.

• 고객의 변화 : 과거의 고객들은 특정 기업과 제품에 대해서 좋은 이미지를 갖게 되면 이에 대한 충성도 역시 꾸준하게 유지하였으나, 최근의 고객은 디지털 기기 활용을 통해 보다 넓어진 선택권을 이용하여 개성에 맞는 다양한 제품을 선택하며 일시적인 유행 흐름에 편승하는 경향이 높아졌다.

• 정보 통신 기술의 변화 : 인터넷을 비롯한 정보통신기술의 발달은 고객들과의 양방향 커뮤니케이션의 중요성을 부각시켜 자연스럽게 고객의 개별적 요구를 바탕으로 하는 마케팅 기법의 개발을 유도하였다.

• 마케팅 개념의 변화 : 마케팅 개념이 일대일 마케팅을 지향하는 방향으로 변화하였다. 고객과의 양방향성 커뮤니케이션, 개인화된 상호작용, 고객주문형 가치제공 등을 지원하게 되었다.

20 정답 ③

정답해설

Earned media는 온라인, SNS상의 댓글이나 반응, 기사 보도 등으로, 온라인의 '입'으로 통하며 제3자가 스스로 정보를 발생시키기 때문에 평가 미디어라고 한다.

디지털 미디어

• Paid media : 조직이나 개인이 비용을 들여 온·오프라인 미디어 채널을 통해 메시지를 전달하고자 할 때 유료로 이용하는 미디어를 말한다.

• Owned media : 자기의 회사가 보유하고 있는 커뮤니케이션 미디어를 말하며, 홈페이지, 블로그 등이 이에 포함된다.

• Earned media : 온라인, SNS상의 댓글이나 반응, 기사 보도 등으로, 온라인의 '입'으로 통하며 제3자가 스스로 정보를 발생시키기 때문에 평가 미디어라고 한다.

21 정답 ②

정답해설

포레스터 리서치(Forester Research)가 분류한 기업의 입장에서 본 3가지 디지털 미디어 분류는 소유한 미디어(Owned Media), 지불한 미디어(Paid Media), 획득된 미디어(Earned Media)이다. 조직이나 개인이 비용을 들여 온·오프라인 미디어 채널을 통해 메시지를 전달하고자 할 때 유료로 이용하는 미디어는 지불한 미디어(Paid Media)로, 네이티브 광고, 배너광고 등이 이에 포함된다.

오답해설

① 소유한 미디어(Owned Media) : 자기의 회사가 보유하고 있는 커뮤니케이션 미디어를 말하며, 홈페이지, 블로그 등이 이에 포함된다.
④ 획득된 미디어(Earned Media) : 제3자에 의해 창작되고 소유되어 소비자로부터 신뢰와 평판을 획득할 수 있는 모든 종류의 퍼블리시티를 의미하며, 고객이 남기는 후기나, 커뮤니티의 게시물 등이 이에 포함된다.

22 정답 ①

정답해설

덴쯔가 주창한 디지털 시대의 소비자 행동의 5단계는 '인지(Attention) → 흥미(Interest) → 검색(Search) → 구매(Action) → 공유(Share)'이고, 이를 AISAS라고 한다. 소비자의 자발적인 참여를 중심으로 소셜 미디어를 통한 정보 공유를 한다.

소비자 행동과정

• 전통적 소비자 행동과정 : AIDMA(Attention Interest Desire Memory Action)방식
• 디지털 소비자 행동과정 : AISAS(Attention Interest Search Action Share)방식

23 정답 ②

정답해설

포지셔닝 전략이란 자사 제품의 큰 경쟁우위를 찾아내어 이를 선정된 목표시장의 소비자들의 마음속에 자사의 상품을 자리 잡게 하는 것을 의미한다. 즉, 소비자들에게 경쟁제품과 비교하여 자사제품에 대한 차별화된 이미지를 심어주기 위한 계획적인 전략접근법이다.

재포지셔닝
소비자의 욕구 및 경쟁 환경의 변화에 따라 기존제품이 가지고 있던 포지션을 분석하여 새롭게 조정하는 활동이다.

24 정답 ③

정답해설

표적시장 전략에는 전체 시장을 하나의 동일한 시장으로 간주하고, 하나의 제품을 제공하는 무차별 마케팅 전략과 전체 시장을 여러 개의 세분시장으로 나누고, 이들 모두를 목표시장으로 삼아 각기 다른 세분시장의 상이한 욕구에 부응할 수 있는 마케팅믹스를 개발하여 적용함으로서 기업의 마케팅 목표를 달성하고자 하는 차별적 마케팅 전략이 존재한다. 전체 세분시장 중에서 특정 세분시장을 목표시장으로 삼아 집중 공략하는 집중적 마케팅 전략도 존재한다.

디지털마케팅 전략

• 시장세분화 전략 : 기업의 마케팅 전략 구축을 위한 중요한 행위로써 전체 소비자를 선호, 취향, 문제 해결책의 유사성에 따라 몇 개의 소비자 집단으로 분류하는 것이다.
• 표적시장 전략 : 세분시장이 확인되고 나면, 기업은 얼마나 많은 그리고 어떤 세분시장을 표적으로 할 것인지를 결정해야 한다. 무차별적 마케팅 전략, 차별적 마케팅 전략, 집중적 마케팅 전략으로 구분할 수 있다.
• 포지셔닝 전략 : 자사 제품의 큰 경쟁우위를 찾아내어 이를 선정된 목표시장의 소비자들의 마음속에 자사의 상품을 자리 잡게 하는 것을 의미한다.

25 정답 ③

정답해설

4E란 Experience(경험), Engagement(참여), Evangelist(전도), Enthusiasm(열정)을 말한다. 4E의 Evangelist(전도)란 브랜드에 대해 호감과 충성도를 가진 고객을 '브랜드 전도사'로 활용하는 것을 말하며, 의도적으로 역할을 부여하는 것이 아니라 고객이 자발적으로 참여하고 활동할 수 있는 장을 만들어주는 것이 중요하다.

디지털 마케팅 기법

4P	• Promotion(촉진) • Place(장소) • Price(가격) • Product(상품)
4C	• Customer value(고객 가치) • Convenience(편리성) • Communication(의사소통) • Cost to Consumer(비용)
4E	• Experience(경험) • Engagement(참여) • Evangelist(전도) • Enthusiasm(열정)

26 정답 ③

정답해설

디지털 마케팅 믹스 4P 중 Price(가격)는 기업이 특정 물품의 가치(Value)를 가장 객관적이며 수치화된 지표로 나타내는 전략이다. Skimming(가격을 높게 잡는 고가화 전략), Penetrating(가격을 낮게 잡는 침투전략), EDLP(Every Day Low Price), Competitive Pricing(경쟁사와의 관계를 이용하는 가격 전략) 등이 있다.

디지털 마케팅 믹스 4P

• Promotion(촉진) : 기업이 마케팅 목표 달성을 위하여 사용하는 광고, 인적판매, 판매촉진, PR, 직접 마케팅 등의 수단으로 대중들의 원활한 의사소통을 기반으로 하여 구매를 이끌어내는 유인 기법을 말한다.

• Place(장소) : 기업이 특정 물품의 판매를 촉진하기 위해서 활용하는 공간의 단순한 배치를 넘어서, 고객과의 접촉을 이루어지게 하는 전체적인 유통경로의 관리를 포함하는 공급사슬 관리이다.

• Price(가격) : 기업이 특정 물품의 가치(Value)를 가장 객관적이며 수치화된 지표로 나타내는 전략이다. Skimming(가격을 높게 잡는 고가화 전략), Penetrating(가격을 낮게 잡는 침투전략), EDLP(Every Day Low Price), Competitive Pricing(경쟁사와의 관계를 이용하는 가격 전략) 등이 있다.

• Product(제품) : 단순히 제품이나 서비스를 생산하는 것 이외에 그 제품이 줄 수 있는 종합적인 혜택(Benefit)을 통틀어서 이르는 것이다. 디자인, 브랜드, 상징, 보증, 상품 이미지 등을 폭넓게 포함하고 그것을 관리하는 전략이다.

27 정답 ①

정답해설

온라인 구전(EWOM : Electronic Word of Mouth)이란 온라인 상에서 소비자가 다른 소비자와 직접 경험한 정보들을 공유하는 자발적인 의사소통을 의미한다. 빠른 확산 속도와 넓은 전파 능력을 특징으로 한다.

오답해설

② 바이럴 마케팅 : 소비자가 마케팅 메시지를 다른 소비자들에게 퍼뜨리게 하는 마케팅을 의미한다.

③ 버즈 마케팅 : 오락이나 뉴스로 이야깃거리를 제공해 소비자가 제품을 직접 사용해보고, 자신의 SNS에 올려서 자연스럽게 구매를 유도하는 것을 의미한다.

④ 커뮤니티 마케팅 : 제품과 관련된 다양한 커뮤니티를 만들어주고, 지원하는 마케팅을 의미한다.

온라인 구전

• 온라인 상에서 소비자가 직접 경험한 정보를 다른 소비자와 공유하는 자발적 의사소통을 의미한다.

• 온라인 구전은 네트워크 분석을 통해 구전의 확산경로와 의견 선도자를 파악할 수 있다.

• 기업의 입장에서 소비자의 의견을 청취하는 채널로 활용할 수 있다.

• 온라인 쇼핑몰에서 구매 후 소비자가 작성하는 사용 후기도 온라인 구전의 한 유형으로 볼 수 있다.

28 정답 ④

정답해설

구전정보는 쌍방향 커뮤니케이션이라는 특성이 있고 정보 수신자에게 필요한 정보를 정확하게 제공할 수 있기 때문에 신뢰성이 높은 정보다.

29 정답 ③

정답해설

코즈 마케팅은 기업의 사회적 책임과 마케팅을 결합, 공유 가치 창출(CSV : Creating Shared Value)을 하는 방법으로, 공익적 이슈를 제공하여 이익을 취하는 마케팅이다. 소비자들로 하여금 '착한 소비'를 하게끔 유도하고 기업이 추구하는 사익과 공익을 동시에 얻는 것이 목표이다.

핵심 Search

코즈 마케팅

코즈 마케팅은 기업의 사회적 책임과 마케팅을 결합, 공유 가치 창출(CSV : Creating Shared Value)을 하는 방법이다. 사회적 이슈를 해결함과 동시에 기업의 이익을 동시에 추구한다는 것이 핵심이다. 즉, 기업이 환경, 보건, 빈곤 등과 같은 사회적 이슈, 즉 코즈(Cause)를 이익 추구를 위해 활용하는 마케팅 전략이다. 소비자들로 하여금 '착한 소비'를 하게끔 유도하고 기업이 추구하는 사익과 공익을 동시에 얻는 것이 목표이다.

30 정답 ②

정답해설

브랜디드 콘텐츠는 제품, 회사명, 브랜드를 직접 노출하지 않지만 이를 문화 콘텐츠 속에 녹여 강력한 광고 효과를 내고 소비자의 공감과 흥미를 통해 자발적인 공유에 이르는 것이 목표이다.

31 정답 ②

정답해설

브랜디드 콘텐츠란 다양한 문화적 요소와 브랜드 광고를 결합한 콘텐츠다. 제품 · 회사명 · 브랜드를 직접 노출하지 않지만 이를 문화 콘텐츠 속에 녹여 강력한 광고 효과를 내고 소비자의 공감과 흥미를 통해 자발적인 공유에 이르는 것이 목표다. 소비자의 콘텐츠 선택이 유튜브나 페이스북 등 SNS를 통한 입소문에 좌우되면서 직접적인 광고보다는 문화적으로 소비할 수 있는 브랜디드 콘텐츠를 매개로 한 접근이 더욱 큰 광고 효과를 보고 있다.

32 정답 ④

정답해설

디지털 광고는 온라인 사이트 방문자 행동 추적, 기록 등이 용이하다는 특성을 지닌다. 이것은 온라인 사이트별 쿠키 분석을 통해 방문자들의 위치를 파악할 수 있으며, 방문시간과 방문횟수, 클릭한 링크 및 노출된 이미지, 사용한 검색 키워드 및 클릭한 광고 등의 파악이 가능하다는 것을 의미한다. 이는 디지털광고의 트래킹의 용이성에 대한 내용이다.

핵심 Search

디지털 광고의 특성

- 트래킹의 용이성
- 정교한 타기팅
- 전달의 융통성
- 상호작용성

33 정답 ④

정답해설

디지털 광고의 차별적 특성으로는 크게 트래킹의 용이성, 정교한 타기팅, 광고 메시지 전달의 융통성, 상호작용성이 있다. 신뢰도는 전통 매체 광고와 디지털 광고의 차별성으로 보기는 어렵다.

오답해설

① 트래킹의 용이성 : 디지털 광고는 온라인 사이트 방문자 행동 추적, 기록 등이 용이하다는 특성을 지닌다. 온라인 사이트별 쿠키 분석을 통해 방문자들의 위치를 파악할 수 있으며, 방문시간과 방문횟수, 클릭한 링크 및 노출된 이미지, 사용한 검색 키워드 및 클릭한 광고 등의 파악이 가능하다.

② 정교한 타기팅 : 사용자 성별, 연령 등의 정보 기반 타기팅이 가능하며, 쿠키 파일을 활용하여 사용자들이 입력한 검색 키워드를 분석하여 검색어와 연관된 광고를 노출하는 콘텐츠 타기팅, 사용자 위치를 기반으로 한 지역 타기팅이 가능하다. 또한 온라인 사이트에 접속한 사람들을 추적해 타 온라인 사이트에 접속할 때 이전 온라인 사이트에서 보았던 광고를 다시 보여주는 리타깃팅이 가능하다.

③ 전달의 융통성 : 디지털 광고는 시공간의 제약이 없고 실시간으로 광고의 소재교체가 가능하다. 또한 텍스트, 이미지, 비디오 등의 여러 형태로 크리에이티브 구현이 가능하다.

part
05
정답 및 해설

상호작용성

디지털 광고는 쌍방향 커뮤니케이션과 실시간 반응, 사용자 통제 등의 상호작용성 등을 기반으로 한 광고, 소비자, 광고주가 실시간으로 상호작용이 가능하다. 또한, 배너 광고노출–클릭–타깃 페이지로의 연결–상품 정보의 검색–상품 경험–구매정보의 공유 등 한 매체에서 여러 수용자 행위가 동시에 이루어지는 특성이 있다.

34
정답 ④

정답해설

디지털 미디어 랩은 광고주 입장에서 보면 많은 인터넷 매체사와의 접촉을 통해 광고 구매, 집행 등을 관리해주는 역할을 대행해준다. 광고주에 광고를 의뢰하는 입장으로, 주로 광고주와 협의를 통해 광고를 기획 및 제작하는 역할을 수행하는 역할은 디지털 광고 대행사이다.

디지털 미디어 랩

사전효과 예측 및 매체안 등을 제시, 광고소재 송출, 노출 및 클릭 관리, 보유한 광고 솔루션을 활용해 각 매체별 트래킹을 통해 광고효과를 측정 및 비교한다. 또한, 광고주 입장에서 보면 많은 인터넷 매체사와의 접촉을 통해 광고 구매, 집행 등을 관리해주는 역할을 대행해주며 매체사 입장에서 보았을 시에는 광고 판매를 대행하고 더욱 많은 광고를 수주할 수 있는 기회를 제공한다.

35
정답 ④

정답해설

매체사들의 여러 광고 인벤토리(광고 집행 가능 영역)를 네트워크 형태로 묶어 이를 광고주에게 판매하는 서비스를 제공한다.

오답해설

① 광고주 : 광고를 게재하는 주체를 의미한다.
② 디지털 광고 대행사 : 디지털 광고에 특화된 광고 회사를 말하는 것으로 주로 광고주와 협의를 통해 광고를 기획 및 제작하는 역할을 수행한다.
③ 디지털 매체사 : 인터넷 포털로는 구글, 네이버가 있고, 소셜 미디어로는 페이스북, 인스타그램 등이 있다.

디지털광고 산업구조

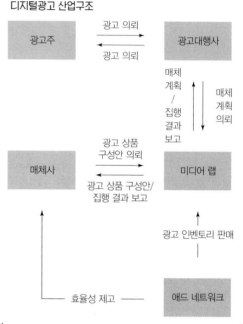

36
정답 ①

정답해설

JPEG, Java 프로그램 등 신기술 및 고급기술을 적용시킨 배너광고, 풍부(Rich)하게 만들었다는 의미에서 리치미디어 광고라고 한다. 비디오, 오디오, 사진, 애니메이션 등을 혼합한 고급 멀티미디어 형식의 광고라는 점에서, 기존의 배너광고와는 차이가 있다.

오답해설

② 검색광고 : 인터넷 검색서비스를 통해 광고주의 온라인 사이트에 대한 연결고리를 보여주는 광고, 키워드를 검색하기 때문에 키워드 광고라고도 한다.
③ 이메일 광고 : 개인 이메일을 통해서 전달되는 광고를 의미한다.
④ 제휴광고 : 자신이 운영하는 블로그에 제휴를 맺은 광고주의 광고를 노출시키는 것을 의미한다.

리치미디어 광고

• JPEG, Java 프로그램 등 신기술 및 고급기술을 적용시킨 배너광고, 풍부(Rich)하게 만들었다는 의미에서 리치

미디어 광고라고 한다.

- 비디오, 오디오, 사진, 애니메이션 등을 혼합한 고급 멀티미디어 형식의 광고라는 점에서, 기존의 배너광고와는 차이가 있다.
- 사용자가 광고 위에 마우스를 올려놓으면 이미지가 변하여 주목도, 클릭률, 기억률을 높일 수 있다는 장점이 있다.

37 정답 ①

컨텍스트 광고는 검색 광고의 한 종류로 웹페이지의 콘텐츠에 어울리게 띄워주는 광고로, 하이퍼 링크를 통한 텍스트 기반의 광고, 짧게는 20자, 길게는 50자 정도의 비교적 간단한 카피 혹은 설명으로 된 광고는 텍스트 광고이다.

Search
컨텍스트 광고
- 검색 광고의 한 종류로 웹페이지의 콘텐츠에 어울리게 띄워주는 광고, 우리말로는 맥락광고라고 한다.
- 검색광고나 이를 보완한 표적 광고 즉, 소비자의 성별, 연령, 직업과 같은 정보에 따른 맞춤형 광고 역시 맥락에 맞지 않는 면이 많아서 이를 보완하기 위해 만들어진 기법이다.
- 자신의 관심사와 연관된 내용으로 몰입도가 높은 것이 장점이다.

38 정답 ③

MMS 광고는 휴대폰 MMS를 통한 모바일 광고를 의미하며, 이미지, 동영상, 내레이션, 충분한 텍스트 등이 담긴 광고이다. SMS 광고 휴대폰 SMS를 통해 40자 안팎의 짧은 텍스트를 보내는 모바일 광고를 의미하며, 데이터베이스(DB)를 통한 타깃팅이 가능하다.

Search
MMS 광고
- 휴대폰 MMS를 통한 모바일 광고를 의미한다.
- 이미지, 동영상, 내레이션, 충분한 텍스트 등이 담긴 광고이다.

- 제한된 텍스트의 SMS와 달리 폭 넓은 광고가 가능하다.
- 비교적 수준 높은 내용이 전달되므로 스팸이 아닌 정보로 받아들여지는 장점이 있다.

39 정답 ①

배너광고는 온라인 사이트 방문자가 해당 광고 이미지를 클릭하면 광고주의 웹페이지로 연결되어 광고 내용을 보거나 이벤트 참여, 구매 등을 하게 하는 방식이다. 온라인 브랜딩 효과를 충족시킬 수 있을 뿐 아니라, 웹 사이트 트래픽 유도 역시 충족시킬 수 있다.

Search
배너광고
- 홈페이지에 띠 모양으로 만들어 부착하는 광고로써, 현수막처럼 생겨서 banner(배너)라고 한다.
- 초기에는 사각형 모양의 단순한 메뉴 형에서 시작했으나 요즘에는 동영상, 플래시 등 다양한 기법을 사용한다.
- 온라인 사이트 방문자가 해당 광고 이미지를 클릭하면 광고주의 웹페이지로 연결되어 광고 내용을 보거나 이벤트 참여, 구매 등을 하게 하는 방식이다.
- 광고 메시지를 TV CM과 같은 형태로 노출할 수 있으나, 크기에 제한이 있고 많은 정보를 한꺼번에 보여줄 수 없다는 단점이 있다.
- 디스플레이 광고의 대표 격이지만, 검색광고에 비해 클릭률은 낮은 편이다.

40 정답 ②

네이티브 광고는 콘텐츠 자체로의 가치가 충분하여 이용자에 의한 소비과정에서 거부 반응이 적다는 장점이 있다.

01 정답 고객관점 또는 고객경험 또는 고객관점 및 고객경험

정답해설

온라인 비즈니스 모델의 성공요인으로는 차별화된 콘텐츠 및 서비스, 지속적인 수익 창출, 특허, 스피드로 기회의 선점, 고객관점 및 고객경험 등이 있다. 고객관점 및 고객경험은 웹 사이트에서 잘 드러나는 것으로 판매자 및 관리자는 효율성을 따져 웹 사이트를 구성하는 것이 가장 바람직하다. 소비자 자신이 관심 있는 상품을 자동으로 추천해주고, 구매를 돕는 정보를 제공하며 빠른 구매가 이루어지도록 구성된 페이지를 선호한다.

02 정답 온라인 포털 또는 포털

정답해설

온라인 포털이란 인터넷을 사용할 때 기본적으로 거쳐 가는 웹 사이트를 말하며, 광고를 주 수익 기반으로 하지만 온라인 커머스, 유료 콘텐츠, 결제 등 다양한 수익 모델이 존재한다.

핵심 Search

온라인 포털의 특성

- 인터넷 관문의 역할을 수행한다.
- 다양한 서비스로 많은 트래픽을 유도한다.(트래픽 기반 수익 모델)

03 정답 검색엔진(또는 Search Engine, 포털, 포털사이트, 포털엔진)

정답해설

검색엔진은 인터넷에서 자료를 쉽게 찾을 수 있게 도와주는 소프트웨어로 검색 엔진은 어떤 기준을 가지고 어떤 방식으로 자료를 찾아낼 것인지 조금씩 다르기 때문에 검색 결과 역시 차이를 보인다. 우리나라의 대표적 검색 엔진으로는 '다음(Daum)', '네이버(Naver)'가 있으며, 전 세계적으로 가장 많이 사용되는 검색 엔진으로는 '구글(Google)', 가장 오래된 검색 엔진으로는 '야후(Yahoo)'가 있다.

04

정답 ① 디렉토리 검색, ② 통합 검색

정답해설

디렉토리 검색은 주제별로 분류된 메뉴를 선택하여 한 단계씩 상세한 주제로 찾아가는 방법을 말하며, 대표적인 예로 야후가 있다. 통합 검색은 웹 사이트뿐만 아니라 거의 모든 유형의 문서나 파일을 제공하는 방법을 말하며, 대표적인 예로 네이버가 있다.

05

정답 소셜 미디어

정답해설

소셜 미디어는 컴퓨터, 정보통신, 미디어의 발전된 기술을 활용하여 마케팅 효과를 낼 수 있으며, 사진, 동영상, 컴퓨터 그래픽, 미디어 등 다양한 표현 가능하다. 실시간 쌍방향 의사소통 가능, 고객과의 직접 소통이 가능하고, 기업이 없어도 개인의 블로그, 프로필, 사회 관계망 서비스를 통해 자료가 대량 확산이 가능하다. 전 세계를 대상으로 글로벌 마케팅이 가능할 뿐 아니라, 오프라인 매체 대비 저렴한 비용이 든다.

핵심 Search

소셜 미디어

사람들의 의견, 생각, 경험, 관점 등을 서로 공유하기 위해 사용하는 온라인 도구나 플랫폼을 의미한다. 이러한 소셜 미디어는 텍스트, 이미지, 오디오, 비디오 등의 다양한 형태를 가지고 있는데, 대표적으로 블로그(blog), 소셜 네트워크(Social Network), 메시지 보드(Message Board), 팟캐스트(Pod-cast), 위키스(Wikis), 비디오 블로그(Vlog) 등이 있다.

06

정답 ① 온라인 커머스, ② 디지털 콘텐츠

정답해설

온라인 커머스는 소셜 미디어와 온라인 미디어를 활용하는 전자 상거래의 일종으로, 가상의 마켓 플레이스에서 재화와 서비스를 판매하는 비즈니스 모델을 일컫는 포괄적인 개념이다. 물리적 상품과 서비스의 구매 편리성과 구매 안정성을 동시에 충족시킬 수 있다. 디지털 콘텐츠란 디지털화된 방법으로 제작, 유통, 소비될 수 있는 제품군을 의미하며, 유무선 전기 통신망에서 사용하기 위해 부호 · 문자 · 음성 · 음향 이미지 · 영상 등을 디지털 방식으로 제작, 처리, 유통하는 자료, 정보 등을 의미한다.

07

정답 프로슈머 또는 Prosumer

정답해설

프로슈머(Prosumer)란 1980년 엘빈 토플러가 〈제3의 물결〉에서 처음 사용한 용어로 생산자적 기능을 수행하는 소비자를 말한다. Producer와 Consumer의 합성어로, 소비자들이 자신들의 욕구를 충족시킬 수 있는 상품의 개발을 직접 요구하고 때로는 유통에도 직접 관여하는 소비자를 말한다.

핵심 Search

소비자 유형

- 프로슈머(Prosumer) : 소비자들이 자신들의 욕구를 충족시킬 수 있는 상품의 개발을 직접 요구하고 때로는 유통에도 직접 관여하는 소비자를 말한다.
- 세일슈머(Salesumer) : 구매뿐 아니라 제품의 마케팅, 판매 등에도 직간접적으로 참여하는 소비자를 말한다.
- 애드슈머(Adsumer) : 광고를 제작하는 과정에 직접 참여하고 여러 의견을 제시하는 소비자를 말한다.

08

정답 ① 검색 또는 Search, ② 공유 또는 Share

정답해설

덴쯔가 주창한 디지털 시대의 소비자 행동의 5단계는 '인지(Attention) → 흥미(Interest) → 검색(Search) → 구매(Action) → 공유(Share)'이고, 이를 AISAS라고 한다.

핵심 Search

소비자 행동과정

- 전통적 소비자 행동과정 : AIDMA(Attention Interest Desire Memory Action)방식
- 디지털 소비자 행동과정 : AISAS(Attention Interest Search Action Share)방식

09

정답 획득 미디어 또는 Earned Media

정답해설

획득 미디어는 제3자에 의해 창작되고 소유되어 소비자로부터 신뢰와 평판을 획득할 수 있는 모든 종류의 퍼블리시티를 의미한다. 과거에는 브랜드 인지도를 높이기 위해 신문이나 잡지와 같은 매체를 통해 정보를 전달하는 PR 활동을 의미했지만, 최근에는 트위터, 페이스북, 인스타그램, 블로그, 유튜

part **05**
연습문제 해설

브, 그리고 기타 커뮤니티 내의 모든 온라인 대화를 포함하고 있다. 고객이 남기는 후기나, 커뮤니티의 게시물, 개인 크리에이터들의 자발적 리뷰 등도 언드 미디어 영역에 속한다.

10
정답 Paid media

정답해설

Paid media는 조직이나 개인이 비용을 들여 온·오프라인 미디어 채널을 통해 메시지를 전달하고자 할 때 유료로 이용하는 미디어를 말한다.

디지털 미디어

- Paid media : 조직이나 개인이 비용을 들여 온·오프라인 미디어 채널을 통해 메시지를 전달하고자 할 때 유료로 이용하는 미디어를 말한다.
- Owned media : 자기의 회사가 보유하고 있는 커뮤니케이션 미디어를 말하며, 홈페이지, 블로그 등이 이에 포함된다.
- Earned media : 온라인, SNS상의 댓글이나 반응, 기사 보도 등으로, 온라인의 '입'으로 통하며 제3자가 스스로 정보를 발생시키기 때문에 평가 미디어라고 한다.

11
정답 표적시장 또는 Targeting

정답해설

디지털 마케팅 전략으로는 크게 세 가지 분류를 할 수 있다. 시장세분화, 표적시장, 포지셔닝 전략으로 분류를 하는데 세분시장이 확인되고 나면, 기업은 얼마나 많은 그리고 어떤 세분시장을 표적으로 할 것인지를 결정해야 한다. 이는 표적시장에 대한 설명으로 무차별적 마케팅 전략, 차별적 마케팅 전략, 집중적 마케팅 전략으로 구분할 수 있다.

디지털마케팅 전략

- 시장세분화 전략 : 기업의 마케팅 전략 구축을 위한 중요한 행위로써 전체 소비자를 선호, 취향, 문제 해결책의 유사성에 따라 몇 개의 소비자 집단으로 분류하는 것이다.
- 표적시장 전략 : 세분시장이 확인되고 나면, 기업은 얼마나 많은 그리고 어떤 세분시장을 표적으로 할 것인지를 결정해야 한다. 무차별적 마케팅 전략, 차별적 마케

팅 전략, 집중적 마케팅 전략으로 구분할 수 있다.
- 포지셔닝 전략 : 자사 제품의 큰 경쟁우위를 찾아내어 이를 선정된 목표시장의 소비자들의 마음속에 자사의 상품을 자리 잡게 하는 것을 의미한다.

12
정답 시장세분화 또는 Segmentation

정답해설

시장세분화(market segmentation)는 소비자 수요를 종합적인 것으로 취급하는 것이 아니라, 시장은 상호 유사한 몇 개의 세분(segment)으로 구성되어 있다고 생각하여 각각의 세분시장에 가장 적합한 제품을 제공하려는 것이다. 이러한 세분화의 기준에는 인구학적, 지역적, 사회적, 심리적 방법 등이 있다. 세분화의 결과는 상호간에는 이질성이 극대화되어야 하고, 세분시장 내에서는 동질성이 극대화되어야 바람직하다.

시장세분화의 이유

- 소비자의 욕구 충족 : 소비자의 니즈와 욕구를 더 세심하게 충족시킬 수 있다.
- 기업 자원의 효용성을 높임 : 효과를 키울 수 있는 시장을 우선적으로 선택하여 집중적으로 사용할 수 있다.
- 새로운 시장 기회를 발견 : 세분화하는 과정에서 예상하지 못했던 소비자 욕구를 발견할 수 있다.
- 자사 제품 간 경쟁을 막을 수 있음 : 각 세분시장별 욕구에 따라 제품의 기능과 속성을 맞춰 대응하므로 불필요한 자사 제품 간의 경쟁을 방지할 수 있다.

13
정답 Engagement 또는 참여

정답해설

디지털 마케팅 4E의 단계는 Experience(경험), Engagement(참여), Evangelist(전도), Enthusiasm(열정)로 구분한다. Engagement(참여)는 기업, 브랜드에 대해 관련성을 만들어주는 것이다. 브랜드 연상을 높이면서 소비자가 스스로 경험을 늘려갈 수 있도록 해주는 것을 의미한다.

디지털 마케팅 4E

- Experience(경험) : 브랜드에 대해 소비자에게 다양하면서 인상적인 경험을 만들어주는 것으로 주로 블로그,

페이스북 등 SNS 채널을 통해 긍정적인 체험을 할 수 있게 하는 것이다.

- Engagement(참여) : 기업, 브랜드에 대해 관련성을 만들어주는 것이다. 브랜드 연상을 높이면서 소비자가 스스로 경험을 늘려갈 수 있도록 해주는 것을 의미한다.
- Evangelist(전도) : 기업, 브랜드에 대해 호감과 충성도를 가진 고객을 브랜드 전도사라고 한다. 이때, 기업은 고객이 자발적으로 참여하는 장을 만들어주는 것이 중요하다.
- Enthusiasm(열정) : 마케터의 열정을 뜻하는 것이다.

14 　　　정답 ① 바이럴 마케팅, ② 버즈 마케팅

정답해설

바이럴 마케팅은 바이러스처럼 퍼진다는 의미에서 사용되었으며, 소비자가 마케팅 메시지를 다른 소비자들에게 퍼뜨리게 하는 마케팅을 의미한다. 버즈 마케팅은 오락이나 뉴스로 이야깃거리를 제공해 소비자가 제품을 직접 사용해보고, 자신의 SNS에 올려서 자연스럽게 구매를 유도하는 것을 의미한다.

15 　　　정답 의견 선도자 또는 인플루언서, Influencer

정답해설

인플루언서는 인스타그램 · 유튜브 · 트위터 등 SNS에서 많은 팔로워 · 구독자를 가진 사용자나 포털사이트에서 영향력이 큰 블로그를 운영하는 파워블로거 등을 통칭한다.

인플루언서 마케팅

주로 SNS상에서 영향력이 큰 사람들을 일컫는다. 인터넷이 발전하면서 소셜 미디어의 영향력이 크게 확대되었기 때문이다. 현재는 소셜 미디어를 통해 일반인들이 생산한 콘텐츠가, 브랜드 측에서 게시하는 TV광고와 유사하거나, 혹은 그 이상의 영향력을 가지게 되었다. 인플루언서들이 SNS를 통해 공유하는 특정 제품 또는 특정 브랜드에 대한 의견이나 평가는 콘텐츠를 소비하는 이용자들의 인식과 구매 결정에 커다란 영향을 끼친다. 이들은 연예인처럼 외모나 퍼포먼스로 인기를 얻지도 않음에도 불구하고, 자신들이 자체적으로 생산해내는 콘텐츠를 통해 큰 파급력을 가진다는 특징이 있다.

16 　　　정답 브랜디드 콘텐츠

정답해설

브랜디드 콘텐츠는 다양한 문화적 요소와 브랜드 광고를 결합한 콘텐츠이다. 제품 · 회사명 · 브랜드를 직접 노출하지 않지만 이를 문화 콘텐츠 속에 녹여 강력한 광고 효과를 내고 소비자의 공감과 흥미를 통해 자발적인 공유에 이르는 것이 목표이다. 소비자의 콘텐츠 선택이 유튜브나 페이스북 등 SNS를 통한 입소문에 좌우되면서 직접적인 광고보다는 문화적으로 소비할 수 있는 브랜디드 콘텐츠를 매개로 한 접근이 더욱 큰 광고 효과를 보고 있다.

17 　　　정답 디지털 미디어 랩 또는 미디어 랩

정답해설

디지털 미디어 랩은 사전효과 예측 및 매체안 등을 제시, 광고소재 송출, 노출 및 클릭 관리, 보유한 광고 솔루션을 활용해 각 매체별 트래킹을 통해 광고효과를 측정 및 비교한다. 또한, 광고주 입장에서 보면 많은 인터넷 매체사와의 접촉을 통해 광고 구매, 집행 등을 관리해주는 역할을 대행해주며 매체사 입장에서 보았을 시에는 광고 판매를 대행하고 더욱 많은 광고를 수주할 수 있는 기회를 제공한다.

광고 참여 주체

- 광고주 : 광고를 게재하는 주체를 의미한다.
- 광고 대행사 : 디지털 광고에 특화된 광고 회사를 말하는 것으로 주로 광고주와 협의를 통해 광고를 기획 및 제작하는 역할을 수행한다.
- 디지털 미디어 랩 : 사전효과 예측 및 매체안 등을 제시, 광고소재 송출, 노출 및 클릭 관리, 보유한 광고 솔루션을 활용해 각 매체별 트래킹을 통해 광고효과를 측정 및 비교한다.
- 애드 네트워크 : 매체사들의 여러 광고 인벤토리(광고 집행 가능 영역)를 네트워크 형태로 묶어 이를 광고주에게 판매하는 서비스를 제공한다.

part
05

정답 및 해설

18
정답 애드 네트워크

정답해설

AD 네트워크는 인벤토리를 구매하는 광고주와 광고를 게시하려는 매체 사이에 있는 중개자를 의미한다. 다양하고 많은 매체들의 인벤토리를 구매하여, 광고의 종류나 발생조건 등의 기준으로 카테고리화 하여 광고주에게 판매한다. AD Network로 인해 더 이상 광고주와 매체들은 광고를 게시하기 위해서 일일이 서버 연동할 필요가 없어졌고, 이전의 광고 거래 형태보다 쉽게 다양한 매체의 인벤토리에 광고를 게시할 수 있게 되었다.

19
정답 ① 배너 광고, ② 콘텍스트 광고

정답해설

배너광고는 홈페이지에 띠 모양으로 만들어 부착하는 광고로써, 현수막처럼 생겨서 배너라고 한다. 초기에는 사각형 모양의 단순한 메뉴 형에서 시작했으나 요즘에는 동영상, 플래시 등 다양한 기법을 사용한다. 광고 메시지를 TV CM과 같은 형태로 노출할 수 있으나, 크기에 제한이 있고 많은 정보를 한꺼번에 보여줄 수 없다는 단점이 있다. 콘텍스트 광고는 검색광고의 한 종류로 웹페이지의 콘텐츠에 어울리게 띄워주는 광고, 우리말로는 맥락광고라고 한다. 검색광고나 이를 보완한 표적 광고 즉, 소비자의 성별, 연령, 직업과 같은 정보에 따른 맞춤형 광고 역시 맥락에 맞지 않는 면이 많아서 이를 보완하기 위해 만들어진 기법이다. 자신의 관심사와 연관된 내용으로 몰입도가 높은 것이 장점이다.

20
정답 네이티브 광고

정답해설

네이티브 광고는 기존광고와 달리 이용자가 경험하는 콘텐츠 일부처럼 보이도록 하여 이용자의 관심을 자연스럽게 이끄는 형태의 광고를 말한다. 콘텐츠 자체로의 가치가 충분하여 이용자에 의한 소비과정에서 거부 반응이 적다는 장점이 있으며, 대표적인 예로는 인-피드 광고, 기사 맞춤형 광고, 프로모티드 리스팅 등이 있다.

핵심
Search

네이티브 광고
- 기존광고와 달리 이용자가 경험하는 콘텐츠 일부처럼 보이도록 하여 이용자의 관심을 자연스럽게 이끄는 형태의 광고를 말한다.

- 콘텐츠 자체로의 가치가 충분하여 이용자에 의한 소비과정에서 거부 반응이 적다는 장점이 있다.
- 의도적 판매 목적을 띤 광고에서 벗어나 가치 있고 매력적인 콘텐츠를 통해 이용자를 유도하고 획득한다는 부분에서 콘텐츠 마케팅의 기법으로 이해가 가능하다.
- 대표적인 예로는 인-피드 광고, 기사 맞춤형 광고, 프로모티드 리스팅 등이 있다.

빠른 정답찾기

검색광고 실무 활용

객관식 문제

01 ④	02 ③	03 ①	04 ②	05 ②
06 ②	07 ④	08 ③	09 ④	10 ④
11 ②	12 ③	13 ①	14 ②	15 ②
16 ①	17 ②	18 ④	19 ③	20 ②
21 ③	22 ③	23 ③	24 ②	25 ④
26 ①	27 ①	28 ③	29 ③	30 ①
31 ③	32 ④	33 ③	34 ④	35 ②
36 ④	37 ②	38 ①	39 ①	40 ②
41 ③	42 ③	43 ④	44 ②	45 ③
46 ②	47 ②	48 ④	49 ①	50 ②
51 ①	52 ④	53 ④	54 ④	55 ②
56 ③	57 ④	58 ④	59 ①	60 ③
61 ③	62 ③	63 ③	64 ①	65 ③
66 ①	67 ③	68 ③	69 ④	70 ②
71 ④	72 ④	73 ②	74 ③	75 ④
76 ③	77 ②	78 ②	79 ④	80 ②

01
정답 ④

정답해설

검색광고는 네이버, 카카오, 구글 등의 검색엔진을 통해 노출하는 광고를 의미하며, 검색 결과에 광고를 노출하여 잠재고객의 유입을 유도하는 광고이다. 이용자의 능동적인 검색활동을 통해 노출되며, 정확한 타기팅이 가능하다는 장점이 있다. 양질의 검색 결과를 제공하기 위해 광고의 연관도, 콘텐츠, 업종별 등록기준에 의거하여 검수의 과정을 거친다. 키워드 광고, SEM, SA, Paid search라고도 한다.

02
정답 ③

정답해설

노출 순위는 최대클릭비용 외에 광고품질에 따라 달라진다.

Search

종량제(CPC) 상품

- CPC광고는 광고를 클릭할 경우에만 과금되는 방식의 상품이다. 노출이 되어도 클릭이 되지 않으면 광고비를 지불하지 않아도 되는 상품이다.
- 다양하고 구체적인 세부키워드를 사용할수록 타깃이 명확하기 때문에 효율성이 높아진다.
- 구매 가능성이 높거나 전환가능성이 높은 클릭을 할 수 있도록 해야 한다.
- 다양한 영역에 노출 가능하며 카카오의 경우는 네이트, Bing 등 다양한 영역에 노출될 뿐만 아니라, PC 및 모바일에 다양한 매체에 노출된다. 네이버의 경우에도 다양한 업체와 파트너십을 맺고 있어 모바일 콘텐츠의 다양한 매체영역에 노출된다.

03
정답 ①

정답해설

연결 URL은 광고 클릭 시 도달되는 랜딩 페이지의 URL을 말하며, 표시 URL은 사이트 내 모든 페이지에서 공통으로 확인되는 URL을 말한다.

Search

검색광고 주요용어

- T&D : 검색결과에 노출되는 제목과 설명
- 순위지수 : 노출 순위를 결정하는 지수

- 품질지수 : 광고의 품질을 나타내는 지수
- PV : 방문자가 둘러본 페이지 수
- DT : 방문자가 사이트에 들어와서 체류한 시간
- UV : 중복되지 않은 방문자 수치로 순 방문자 수
- 연결 URL : 광고 클릭 시 도달되는 랜딩 페이지의 URL
- 표시 URL : 사이트 내 모든 페이지에서 공통으로 확인되는 URL
- KPI(Key Performance Indicators) : 수치로 표현 가능한 광고의 목표, 핵심성과지표
- CPM(Cost per mile) : 1,000회 노출당 비용. 주로 배너광고에 쓰임
- CPC(Cost per click) : 클릭이 발생할 때마다 비용을 지불하는 종량제 광고 방식
- 광고소재 : 검색 결과에 노출되는 메시지
- 확장소재 : 일반 광고소재 외 전화번호, 위치정보, 홍보문구, 추가 링크
- 세부 키워드 : 대표 키워드의 하위 개념
- 대표 키워드 : 업종을 대표하는 키워드로 검색수가 높고 경쟁이 치열함
- 시즈널 키워드 : 특정 시기나 계절에 따라 조회수와 광고 효과가 급증하는 키워드

04

정답 ②

정답해설

클릭률(CTR)은 노출수 대비 클릭수 비율을, 전환율(CVR)은 클릭수 대비 전환수 비율을 의미한다.

Search
매체노출효과
- 클릭률(CTR) : 노출수 대비 클릭수 비율
- 전환율(CVR) : 클릭수 대비 전환수 비율
- CPA(Cost Per Action) : 전환당 비용
- ROAS(Return On Ad Spend) : 광고비 대비 수익률
- ROI(Return On Investment) : 투자 대비 이익률
- 컨버전(Conversion) : 광고를 통해 사이트로 유입 후 특정 전환을 취하는 것

05

정답 ②

정답해설

시즈널키워드(SK, Seasonal Keyword)는 특정 시기나 계절에 따라 조회수와 광고효과가 급상승하는 키워드를 말한다. 예를 들어, 어린이날에는 장난감, 여름에는 에어컨 등의 키워드이다.

06

정답 ②

정답해설

CPS(Cost Per Sales)는 구매당 비용으로 '광고비÷구매건수'이고, CVR은 전환율이므로 '전환수÷클릭수'이다.

Search
광고 효과분석

용어	의미	산식
CPC	Cost Per Click	총 광고비용÷클릭수
CPS	Cost Per Sales	총 광고비용÷구매건수

07

정답 ④

정답해설

CVR은 구매전환율을 의미하는 것으로 구매건수를 클릭수로 나누어서 구한다.

08

정답 ③

정답해설

검색광고 기획 단계는 일반적으로 '환경분석 → 목표설정 → 매체전략 → 일정계획 → 예산책정'의 단계로 구분한다. 목표설정은 검색광고를 통하여 얻고자 하는 궁극적이고 구체적인 목표를 세우는 것을 말한다.

검색광고 기획 단계

- **환경분석** : 현재의 시장 분위기나 경쟁 상황 등을 분석하고, 타깃을 분석하는 것을 말한다.
- **목표설정** : 검색광고를 통하여 얻고자 하는 궁극적이고 구체적인 목표를 세우는 것을 말한다.
- **매체전략** : 목표 달성을 위한 전략으로 크게는 검색광고 상품부터 작게는 키워드와 소재 등의 전략을 말한다.
- **일정계획** : 검색광고의 노출 등을 포함한 일정에 대한 계획을 말한다.
- **예산책정** : 목표를 달성하는데 있어 필요한 만큼의 예산을 정하는 것을 말한다.

09 정답 ④

정답해설

점유율이 높다고 해서 어떤 하나의 광고매체에 집중하는 것은 바람직하지 않다. 다양한 매체에 광고를 하는 것이 효과적이다.

10 정답 ④

정답해설

'10대부터 50대까지 호감'과 같이 추상적이고 측정이 불가한 것은 광고의 목표로 적절하지 않다. 광고목표는 구체적이고 명확하며 측정가능해야 한다.

광고목표 설정

- 구체적이고 명확해야 한다.
- 측정 가능한 것이어야 한다.
- 행동 지향적이어야 한다.
- 달성 가능한 기간을 명시해야 한다.

11 정답 ②

정답해설

매출액 비율법은 현재 또는 예상되는 매출액의 일정비율을 사용하거나 아니면 제품의 판매가격의 일정 비율을 촉진예산으로 산정하는 방법을 말한다.

12 정답 ③

정답해설

목표과업법은 기업의 현재 시장 개입 수준과 앞으로의 마케팅 목표를 연관 지어 광고 예산을 결정하는 방법이다. 가장 논리적인 촉진예산 방식으로서, 자사는 촉진활동을 통하여 자사가 얻고자 하는 것이 무엇인지에 따라 예산을 책정하는 방식을 말한다. 이때 마케팅 관리자는 특정한 목표를 정의하고, 이렇게 정의한 목표를 달성키 위해 수행해야 할 과업이 무엇인지를 결정하고, 해당 과업을 수행하기 위해 필요한 비용을 산정하여 예산을 책정하는 과정을 거친다.

오답해설

① 광고-판매 반응함수법 : 과거의 데이터를 통해 판매 반응함수가 존재할 경우 이익을 극대화할 수 있는 광고예산을 편성하는 방법이다.
② 매출액 비율법 : 현재 또는 예상되는 매출액의 일정비율을 사용하거나 아니면 제품의 판매가격의 일정 비율을 촉진예산으로 산정하는 방법을 말한다. 이 방법은 기업들이 많이 사용하는 방법이다.
④ 가용예산법 : 기업들이 회사에서 충당 가능한 수준의 촉진비용을 책정하는 것을 말한다. 즉, 회사의 자금 사정상 급박한 다른 상황에 비용을 모두 예산으로 책정한 후에 나머지를 촉진비용으로 정하는 방법을 말한다.

13 정답 ①

정답해설

매체믹스는 두 가지 이상의 광고를 섞어 광고를 집행하는 것을 의미하며, 매체나 상품의 특성을 활용하여 보완하거나 시너지를 낼 수 있기 때문에 매체믹스는 검색광고 기획에 매우 중요한 단계이다. 매체믹스의 예로는 네이버, 구글, 카카오 등이 있고, 상품믹스의 예로는 브랜드검색, 파워링크, 쇼핑검색광고 등이 있다.

14
정답 ②

정답해설

네이버 검색광고는 사이트 검색 광고, 쇼핑 검색광고, 콘텐츠 검색 광고, 브랜드 검색 광고, 플레이스광고(베타), 지역소상공인 광고, 클릭 초이스 플러스, 클릭 초이스 상품 광고가 있다. 클릭 초이스 플러스, 클릭 초이스 상품 광고는 일부 업종에서만 집행이 가능한 상품광고로, 구 광고관리시스템에서 집행이 가능하다.

Search

네이버 검색광고 종류

사이트 검색 광고, 쇼핑 검색광고, 콘텐츠 검색 광고, 브랜드 검색 광고, 플레이스광고(베타), 지역소상공인 광고, 클릭 초이스 플러스, 클릭 초이스 상품 광고

15
정답 ②

정답해설

네이버 검색광고는 사이트 검색 광고, 쇼핑 검색광고, 콘텐츠 검색 광고, 브랜드 검색 광고, 플레이스광고(베타), 지역소상공인 광고, 클릭 초이스 플러스, 클릭 초이스 상품 광고가 있다.

16
정답 ①

정답해설

네이버 광고시스템은 '광고시스템'과 '구 광고관리시스템'으로 나눠져 있다. 광고관리시스템이 관리하는 광고는 사이트 검색 광고, 쇼핑 검색광고, 콘텐츠 검색 광고, 브랜드 검색 광고, 플레이스광고(베타), 지역소상공인 광고이다. 구 광고관리시스템이 관리하는 광고는 클릭초이스플러스, 클릭초이스상품광고로 일부 업종에서만 집행이 가능하다.

오답해설

② 캠페인 하루예산이란 하루 동안 해당 캠페인에서 지불할 의사가 있는 최대 비용을 말한다.

③ 예산 균등배분이란 설정한 하루 예산에 맞추어 광고 노출을 조절하는 시스템으로 해당 사항을 클릭하면 예산에 맞게 광고비 지출이 가능하다.

④ 캠페인 고급옵션에서는 캠페인의 광고 노출 기간을 설정할 수 있으며 '오늘부터 종료일 없이 계속 노출, 시작 및 종료 날짜 설정' 두 가지 중 하나를 선택할 수 있다.

Search

네이버 광고시스템

광고관리 시스템	사이트 검색 광고, 쇼핑 검색광고, 콘텐츠 검색 광고, 브랜드 검색 광고, 플레이스광고(베타), 지역소상공인 광고
구 광고관리 시스템	클릭초이스플러스, 클릭초이스상품광고 (일부 업종에서만 집행이 가능한 상품 광고)

17
정답 ②

정답해설

쇼핑검색광고 쇼핑몰 상품형은 이미지형 광고 상품으로 광고 시스템에서 네이버 쇼핑 계정을 인증하고, 쇼핑에 등록된 상품을 불러오는 방식으로 네이버 쇼핑입점이 필요하다. 지역소상공인 광고란 네이버 콘텐츠 서비스를 이용하는 내 지역 사용자에게 노출하는 배너 광고로 스마트플레이스에 등록한 업체 정보를 바탕으로 쉽고 빠르게 광고를 생성할 수 있다. 정보가 노출된 횟수만큼 광고비를 지불하는 지역 소상공인을 위한 노출 종량 상품이다.

18
정답 ④

정답해설

소재는 사용자에게 보이는 광고 요소를 말하며, 광고노출 매체별 소재 확장이 가능하다.

오답해설

① 지역소상공인 광고는 광고관리시스템에서 집행이 가능하다.

② 사업자 최대 5개, 개인의 광고주 가입은 네이버 검색광고 ID와 네이버 ID 회원가입을 통하여 2개까지 가능하다.

③ 키워드는 검색을 위해 사용하는 단어로, 키워드 확장 기능을 통해 등록 키워드 및 유의 키워드의 자동 광고 노출이 가능하다.

Search

네이버 키워드

• 검색을 위해 사용하는 단어를 말한다.

• 광고그룹 입찰가와 별도로 키워드별 입찰가 지정이 가능하다.

• 키워드 확장 기능을 통해 등록 키워드 및 유의 키워드의 자동 광고 노출이 가능하다.

19 정답 ③

정답해설

카카오의 키워드광고는 캠페인 단위에서는 비즈채널, 캠페인 이름을 설정할 수 있으며, 고급옵션을 통하여 전환추적, 추적 URL, 일예산 설정이 가능하다. 광고그룹 단위에서는 광고그룹 이름, 매체유형, 디바이스, 키워드확장, 기본입찰가, 일예산을 설정할 수 있으며, 고급옵션을 통하여 입찰가중치, 콘텐츠 매체 입찰가, 집행기간 설정이 가능하다.

카카오 키워드광고 운영시스템

구분	기본설정	고급옵션
캠페인	비즈채널, 캠페인 이름	전환추적, 추적 URL, 일예산
광고그룹	광고그룹 이름, 매체유형, 디바이스, 키워드확장, 기본입찰가, 일예산	입찰가중치, 콘텐츠 매체 입찰가, 집행기간

20 정답 ②

정답해설

키워드광고는 광고관리, 보고서, 도구, 설정으로 구분되어 있다.

카카오 키워드광고

구분	내용
광고관리	대시보드, 광고만들기
보고서	맞춤보고서
도구	비즈채널 관리, 심사서류 관리, 광고소재 관리, 키워드 플래너, 대량 관리, 이미지 관리, 픽셀&SDK 연동 관리, 광고노출 제한
설정	광고계정 관리, 광고캐시 관리, 결제카드 관리, 현금영수증 조회, 변경이력 관리

21 정답 ③

정답해설

카카오 키워드광고의 캠페인은 키워드광고이다.

카카오 캠페인

• 캠페인마다 일예산 지정이 가능하다.
• 추적기능 설정이 가능하다.
• 2개의 유형(키워드광고, 브랜드검색광고)이 존재한다.

22 정답 ③

정답해설

광고그룹은 유사한 타깃을 공유해야하므로, 여러 가지 키워드를 사용하는 것은 효과적이라고 볼 수 없다.

구글 광고그룹

• 유사한 타깃을 공유한다.
• 광고가 하나 이상 포함되어야 한다.
• 유사 광고 및 키워드를 묶는다.

23 정답 ③

정답해설

광고그룹에는 하나 이상의 광고가 포함되어야 하며 유사 광고 및 키워드를 묶는다.

구글 운영시스템

구분	내용
모든 캠페인	개요, 캠페인, 설정, 위치, 변경 내역, 실적 타깃, 캠페인 그룹
검색	
보고서	사전 정의된 보고서(측정기준), 보고서, 대시보드
도구 및 설정	결제, 설정, 측정, 일괄작업, 공유 라이브러리, 계획

24
정답 ②

정답해설

카카오 키워드광고 캠페인 설정에서 비즈채널, 일예산, 전환추적, 추적URL 설정을 하고, 브랜드검색광고 캠페인 설정에서 캠페인 이름을 설정한다.

25
정답 ④

정답해설

구글 검색광고는 캠페인 생성 단계에서 네트워크와 기기, 위치 및 언어, 입찰 및 예산, 광고확장을 설정할 수 있다. 캠페인에서 타기팅과 잠재고객 설정을 할 수 있으며, 리드, 판매, 웹 사이트 트래픽과 같은 목표 중심으로 캠페인을 생성한다.

오답해설

① 네이버 검색광고에서 키워드는 광고그룹 입찰가와 별도로 키워드별 입찰가 지정이 가능하다.
② 카카오 키워드광고의 PC검색 매체는 PC검색 포털 Daum, Nate 등 주요 포털 사이트에 노출되며 통합검색결과 최상단(프리미엄링크 영역)에 최대 10개의 광고를 노출한다.
③ 구글 검색광고는 리드, 판매, 웹 사이트 트래픽과 같은 목표 중심으로 캠페인을 생성한다.

26
정답 ①

정답해설

네이버 광고의 일부 또는 전체 제한 사이트에는 사이트 접속이 되지 않거나 완성이 되지 않은 사이트, 한글과 영어 이외의 언어로 구성된 사이트, 자체 콘텐츠가 충분하지 않은 사이트, 사용자의 동의 없이 ActiveX 컨트롤을 설치하는 사이트 등이 있다. 회원제 사이트의 경우 테스트 계정의 아이디 및 비밀번호를 함께 등록하여야 한다.

Search

광고의 일부 또는 전체 제한

- 관련 법령을 위반하는 경우
  - 통신판매업신고, 의료기관 개설신고 등 업종별 인/허가를 받지 않거나 또는 등록/신고 없이 광고하는 경우
  - 모조품 판매, 상표권 침해 등 제3자의 권리 침해가 확인되는 경우
  - 사이트 내에 성인콘텐츠가 있음에도 성인인증 등의 법령에 따른 청소년 보호조치를 취하지 않은 경우 등

- 이용자 피해를 유발하거나 광고매체 신뢰도 등을 저해할 우려가 있는 경우
  - 검수를 받은 사이트와 다른 사이트로 광고를 연결하는 경우
  - '100% 효과 보장 등' 허위/과장된 내용으로 광고하는 경우
  - 이용자의 동의 없이 Active-X 등을 설치하는 등의 방법으로 이용자의 웹서비스 이용을 방해하는 경우
- 광고품질이 심각하게 저하되는 경우
  - 사이트가 접속되지 않거나 완성되지 않은 경우
  - 등록한 사이트와 관련성이 낮은 키워드/광고소재로 광고하는 경우

27
정답 ①

정답해설

사이트 내에 성인 콘텐츠가 있는 경우 성인인증 등의 법령에 따른 청소년 보호조치를 취하면 일부 광고가 가능하지만, 유흥소 사이트(단란주점, 룸살롱, 가라오케 등) 및 해당 업소의 직업정보 제공 사이트, 성인화상채팅 및 애인대행 서비스 제공 사이트, 브랜드 제품의 정보만을 제공하는 사이트, 총포-도검-화약류 등의 판매/정보제공 사이트, 각종 프로그램이나 파일을 제공하는 등의 공개자료실 사이트 등은 네이버에서 광고를 허용하지 않는다.

28
정답 ②

정답해설

네이버는 비즈채널 검수는 업종별 등록 조건 충족이 필요하며, 비즈채널 검수 후 소재와 키워드의 검토가 진행된다.

29
정답 ③

정답해설

네이버와 카카오는 품질이 높을수록(6~7) 비용이 감소하고, 광고순위가 높아진다. 구글 역시 품질이 높을수록(9~10) 비용이 감소하고, 광고순위가 높아진다.

오답해설

① 네이버, 카카오 광고의 품질을 측정한 측정치를 품질지수라고 하며, 구글 광고의 품질을 측정한 측정치를 품질평가점수라고 한다.

② 네이버와 카카오의 경우 7단계 막대 모양으로, 최초 등록 시 네이버는 4단계, 카카오는 1단계의 품질지수를 부여 받는다.
④ 구글은 등록 시 10점 중 0점으로 시작하여 실적 데이터가 누적되면 변한다.

품질지수

네이버	7단계 막대 모양으로, 최초 등록 시 같은 키워드가 노출되고 있는 광고 평균에 근접한 값으로 4단계 품질지수를 부여 받으며, 24시간 내 품질 측정되어 품질지수가 적용된다.
카카오	7단계 막대 모양으로, 최초 등록 시에 1단계의 품질지수를 부여 받는다.
구글	품질 평가지수 키워드별로 1~10점으로 측정한다(예상클릭률, 광고관련성, 방문페이지 만족도로 결정).

30   정답 ①

정답해설

구글은 품질 평가지수를 키워드별로 1~10점으로 보고한다.

구글 품질평가점수

- 구글 광고의 품질을 측정한 측정치를 품질평가점수라고 한다.
- 품질이 높을수록(9~10) 비용이 감소하고, 광고순위가 높아진다.
- 품질 평가지수 키워드별로 1~10점으로 측정한다(예상클릭률, 광고관련성, 방문페이지 만족도로 결정).
- 등록 시 10점 중 0점으로 시작하여 실적 데이터가 누적되면 변한다.

31   정답 ③

정답해설

콘텐츠검색광고는 이용자에게 신뢰성 있는 정보를 제공하고, 광고주에게는 효과적인 브랜딩 기회와 전환 성과를 제공하는 콘텐츠 마케팅 상품이다. 브랜드 키워드 또는 브랜드와 관련

성 높은 키워드를 검색할 경우, 해당 브랜드의 내용을 다양한 이미지와 함께 통합검색 결과의 최상단에 노출하는 콘텐츠 검색형 광고 상품은 브랜드 검색이다.

네이버 검색광고 상품

사이트 검색광고 (파워링크 유형)	네이버 통합검색 및 네이버 내/외부 페이지의 검색 결과에 노출되는 검색광고 상품이다.
쇼핑검색광고 (쇼핑검색 유형)	광고 노출영역을 네이버 쇼핑으로 확장하고, 구매자에게는 추가 혜택을 제공하는 상품 단위의 이미지형 검색광고 상품이다.
콘텐츠검색광고 (파워콘텐츠 유형)	이용자에게 신뢰성 있는 정보를 제공하고, 광고주에게는 효과적인 브랜딩 기회와 전환 성과를 제공하는 콘텐츠 마케팅 상품이다.
브랜드 검색 (CPM)	브랜드 키워드 또는 브랜드와 관련성 높은 키워드를 검색할 경우, 해당 브랜드의 내용을 다양한 이미지와 함께 통합검색 결과의 최상단에 노출하는 콘텐츠 검색형 광고 상품이다.
지역소상공인 광고 (플레이스 유형)	네이버 콘텐츠 서비스를 이용하는 내 지역 사용자에게 노출하는 배너 광고이다.
플레이스광고 (베타)	네이버에서 원하는 장소를 찾는 이용자에게 나의 가게를 적극적으로 알릴 수 있는 네이티브 형태의 검색광고이다.
클릭초이스 플러스	업종별로 모바일에 최적화된 광고 UI를 제공하는 광고 상품이다.
클릭초이스 상품광고	사이트가 아닌 상품 단위로 광고하는 광고상품이다.

32   정답 ④

정답해설

네이버 PC 검색 결과 상단 VIEW, 지식iN, 동영상, 통합검색 2페이지를 클릭하면 우측 상단 파워링크 영역에 최대 5개 광고가 노출된다. '더보기' 클릭시, 한 페이지당 최대 25개까지 광고가 노출된다(광고 집행기간 표시).

part
05
정답 및 해설

사이트 검색광고 '네이버 통합검색'의 노출영역

- 파워링크는 최대 10개, 비즈사이트는 최대 5개까지 노출된다.
- 많이 찾지 않는 일부 키워드는 파워링크는 최대 3개까지만 노출이 가능하며, 비즈사이트는 제외될 수 있다.
- 모바일 네이버 통합 검색 1페이지에는 질의 별로 최대 3개~5개의 광고가 노출되고, 2페이지~5페이지에는 최대 3개의 광고가 노출된다.

---

33 정답 ③

정답해설

네이버의 콘텐츠 파트너 사이트로는 KBS, 뿜뿜, 조선닷컴, 동아닷컴, 알바천국, iMBC, 중앙일보, 클리앙, 한경닷컴, 경향신문, 일간스포츠, 부동산써브가 있다.

---

34 정답 ④

정답해설

네이버 쇼핑 검색광고는 광고주가 상품 단위로 적용한 '입찰가'와 이용자가 검색한 키워드와 상품의 '연관도'에 의해 광고 순위가 결정되고, 클릭당 과금이 발생되는 종량제(CPC) 상품이다.

쇼핑 검색광고

쇼핑몰 상품형	쇼핑몰(판매처)이 직접 판매중인 상품을 홍보하는 이미지형 광고 상품으로, 키워드를 선택할 필요 없이, 이미 네이버 쇼핑에 노출되고 있는 상품을 쇼핑 상위 영역에 노출하는 광고이다.
제품 카탈로그형	제조사 및 브랜드사가 네이버 쇼핑에 구축된 제품 카탈로그를 홍보하는 이미지형 광고 상품이다.
쇼핑 브랜드형	브랜드사가 공식몰을 통해 브랜드와 제품 라인업을 홍보하는 브랜드 전용 광고 상품으로, 네이버쇼핑 브랜드패키지에 가입된 브랜드사가 집행 가능하다.

---

35 정답 ②

정답해설

쇼핑몰 상품형은 네이버 통합검색 PC/모바일 결과 '네이버쇼핑' 영역 상단에 2개가 기본으로 노출되며, 네이버 쇼핑검색 PC/모바일 결과 페이지의 '상품리스트' 영역 상단 및 중간에 광고가 3개씩 기본으로 노출된다. 키워드 및 노출유형에 따라 광고개수는 변화할 수 있다.

쇼핑 검색광고의 쇼핑몰 상품형

구분	내용
광고 대상	패션의류, 패션잡화, 식품, 출산/육아, 가구/인테리어, 스포츠/레저, 화장품/미용, 생활/건강, 디지털 가전(악세사리류)
노출 영역	• 네이버 쇼핑검색(PC/모바일) 결과 페이지의 '상품리스트' 영역 상단 및 중간에 광고가 3개씩 기본으로 노출되며, 키워드 및 노출유형에 따라 광고개수는 변할 수 있다. • 네이버 통합검색 (PC/모바일) 결과 '네이버쇼핑' 영역 상단에 2개가 기본으로 노출되며, 키워드 및 노출유형에 따라 광고개수는 변할 수 있다. • 광고 UI는 상품형, 키워드형, 조합형 등 다양한 형태로 노출되며 이용자 반응에 따라 추후 변경될 수 있다. • 광고시스템에서 콘텐츠 매체 노출 설정을 별도로 할 수 있으며, 전용 입찰가를 입력하거나 입찰가 가중치를 설정할 수 있다.

---

36 정답 ④

정답해설

줌(zum) PC/모바일 통합검색 결과에 노출되는 파워콘텐츠 영역 광고는 최대 3개까지 노출되며, 노출 여부는 그룹 전략에서 설정 가능하다. 광고 더보기 영역은 통합검색 결과 화면에 노출된 광고 외에 더 많은 광고 정보를 보기 원하는 검색 사용자가 찾는 페이지로, 검색 키워드에 노출이 가능한 광고가 모두 노출된다.

콘텐츠검색광고 '네이버 통합검색'의 노출영역

- 네이버 PC/모바일 통합검색 VIEW 영역에서 최대 2개

까지 광고가 노출되며, 노출 여부는 그룹 전략에서 설정 가능하다.

- 통합검색 결과 화면에 노출되지 못한 파워콘텐츠 광고는 VIEW 탭 검색 영역을 통해 노출된다.

37 정답 ②

정답해설

브랜드 검색(CPM)은 이용자가 브랜드 키워드 검색 시, 통합검색 결과 상단에 브랜드와 관련된 최신 콘텐츠를 텍스트, 이미지, 동영상 등을 이용하여 노출하는 상품으로 선지불 정액제 상품이다. 노출수나 클릭수의 제한이 없으며, 광고비는 최소 50만 원이며, 상품 유형, 광고 노출 기간(최소 7일~최대 90일), 광고 가능한 키워드의 기간 조회수(최근 30일 조회수) 합계에 따라 산정된다.

38 정답 ①

정답해설

지역소상공인광고는 네이버 콘텐츠 서비스를 이용하는 내 지역 사용자에게 노출하는 배너 광고로, 스마트플레이스에 등록한 업체 정보를 바탕으로 쉽고 빠르게 광고를 생성할 수 있다. 오프라인 가게를 알리고 싶은 지역 소상공인이 쉽게 집행할 수 있는 광고 상품이다.

39 정답 ①

정답해설

클릭초이스플러스는 네이버 모바일(m.naver.com) 통합검색 결과에 노출되는 모바일 검색광고 상품으로, 모바일에 최적화된 업체 광고 UI를 제공한다는 것이 특징이다. 네이버 모바일 통합검색 페이지의 해당 업종 영역에 최대 5개 노출되고 '더보기' 링크를 통해 추가 노출되며, 광고주의 업체로 연결되는 클릭영역(전화 걸기, 홈페이지, 가격표 등)은 클릭당 과금으로, 그 외 영역은 과금되지 않는다.

클릭초이스플러스 특징

- 모바일 환경에 최적화된 광고 UI : 클릭하기 쉬운 전화 걸기 버튼, 한눈에 알아보기 좋은 부가정보 아이콘 등 작은 모바일 환경에서 확인하기 좋은 UI를 제공한다.
- 미리보기 화면 제공 : 기본정보+지도보기 화면으로 보

다 많은 정보를 제공한다. 모바일 환경에 맞게 좌우 클릭 이동이 가능하여 이용자가 자연스럽고 편하게 광고를 확인할 수 있다.

- 업종에 맞춤화된 광고 UI : 업종별로 필요한 정보를 효과적으로 제공할 수 있도록 테스트를 거쳐 만들어진 업종별 맞춤형 UI를 제공한다.

40 정답 ②

정답해설

클릭초이스상품광고는 패션의류, 패션잡화, 쥬얼리 관련 카테고리의 상품 대상으로 광고가 가능하다. 상품을 등록할 때 카테고리를 잘 설정하여 등록하면 더욱 효과가 좋은 키워드를 추천받을 수 있다. 클릭초이스상품광고는 가로, 세로 플리킹 등의 화면을 지원함과 동시에 사용자들이 다양한 이미지를 직접 확인하면서 상품을 탐색하도록 해줌으로써 모바일 사용자들에게 최적화된 서비스를 제공한다.

클릭초이스상품광고 구성

- 통합검색/더 보기 화면 : 기본 이미지, 가격 정보
- 미리보기 화면 : 업체명, 네이버 페이/톡톡 여부, 상품 이미지(최대 4장), 상품명, 상세보기 버튼
- 몰 홈 화면 : 업체 대표 이미지, 업체명, 업체 홍보문구, 상품 이미지, 상품명, 상품 가격

41 정답 ③

정답해설

경쟁 강도가 높은 키워드의 경우 네이버 통합검색 지면에 한해 입력한 '광고 입찰가'와 키워드와 업체 정보의 '연관도'에 의해 광고 순위가 결정된다.

플레이스광고(베타)

노출영역	내용
네이버 통합검색	네이버 통합검색(PC/모바일)결과 플레이스 영역 상단에 2개 노출되며 키워드 및 노출유형에 따라 광고개수는 변할 수 있다.

플레이스 서비스/ 네이버 지도	플레이스 서비스, 네이버 지도(앱/웹) 검색 결과 목록 내 최대 4개 노출되며 키워드 및 노출유형에 따라 광고개수는 변할 수 있다.

42 정답 ③

정답해설

네이버는 캠페인 내의 광고그룹을 복사할 수 있다.

43 정답 ④

정답해설

브랜드광고는 노출 영역, 소재 형태, 구간별 쿼리수에 따라 비용이 달라진다. 쿼리수는 [광고그룹 생성>키워드 설정] 단계에서 등록된 키워드 수의 전월 검색수가 기준이 된다.

44 정답 ②

정답해설

프리미엄링크는 PC검색 포털의 경우 Daum, Nate 등 주요 포털 사이트에 노출되며 통합검색결과 최상단에 광고를 노출하며, 수요가 많은 키워드는 와이드링크 영역으로 최대 5개까지 추가로 노출된다. 모바일 인터넷의 경우 Daum, Nate, Bing 등의 제휴된 모바일 웹 및 앱에서 모바일 검색 결과, 프리미엄링크 영역에 최대 6개까지 노출된다.

45 정답 ③

정답해설

확장소재는 키워드광고의 기본 소재에 이미지, 가격 등을 추가로 노출하며, Daum 모바일 앱/웹, PC 검색결과와 카카오톡 #(샵)탭 등에 노출된다. 말머리형 확장소재는 할인, 이벤트 등 말머리 형태의 소재로 차별화된 브랜드 정보를 제공할 수 있다. 제목문구 아래 설명 형태로 부가적인 마케팅 메시지를 전달할 수 있는 확장소재는 추가제목형 확장소재이다.

카카오 확장소재 유형

유형	내용
추가 제목형	제목문구 아래 설명 형태로 부가적인 마케팅 메시지를 전달할 수 있다.
부가 링크형	주요 상품 또는 핵심 페이지 경로를 부가링크 형태로 제공해 잠재고객의 즉각적 유입을 유도할 수 있다.
가격 테이블형	사이트 진입 전 주요 상품의 가격정보를 제시해 구매 가능성이 있는 사용자의 유입을 높일 수 있다.
썸네일 이미지형	이미지 형태의 소재를 추가로 노출해 시각적 주목도를 높이고, 클릭률 향상을 기대할 수 있다.
멀티 썸네일형	3개의 이미지를 노출해 상품과 서비스 정보를 시각적으로 더욱 풍부하게 전달할 수 있다.
말머리형	할인, 이벤트 등 말머리 형태의 소재로 차별화된 브랜드 정보를 제공할 수 있다.
계산하기형	보험/대출 업종에 한해 계산하기 버튼을 제공해 주는 형태로, 보험료/한도/이자 등을 바로 확인할 수 있는 페이지로 연결한다.
톡채널형	카카오톡 채널 연결 시 사용자에게 지속적인 마케팅 메시지를 제공할 수 있는 채널 구독을 유도할 수 있다.

46 정답 ②

정답해설

카카오 키워드광고의 광고그룹은 캠페인당 1,000개까지 등록이 가능하다.

카카오 키워드광고 등록

유형	등록 가능 개수
캠페인	광고계정 당 최대 1,000개
광고그룹	캠페인 당 1,000개
키워드	광고그룹 당 1,000개

소재	광고그룹 당 20개

47　　　　　　　　　　　　　　　　정답 ②

정답해설

브랜드검색광고는 브랜드에 대한 '정보탐색'의 목적이 있는
유저에게 이미지/동영상/텍스트 등을 이용하여 브랜딩할 수
있으며, 카카오톡 채널 영역 등을 이용하여 보다 다양하고,
효과적으로 구성할 수 있다.

카카오 브랜드검색광고

노출영역	내용
PC 브랜드 검색 광고	브랜드 키워드 검색 시 Daum 통합검색 결과 최상단에 노출되는 정보성 콘텐츠 상품으로, 브랜드에 대한 '정보탐색'의 목적이 있는 오디언스에게 이미지/동영상/텍스트 등을 이용하여 브랜딩 할 수 있는 상품이다.
모바일 브랜드 검색 광고	모바일 브랜드검색을 통해 모바일 인터렉션을 만들 수 있고, 모바일 액션까지 가능하다.

48　　　　　　　　　　　　　　　　정답 ④

정답해설

회원제 사이트를 등록할 경우 심사단계에서 ID와 패스워드가
필요하다.

카카오 키워드광고 비즈채널 등록 기본 기준

- 사이트는 완성된 홈페이지여야 하며, 사용자 환경과 무
  관하게 항상 접속이 가능해야 한다. 수정중인 사이트나
  일부 메뉴가 활성화되지 않은 사이트는 광고할 수 없다.
- 충분한 자체 콘텐츠를 가진 사이트만 광고를 진행할 수
  있으며, 콘텐츠가 충분하지 않을 경우 광고 집행이 제
  한 될 수 있다.
- 사이트 내 연결화면에는 광고 소재의 의미를 나타내는
  명확하고 실질적인 내용이 포함되어야 한다.
- 연결화면과 광고 소재에 관한 콘텐츠를 충분히 제공하
  더라도, 사이트에서 제공하는 다른 상품 또는 서비스가

'카카오광고 심사정책'에 위반되면 광고 게재 및 가입
이 제한될 수 있다.
- 상호명, 주소, 연락처 등과 같이 소비자들이 공신력을
  인정할 수 있는 내용을 표시하여야 한다. 그 밖에 관련
  등록기관이 있는 경우에는 등록번호를 함께 표시해야
  한다.
- 성인을 대상으로 하는 업종, 콘텐츠 등을 제공하는 사
  이트의 경우 [청소년 보호법]에 의해 청소년 접근제한
  조치가 있어야 한다. (단, 카카오 개별 서비스의 운영원
  칙/이용약관에 따라 해당 조치가 존재할지라도 광고집
  행이 불가할 수 있다.)
- 대다수의 사용자가 이해할 수 있는 수준의 적절한 단어
  와 문장을 사용하여야 한다.
- 회원제로 운영되는 사이트를 등록할 경우에는 심사용
  ID와 Password 제공이 필요하다.

49　　　　　　　　　　　　　　　　정답 ①

정답해설

구글 검색광고 상품의 광고 게재 순위는 최대 CPC 입찰가와
품질평가점수에 따라 결정된다. 클릭이 일어난 횟수에 따라
비용을 지불하는 CPC 방식으로 검색 후 사용자가 링크를 클
릭하였을 시 과금된다.

구글 검색광고 게재 영역

게재영역	내용
검색 네트워크	키워드와 관련된 용어 검색 시, 구글 검색 결과 옆 및 구글 사이트에 게재한다.
디스플레이 네트워크	관련성이 높은 고객이 인터넷에서 사이트, 동영상, 앱을 탐색할 때 광고를 게재하여 도달 범위를 넓힐 수 있다.

50　　　　　　　　　　　　　　　　정답 ②

정답해설

사용자설정에서 캠페인 유형, 상태, 기간, 하루예산, 예산분
배, 광고 그룹 수, 키워드 수 등의 일반정보, 노출수, 클릭수,
클릭률, 평균클릭비용, 총비용, 전환수, 전환율, 전환매출액,
광고수익률, 전환당 비용, 동영상 조회수 등의 성과지표, 캠페
인 ID, 등록 시작, 수정시작 등의 기타를 선택할 수 있다.

네이버 캠페인 설정

기본 설정	캠페인 on/off, 상태, 캠페인 이름, 캠페인 유형, 노출수, 클릭수, 평균 클릭비용, 총비용
사용자 설정	• 일반정보(캠페인 유형, 상태, 기간, 하루예산, 예산분배, 광고 그룹 수, 키워드 수) • 성과지표(노출수, 클릭수, 클릭률, 평균클릭비용, 총비용, 전환수, 전환율, 전환매출액, 광고수익률, 전환당 비용, 동영상 조회수) • 기타(캠페인 ID, 등록 시작, 수정시작)

51
정답 ①

정답해설

네이버는 "모든 캠페인"에서 등록한 캠페인 현황을 제공한다.

자동 규칙

캠페인, 광고 그룹 등의 대상에 입력된 조건 달성 시 알림, OFF, 입찰가 변경 등의 작업을 수행해 준다.

52
정답 ④

정답해설

대시보드에서는 광고계정에서 운영 중인 캠페인, 광고그룹, 키워드, 소재의 노출수/클릭수/비용/클릭률 지표를 그래프로 확인할 수 있다.

53
정답 ④

정답해설

입찰통계에서 노출 점유율, 노출 점유율, 높은 게재순위 비율, 페이지 상단 게재율, 페이지 상단 게재율(절대값), 경쟁 광고보다 높은 순위를 얻은 노출 비율 등의 6가지 통계가 표시된다.

입찰통계

노출 점유율	광고주가 참가한 입찰에서 실제로 얼마나 노출이 발생했는지 보여주는 비율
중복율	광고주의 광고가 노출될 때 또 다른 광고주의 광고에는 얼마나 자주 노출이 발생했는지를 보여주는 빈도
높은 게재순위 비율	동시에 노출이 발생했을 때 다른 광고주의 광고가 자신의 광고보다 더 높은 순위에 게재되는 빈도
페이지 상단 게재율	광고주의 광고가 검색 결과의 페이지 상단에 게재되는 빈도
페이지 상단 게재율(절대값)	검색 절대 상단 노출수 비율, 노출수 중에서 자연 검색 결과 위에 첫 번째 광고로 게재되는 비율
경쟁 광고보다 높은 순위를 얻은 노출 비율	입찰에서 다른 광고주의 광고에 비해 얼마나 자주 더 높은 순위로 게재되는지, 또는 다른 광고주의 광고가 게재되지 않을 때 자신의 광고만 게재되는 빈도

54
정답 ④

정답해설

페이지 상단 게재율은 광고주의 광고가 검색 결과의 페이지 상단에 게재되는 빈도를 말하며, 페이지 상단 게재율(절대값)은 검색 절대 상단 노출수 비율, 노출수 중에서 자연 검색 결과 위에 첫 번째 광고로 게재되는 비율을 말한다. 입찰에서 다른 광고주의 광고에 비해 얼마나 자주 더 높은 순위로 게재되는지, 또는 다른 광고주의 광고가 게재되지 않을 때 자신의 광고만 게재되는 빈도를 표시하는 통계는 경쟁 광고보다 높은 순위를 얻은 노출 비율이다.

55
정답 ②

정답해설

개별 그룹에서 입찰가 변경, 매체 변경, 예산 변경, PC 및 모바일 입찰가중치 변경, 소재 노출 방식 변경, 다른 캠페인으로 복사, 삭제 등이 가능하다. "다른 캠페인으로 복사"의 경우 키워드의 품질지수는 복사되지 않고, 복사 후 광고 성과에 따라 재산정된다.

56 정답 ③

정답해설

'중지 : 광고 그룹 예산 도달'은 설정한 그룹 하루 예산 초과로 중지된 상태이며, 상위 캠페인 하루 예산 초과인 경우 '중지 : 캠페인 예산 도달'의 상태이다.

Search

광고 그룹 상태확인

광고 그룹 상태	설명
중지 : 비즈채널 검토 중	비즈채널 검토 전 또는 검토가 진행 중인 상태
중지 : 비즈채널 노출 제한	광고가이드에 부합하지 않아 노출에 제한된 상태
중지 : 광고 그룹 OFF	광고 그룹 OFF 상태
중지 : 광고 그룹 예산 도달	설정한 그룹 하루 예산 초과로 중지된 상태
중지 : 캠페인 OFF	상위 캠페인 OFF 상태
중지 : 캠페인 기간 외	상위 캠페인 광고노출 기간 종료
중지 : 캠페인 예산 도달	상위 캠페인 하루 예산 초과
일부 노출 가능 : PC	PC 매체만 노출 가능한 상태
일부 노출 가능 : 모바일	모바일 매체만 노출 가능한 상태
노출 가능	광고노출 가능한 상태

57 정답 ④

정답해설

광고 그룹의 상태가 노출 가능이라는 것은 광고노출이 가능한 상태라는 것을 의미한다.

오답해설

① 노출 제한은 사이트 검토 결과, 등록 기준에 부합되지 않아 사이트 노출이 제한된 상태이다. 이 때에는 사이트 삭제가 아닌 등록 기준에 대해 검토해야 한다.
② 캠페인 예산도달 상태의 경우에 캠페인 목록에서 해당 캠페인을 선택한 뒤 예산 변경을 클릭한다.
③ 캠페인 기간 외의 경우 캠페인 종료날짜를 재설정한다.

58 정답 ④

정답해설

기본입찰가와 일예산을 설정하고, 고급옵션에서 입찰가중치, 집행기간과 요일/시간을 설정할 수 있다. 하나의 광고그룹에 검색 매체 입찰가/콘텐츠 매체 입찰가를 다르게 설정할 수 있다.

Search

카카오 그룹설정

입찰가중치	기본입찰가에 대한 가중치를 노출 디바이스별로 설정 할 수 있으며, 최소 10% ~ 최대 500%까지 1% 단위로 설정 가능하다.
콘텐츠 매체 입찰가	광고그룹 내 콘텐츠 매체 전용 입찰가 설정이 가능하다.
집행기간	집행을 원하시는 일자 및 시간대를 선택할 수 있다.

59 정답 ①

정답해설

광고 그룹에서 캠페인과 같은 형태의 성과 그래프가 제공된다. 이를 통해 조회 기간 동안의 성과를 알 수 있다.

Search

구글 그룹 관리

- 그룹 목록에서 광고 그룹 이름, 상태, 타겟 CPA, 전환수, 전환당 비용, 광고그룹 유형, 클릭수, 노출수, 클릭률, 평균 CPC, 비용, 전환율을 확인할 수 있다.
- 개별 그룹에서 복사, 잘라내기, 붙여넣기, 사용설정, 일시정지, 삭제가 가능하며, 광고 로테이션 변경, 추적 템플릿 변경, 맞춤 매개변수 변경, 타겟팅 확장 설정 변경, 자동 규칙 만들기가 가능하다.

60 정답 ③

정답해설

구글은 그룹 설정에서 광고 효력을 제공한다. 광고효력이란 광고 조합의 관련성과 다양성을 보여주는 지표로, 더 관련성 높고 독창적인 콘텐츠를 사용하면 고객에게 적합한 광고를

part
05
정답 및 해설

게재하고 광고 실적을 개선하는 데 도움이 된다. 측정항목은 '미완료'부터 '매우 좋음'까지 평가를 사용해 광고 문구의 관련성, 품질, 다양성을 측정한다.

구글 광고효력 사항
- 광고 제목을 추가하세요.
- 광고 제목에 인기 키워드를 포함하세요.
- 나만의 차별화된 광고 제목을 설정하세요.
- 나만의 차별화된 설명을 입력하세요.

61

정답 ③

정답해설

네이버는 최소 노출 입찰가, 중간 입찰가, ○○위 평균 입찰가를 제공한다. 구글은 키워드 선택 후 최대 CPC 입찰가 변경이 가능하고, 목표를 달성하기 위하여 자동으로 입찰가를 설정할 수 있으며, 캠페인 유형에 맞춘 여러 입찰 전략을 제공한다.

네이버 입찰가

최소 노출 입찰가	최근 4주간 검색을 통해 노출된 광고 중에서 최하위에 노출되었던 광고의 입찰가 중 가장 큰 값
중간 입찰가	최근 4주간 검색을 통해 노출된 모든 광고의 입찰가를 큰 순서대로 나열했을 때 중간의 값
○○위 평균 입찰가	최근 4주간 해당 순위에 노출되었던 입찰가의 평균 값

62

정답 ③

정답해설

전환수 최대화는 예산 내에서 최대한 많은 전환이 발생하도록 Google Ads에서 입찰가를 자동으로 설정하는 것이다. 예산 내에서 전환 가치를 최대한 높이도록 Google Ads에서 입찰가를 자동으로 설정하는 것은 전환 가치 극대화 기능이다.

구글 자동입찰 기능

타깃 CPA	설정한 타깃 전환당 비용 수준에서 전환수를 최대한 늘릴 수 있도록 Google Ads에서 입찰가를 자동으로 설정
타깃 광고 투자수익 ROAS	설정한 타깃 ROAS 내에서 전환 가치를 최대한 높일 수 있도록 Google Ads에서 입찰가를 자동으로 설정
클릭수 최대화	예산 내에서 클릭수를 최대한 높일 수 있도록 Google Ads에서 입찰가를 자동으로 설정
전환수 최대화	예산 내에서 최대한 많은 전환이 발생하도록 Google Ads에서 입찰가를 자동으로 설정
전환 가치 극대화	예산 내에서 전환 가치를 최대한 높이도록 Google Ads에서 입찰가를 자동으로 설정
타깃 노출 점유율	선택한 검색 페이지 영역에 내 광고가 게재될 가능성이 높아지도록 Google Ads에서 입찰가를 자동으로 설정

63

정답 ③

정답해설

대표 키워드는 업종을 대표하는 키워드로 잠재고객들이 쉽게 검색하여 광고를 많이 노출시킬 수 있는 장점이 있으나, 광고주 간 경쟁으로 클릭당 비용이 높고, 지출이 높을 수 있다는 단점이 있다.

대표키워드와 세부키워드

구분	내용
대표 키워드	업종을 대표하는 키워드로 잠재고객들이 쉽게 검색하여 광고를 많이 노출시킬 수 있는 장점이 있으나, 클릭당 비용이 높고, 지출이 높을 수 있다는 단점이 있다.
세부 키워드	수식어나 지역명 등의 수식어를 포함한 키워드로, 저렴한 입찰가로 광고를 노출시킬 수 있다는 장점이 있으나 검색 수는 낮다는 단점이 있다.

64 정답 ①

정답해설

잠재고객들이 쉽게 검색하여 광고를 많이 노출시킬 수 있는 것은 대표 키워드이며, 세부 키워드는 검색 수는 낮지만 저렴한 입찰가로 광고 노출시킬 수 있는 것이다.

65 정답 ③

정답해설

네이버와 카카오는 광고그룹 단위에서 확장 기능으로 사용이 가능하며, 광고 노출을 원하지 않는 키워드는 제외 키워드 등록을 통해 노출을 제한할 수 있다.

66 정답 ①

정답해설

네이버는 키워드를 이동할 수 없으나 복사는 가능하다. 단, 품질지수는 복사되지 않고, 복사 후 광고 성과에 따라 재산정된다.

키워드 복사

구분	복사
네이버	○ (품질지수는 복사되지 않는다.)
카카오	○ (키워드 입찰가와 랜딩 URL까지 복사할 수 있다.)
구글	○ (입찰가와 최종 URL까지 복사할 수 있다.)

67 정답 ③

정답해설

구글은 광고 순환게재를 선택할 수 있으며, 광고 그룹당 텍스트 광고는 50개까지 등록이 가능하다.

매체별 소재 관리

네이버	성과기반 노출, 동일 비중 노출 (광고 그룹당 5개까지 등록 가능)
카카오	이미지, 가격 등 추가 노출 (광고 그룹당 20개까지 등록 가능)
구글	광고 순환게재 (광고 그룹당 텍스트 광고 50개까지 등록 가능)

68 정답 ③

정답해설

키워드 삽입은 제목에는 1회, 설명에는 2회만 사용할 수 있으며, 키워드 삽입 시 대체 키워드를 필수로 입력해야 한다. 대체 키워드는 키워드 삽입 시 소재 전체 글자수가 초과 또는 미달의 경우 노출되는 키워드로, 검색 키워드를 대신해서 노출되는 단어로 광고그룹에 등록한 키워드를 대표하는 단어를 사용하는 것이 좋다.

키워드 삽입

네이버	{키워드 : 대체 키워드}
카카오	〈키워드 : 대체 키워드〉
구글	{KeyWord : 대체 키워드}

69 정답 ④

정답해설

구글은 사업장에서 구매하도록 유도하기 위하여 콜 아웃 광고 확장, 위치 광고 확장, 제휴사 위치 광고 확장 등의 광고확장을 하고, 고객 문의를 유도하기 위하여 전화번호 광고 확장, 메시지 광고 확장 등의 광고확장을 한다.

part
05
정답 및 해설

핵심 Search

구글의 광고 확장 유형

목표	광고 확장 유형
사업장에서 구매하도록 유도	콜 아웃 광고 확장, 위치 광고 확장, 제휴사 위치 광고 확장
고객 문의 유도	전화번호 광고 확장, 메시시 꽝고 확장
웹 사이트에서 고객 전환 유도	사이트 링크 광고 확장, 콜 아웃 광고 확장, 구조화된 스니펫 광고 확장, 가격 광고 확장
앱 다운로드 유도	앱 광고 확장

70 정답 ②

정답해설

네이버는 성과기반 노출과 동일 비중 노출 중에서 선택할 수 있으며, 광고 그룹당 5개까지 등록이 가능하다. 카카오는 광고 그룹당 20개까지 등록이 가능하다. 구글은 광고 순환게재를 선택할 수 있으며, 광고 그룹당 텍스트 광고 50개까지 등록이 가능하다.

71 정답 ④

정답해설

표시 URL은 광고소재에서의 URL로, 사이트 내 모든 페이지에서 공통으로 확인되는 URL이다. 즉, 최상위 도메인을 말한다. 연결 URL은 광고소재에서의 URL로, 광고를 클릭 했을 때 도달하는 페이지의 URL이다. 즉, 랜딩페이지의 URL을 말하고, 네이버와 구글은 키워드와 소재에 연결 URL을 설정할 수 있다.

72 정답 ④

정답해설

연결 URL은 표시 URL 사이트 내 페이지여야 한다.

73 정답 ②

정답해설

효과적인 광고 소재의 작성을 위해서는 사용자의 요구 및 혜택 등에 초점을 맞춘 광고 메시지를 작성한다. 구체적인 클릭유도 문안을 사용하는 것이 좋으며 이벤트 진행 중인 경우 마감시한을 넣으면 더더욱 효과가 높다. 사용자에게 뻔한 질문을 하지 말고 직접적이 답을 주는 것이 더욱 효과적이며 사용자가 찾는 정보가 있음을 강조해서 보여줘야 한다. 직접 대응하는 표현을 통해 사용자가 찾는 것을 보유하고 있음을 알려야 한다. 광고 소재를 복수로 등록해 실적이 우수한 소재를 지속적으로 발굴해야 한다. 광고 소재에 최상급 표현, 불법의 소지가 있는 단어, 비속어, 선정적 표현, 입증되지 않은 수상 내역, 의미 없이 과도하게 사용된 특수 문자는 사용이 불가능하다.

74 정답 ③

정답해설

소재는 가이드에 맞게 작성되어야 하며 등록하고자 하는 소재가 가이드에 맞지 않는 경우 광고 노출이 제한될 수 있다.

75 정답 ④

정답해설

웹 사이트의 채널 정보에 노출되는 이미지는 비즈채널 등록 시에 자동으로 캡처되어 수집되며 이후 일정 주기로 자동으로 캡처된다. 해당 이미지는 광고 더 보기 영역, 쇼핑몰 키워드 검색결과의 미리보기 등에서 사용된다. 쇼핑검색광고를 집행하기 위해서는 쇼핑몰 채널을 추가해야 한다. 파워콘텐츠 광고를 집행하기 위해서는 콘텐츠 채널을 추가해야 하며, 콘텐츠, 비즈채널은 포스트, 블로그, 카페만 가능하다. 비즈채널은 모든 유형을 합쳐 계정당 총 1,000개까지 추가 가능하다. 단, 전화번호 유형 중 통화추적번호는 최대 50개, 네이버 톡톡 유형은 최대 5개까지만 추가할 수 있다. 웹 사이트 채널을 삭제하면 캠페인에 포함된 광고 그룹과 그 안의 키워드 및 소재, 확장소재 전체가 삭제되며 복구가 불가능하다. 전화번호, 위치정보 비즈채널일 경우에 삭제할 경우 해당 채널을 사용한 확장소재는 삭제되지만 광고 그룹은 삭제되지 않는다.

76 정답 ③

정답해설

카카오 키워드광고의 광고시작을 위해서는 반드시 입력해야 하는 광고 대상은 웹 사이트이다. 부가적으로 카카오톡 채널, 전화번호, 카카오페이 뱃지 등이 있다. 카카오 검색광고에서 광고 대상은 1개 계정당 최대 1,000개까지 등록이 가능하다.

77 정답 ②

정답해설

네이버는 캠페인 단위에서 기간 변경과 계산 변경이 가능하다. 고급옵션에서 시작 및 종료를 설정해 원하는 날짜에 광고 노출이 가능하다. 광고그룹 단위에서 하루 예산, 지역, 요일 및 시간대, 콘텐츠 매체, PC 및 모바일 입찰가중치, 소재노출 관리를 할 수 있다.

78 정답 ②

정답해설

즐겨찾기는 네이버 검색광고 관리시스템 중 하나로, 광고그룹, 키워드, 소재 단위로 추가가 가능하다. 여러 즐겨찾기 묶음에 중복으로 추가 가능하며, 하나의 즐겨찾기는 총 1,000개 추가가 가능하다.

Search

즐겨찾기

- 네이버 검색광고 관리시스템 중 하나로, 광고그룹, 키워드, 소재 단위로 추가가 가능하다.
- 여러 즐겨찾기 묶음에 중복으로 추가 가능하며, 하나의 즐겨찾기는 총 1,000개 추가가 가능하다.
- 즐겨찾기 묶음은 총 10개가 제공되며, 이름 변경이 가능하다.
- PC 이용이 어려운 상황에서 모바일 광고주 센터에서 빠르게 작업할 때 용이하다.

79 정답 ④

정답해설

필터링 로직과 필터링 결과는 악용할 가능성이 있어 공개하지 않는다.

80 정답 ②

정답해설

네이버는 무효클릭이 의심될 경우에는 IP 주소, 키워드, 클릭 일시, 광고주 URL 정보를 포함한 클릭로그를 클린센터로 접수해 조사의뢰 할 수 있다. 도구)광고노출제한 관리에서 광고가 노출되지 않기를 희망하는 IP 주소를 등록해 광고노출을 제한할 수 있다. 광고노출제한 IP는 최대 600개, 유동 IP는 마지막 네 번째 자리에 와일드카드를 활용해 차단할 수 있다. 사이트 방문자 IP는 호스팅 업체 또는 별도의 로그분석 시스템을 통해 확인이 가능하다.

오답해설

① 네이버는 무효클릭이 의심될 경우에 IP 주소, 키워드, 클릭 일시, 광고주 URL 정보를 포함한 클릭로그를 클린센터로 접수해 조사의뢰 할 수 있다.

③ 카카오는 무효클릭이 의심될 경우에는 의심 키워드, 클릭일, 의심 IP 정보를 포함한 클릭로그를 카카오 고객센터 문의접수 또는 상담 챗봇으로 문의가 가능하다.

④ 구글은 무효클릭이 확인되면 해당 클릭에 대해서는 비용이 청구되지 않도록 보고서 및 결제금액에서 자동으로 해당 클릭이 필터링 된다.

part
05

정답 및 해설

빠른 정답찾기

검색광고 실무 활용

단답식 문제

01 검색광고
02 ① CPC(Cost per click), ② 전환율(CVR)
03 ① ROAS(Return On Ad Spend), ② CPA(Cost Per Action)
04 ① CPC, ② 확장소재
05 가용예산 활용법
06 매체믹스
07 캠페인
08 ① 캠페인, ② 광고그룹, ③ 소재
09 제품 카탈로그
10 카카오 또는 다음 카카오
11 광고그룹
12 개요 또는 개요 페이지
13 광고그룹
14 그룹
15 성과 기반 노출, 동일 비중 노출
16 최소 노출 입찰가
17 기본입찰가
18 ① 최소노출입찰가, ② 중간입찰가
19 웹 사이트
20 모바일 라이트, 모바일 오토플레이형, PC 베이직, PC 프리미엄 동영상배너형
21 확장검색
22 구문검색
23 17
24 콘텐츠검색광고 또는 파워콘텐츠
25 사이트 검색광고
26 지역소상공인광고
27 파워링크 이미지
28 텍스트
29 ① 검색 네트워크, ② 디스플레이 네트워크
30 제외키워드
31 맞춤보고서
32 ① 70, ② 50, ③ 10만
33 자동입찰 또는 자동입찰 기능
34 픽셀&SDK
35 키워드 도구

36 ① 표시 URL, ② 연결 URL
37 ① 5, ② 20, ③ 50
38 즐겨찾기
39 무효클릭
40 네이버

01 정답 검색광고

정답해설

검색광고는 검색 결과에 광고를 노출하여 잠재고객의 유입을 유도하는 광고로, 네이버, 카카오, 구글 등의 검색엔진을 통해 노출하는 광고를 의미한다. 이용자의 능동적인 검색활동을 통해 노출되며, 정확한 타기팅이 가능하며, 양질의 검색 결과를 제공하기 위해 검수의 과정을 거친다. 키워드 광고, SEM, SA, Paid search라고도 한다.

Search

검색광고의 단점
- 관리 리소스가 많이 투여된다.
- 검색광고 경쟁이 심화될 수 있다.
- 부정클릭 발생을 방지하기 어렵다.
- 초기 브랜드를 알리는 광고로는 적합하지 않다.

02 정답 ① CPC(Cost per click), ② 전환율(CVR)

정답해설

클릭이 발생할 때마다 비용을 지불하는 종량제 광고 방식을 CPC(Cost per click)라고 하며, 클릭수 대비 전환수 비율을 전환율(CVR)라고 한다.

Search

검색광고의 매체노출효과
- 클릭률(CTR) : 노출수 대비 클릭수 비율 = 클릭수/노출수×100
- 전환율(CVR) : 클릭수 대비 전환수 비율 = 전환수/클릭수×100
- CPA(Cost Per Action) : 전환당 비용 = 광고비/전환수
- CPS(Cost Per Sale) : 구매당 비용 = 광고비/구매건 수
- CPC(Cost Per click) : 클릭당 비용 = 광고비/클릭수

03

① ROAS(Return On Ad Spend), ② CPA(Cost Per Action)

정답해설

ROAS는 Return On Ad Spend의 약자로, 광고비 대비 수익률을 의미한다. CPA는 Cost Per Action의 약자로, 전환당 비용을 의미한다.

검색광고의 매체노출효과

- ROAS(Return On Ad Spend) : 광고비 대비 수익률 = 수익/광고비×100
- ROI(Return On Investment) : 투자 대비 이익률 = 순이익/투자비용×100
- CPA(Cost Per Action) : 전환당 비용 = 광고비/전환수

04

정답 ① CPC, ② 확장소재

정답해설

CPC(클릭당 비용) = 총 광고비/클릭수이며, 광고를 통해 한 사람의 사용자가 사이트를 방문하는데 투여되는 비용을 의미한다. 클릭당 비용이 낮을수록 또는 동일 광고비용으로 클릭률이 높을수록 광고효과가 높음을 알 수 있다. 확장소재는 소재의 제목, 설명, URL과 함께 노출되며, 확장 소재를 활용하면 고객과의 추가 연결 통로를 확보할 수 있다. 또한 확장 소재는 캠페인 또는 광고 그룹 단위로 만들 수 있다. 하지만 확장소재는 PC와 모바일 노출 매체와 광고 성과에 따라 노출유형과 형태가 다를 수 있다.

05

정답 가용예산 활용법

정답해설

가용예산 활용법이란 기업들이 회사에서 충당 가능한 수준의 촉진비용을 책정하는 것을 말한다. 즉, 회사의 자금 사정상 급박한 다른 상황에 비용을 모두 예산으로 책정한 후에 나머지를 촉진비용으로 정하는 방법을 말한다. 이 방식은 보통 제한된 자금을 소지한 기업에서 촉진을 위해 많은 비용을 투하하지 않으려는 의도로 사용되는 경우가 많다. 그러므로 이 방법은 매출액이 고려되지 않으므로 매출액에 대한 촉진의 효과는 기대할 수 없으며, 일정 산출기준에 의해 촉진예산이 정해지는 것이 아니고, 매년 회사의 자금사정에 따라 달라지는 것이므로 장기간의 마케팅 계획수립에 있어서는 부적합하다.

예산책정 방법

- 광고-판매 반응함수법 : 과거의 데이터를 통해 판매 반응함수가 존재할 경우 이익을 극대화할 수 있는 광고예산을 편성하는 방법이다.
- 매출액 비율법 : 현재 또는 예상되는 매출액의 일정비율을 사용하거나 아니면 제품의 판매가격의 일정 비율을 촉진예산으로 산정하는 방법을 말한다. 이 방법은 기업들이 많이 사용하는 방법이다.
- 가용예산법 : 기업들이 회사에서 충당 가능한 수준의 촉진비용을 책정하는 것을 말한다. 즉, 회사의 자금 사정상 급박한 다른 상황에 비용을 모두 예산으로 책정한 후에 나머지를 촉진비용으로 정하는 방법을 말한다.
- 목표과업법 : 기업의 현재 시장 개입 수준과 앞으로의 마케팅 목표를 연관 지어 광고 예산을 결정하는 방법이다. 가장 논리적인 촉진예산 방식으로서, 자사는 촉진활동을 통하여 자사가 얻고자 하는 것이 무엇인지에 따라 예산을 책정하는 방식을 말한다.
- 경쟁자 기준법 : 자사의 촉진예산을 타사의 촉진예산에 맞추는 방식으로서, 보통 산업평균에 근거하여 촉진예산을 책정하는 방식을 말한다.

06

정답 매체믹스

정답해설

매체믹스는 광고의 기획 단계를 거쳐 2가지 이상의 광고를 섞어 광고를 집행하는 것을 의미한다. 매체믹스로는 네이버, 구글, 카카오 등이 있고, 상품믹스로는 브랜드검색, 파워링크, 쇼핑검색광고 등이 있다.

매체믹스

정의	2가지 이상의 광고를 섞어 광고를 집행하는 것
매체믹스	네이버, 구글, 카카오
상품믹스	브랜드검색, 파워링크, 쇼핑검색광고

07
정답 캠페인

정답해설

네이버 검색광고의 구조는 캠페인〉그룹〉키워드와 소재로 이루어져 있으며, 캠페인은 마케팅 활동에 대한 목적을 기준으로 묶어서 관리하는 광고 전략 단위이다.

네이버의 캠페인
• 마케팅 활동에 대한 목적을 기준으로 묶어서 관리하는 광고 전략 단위이다.
• 5개의 유형(파워링크, 쇼핑 검색, 파워콘텐츠, 브랜드 검색, 플레이스)이 존재한다.
• 캠페인 등록 후 유형 변경이 불가하다.
• 광고 집행을 위해서는 캠페인에 맞는 비즈채널이 반드시 등록되어야 한다.

08
정답 ① 캠페인, ② 광고그룹, ③ 소재

정답해설

캠페인은 통합 마케팅 커뮤니케이션(IMC)을 구성하는 단일 아이디어와 주제를 공유하는 일련의 광고 메시지이다. IMC는 사람들이 아이디어, 신념 및 개념을 하나의 대형 미디어 기반으로 그룹화 할 수 있는 플랫폼이다. 광고 캠페인은 특정 기간 동안 다양한 미디어 채널을 활용하고 식별된 잠재 고객을 대상으로 한다. 광고그룹은 광고할 사이트(홈페이지)를 연결하고, 기본 입찰가, 매체/지역 등의 광고 전략을 설정할 수 있는 광고운영의 단위를 의미한다. 광고그룹에 [키워드/소재]를 등록하여 광고를 운영/관리하게 된다. 광고 소재는 웹페이지, 앱 또는 기타 디지털 환경에서 사용자에게 게재되는 광고이다. 광고 소재는 사용자에게 게재되는 이미지, 오디오, 동영상 및 기타 형식이 될 수 있다. 또한 광고를 게재하려면 광고 소재를 광고 항목에 추가해야 한다. 이러한 광고 소재는 항상 광고주와 연결되어 있다.

09
정답 제품 카탈로그

정답해설

제품 카탈로그는 판매를 목적으로 제작되는 페이지물 형태의 인쇄물을 의미한다. 회사 또는 단체를 홍보하기 위해 제작되는 브로슈어와는 구분된다. 홍보를 위한 브로슈어는 이미지 중심의 추상적 접근을 통해 느낌을 전달하는데 주력하는 반면 제품 카탈로그는 정확한 정보의 구체적, 사실적 표현이 상당히 중요하다.

쇼핑 검색광고의 종류
• 쇼핑몰 상품형 : 쇼핑몰(판매처)이 직접 판매중인 상품을 홍보하는 이미지형 광고 상품을 말한다.
• 제품 카탈로그형 : 제조사 및 브랜드사가 네이버 쇼핑에 구축된 제품 카탈로그를 홍보하는 이미지형 광고 상품을 말한다.
• 쇼핑 브랜드형 : 브랜드사가 공식몰을 통해 브랜드와 제품 라인업을 홍보하는 브랜드 전용 광고 상품을 말한다.

10
정답 카카오 또는 다음 카카오

정답해설

카카오 키워드광고는 클릭당 과금하는 CPC 방식으로 운영할 수 있는 광고주 시스템이며, Daum, Nate, Bing, Kakao Talk 등 주요 포털 동시노출이 가능하고, 그 외 제휴매체에도 광고 노출이 가능하다. 광고관리, 보고서, 도구, 설정으로 구분되어 있으며, 광고 대상은 웹사이트다.

11
정답 광고그룹

정답해설

카카오 광고의 구조는 캠페인〉광고그룹〉소재이며, 그룹에 대한 설정변경을 통해 광고그룹에 소속된 모든 키워드와 광고 소재를 관리할 수 있다. PC 검색 포털, 모바일 검색, PC 콘텐츠, 모바일 콘텐츠 영역의 노출여부 선택이 가능하다.

카카오의 광고그룹
• 그룹에 대한 설정변경을 통해 그룹에 소속된 모든 키워드와 광고소재를 관리할 수 있다.
• PC 검색 포털, 모바일 검색, PC 콘텐츠, 모바일 콘텐츠 영역의 노출여부 선택이 가능하다.
• 확장검색 기능을 통해 미등록 키워드라도 등록 키워드와 연관도가 있는 키워드에 광고를 노출시킬 수 있다.

12 정답 개요 또는 개요 페이지

정답해설

Google Ads 계정을 열면 가장 먼저 표시되는 것은 개요 페이지이다. 개요 페이지에서는 실적, 통계의 요약을 제공한다.

구글 검색광고 구성

구성	내용
개요 페이지	실적, 통계의 요약 제공
상세 운영보고서	Google Ads 우측 상단 보고서 탭에서 제공
보고서 페이지	데이터 조회, 구성 및 분석(맞춤형 대시보드를 통한 시각화 가능)

13 정답 광고그룹

정답해설

구글 광고의 구조는 캠페인〉광고그룹〉광고이며, 광고그룹은 유사한 타깃을 공유한다.

구글의 광고그룹

- 유사한 타깃을 공유한다.
- 광고가 하나 이상 포함되어야 한다.
- 유사 광고 및 키워드를 묶는다.

14 정답 그룹

정답해설

네이버는 그룹 생성단계에서 기본 입찰가와 하루 예산 설정이 가능하고, 그룹 고급옵션에서 광고 노출 매체, 지역, 일정 설정이 가능하다. 콘텐츠 매체 전용 입찰가, PC 및 모바일 입찰가 가중치 설정이 가능하다.

네이버 고급옵션

- 캠페인 고급옵션 : 광고 노출기간 선택
- 그룹 고급옵션 : 광고 노출 매체, 지역, 일정 설정

15 정답 성과 기반 노출, 동일 비중 노출

정답해설

소재노출 방식은 성과 기반 노출과 동일 비중 노출 중에서 선택이 가능하다.

네이버 소재노출 방식

- 성과 기반 노출 : 성과에 따른 노출로 성과가 우수한 소재가 우선적으로 노출
- 동일 비중 노출 : 동일한 비중으로 소재를 노출

16 정답 최소 노출 입찰가

정답해설

최소 노출 입찰가란 최근 4주간 검색을 통해 노출된 광고 중에서 최하위에 노출되었던 광고의 입찰가 중 가장 큰 값을 의미한다.

입찰가 변경

최소 노출 입찰가	최근 4주간 검색을 통해 노출된 광고 중에서 최하위에 노출되었던 광고의 입찰가 중 가장 큰 값
중간 입찰가	최근 4주간 검색을 통해 노출된 모든 광고의 입찰가를 큰 순서대로 나열했을 때 중간의 값
○○위 평균 입찰가	최근 4주간 해당 순위에 노출되었던 입찰가의 평균 값

17
정답 기본입찰가

정답해설

기본입찰가는 광고 그룹에 속한 모든 키워드에 적용되는 입찰가로 키워드별 입찰가를 별도로 설정하지 않은 경우 기본입찰가로 설정된다.

18
정답 ① 최소노출입찰가, ② 중간입찰가

정답해설

최소노출입찰가는 과거 4주간 검색을 통해 노출된 광고 중에서 최하위에 노출되었던 광고의 입찰가 중 가장 큰 값을 의미한다. 예를 들어 과거 4주간 '꽃배달' 키워드로 3번의 검색을 통해서 총 12개의 광고 노출이 발생했다. 이때 최하위 입찰가는 검색1은 70원, 검색2는 150원, 검색3은 100원이다. 가장 큰 값이 150원이므로 '최소 노출 입찰가'는 150원이 된다. 중간입찰가는 최근 4주간 검색을 통해 노출된 모든 광고의 입찰가를 큰 순서대로 나열했을 때 중간에 위치한 값으로 중앙값(Median)이라는 통계적 방식으로 계산된 값을 의미한다. 중간 입찰가를 이용해 키워드들 간의 입찰가를 비교해볼 때 참고할 수 있는 정보이다.

19
정답 웹 사이트

정답해설

카카오의 광고대상은 웹 사이트뿐이다.

20
정답
모바일 라이트, 모바일 오토플레이형,
PC 베이직, PC 프리미엄 동영상배너형

정답해설

브랜드 검색광고의 광고그룹은 총 4가지 유형(모바일 라이트, 모바일 오토플레이형, PC 베이직, PC 프리미엄 동영상배너형)이 있으며, 템플릿 유형별로 구매 시작 단가의 차이가 있으며, 등록 방법과 입력 사항이 다르다.

21
정답 확장검색

정답해설

구글은 키워드 플래너를 이용하여 관련성 높은 키워드를 조회하고, 추가할 수 있다. 일치검색, 구문검색, 제외어검색 유형으로 미지정시 기본적으로 확장검색 유형으로 설정된다.

22
정답 변형 확장검색

정답해설

구문검색은 일치하는(유사한) 구문의 앞, 뒤에 추가 단어가 포함된 검색어가 포함된 검색어가 포함될 수 있다.

핵심 Search

구글의 검색어 지정 범위

검색유형	다음이 포함된 검색에 광고가 게재될 수 있음
확장검색	맞춤법 오류, 동의어, 관련 검색어, 기타 관련성 있는 유사 구문 검색
구문검색	일치하는(유사한) 구문의 앞, 뒤에 추가 단어가 포함된 검색어
일치검색	키워드와 정확하게 일치하는 검색어 또는 일치하는 키워드와 동일한 의미를 갖는 유사 검색어

23
정답 17

정답해설

네이버의 품질지수는 7단계가 가장 높은 단계이고, 구글의 품질평가점수는 10점이 가장 높은 점수이다. 따라서 ①은 7이고, ②는 10이므로 합은 17이다.

핵심 Search

품질지수/품질평가점수

• 네이버 : 네이버 광고의 품질을 측정한 측정치를 품질지수라고 하며, 품질이 높을수록(6~7) 비용이 감소하고, 광고순위가 높아진다. 7단계 막대 모양으로, 최초 등록 시 같은 키워드가 노출되고 있는 광고 평균에 근접한 값으로 4단계 품질지수를 부여 받으며, 24시간 내 품질 측정되어 품질지수가 적용된다.

• 카카오 : 카카오 광고의 품질을 측정한 측정치를 품질지수라고 하며, 품질이 높을수록(6~7) 비용이 감소하고, 광고순위가 높아진다. 7단계 막대 모양으로, 최초 등록 시에 1단계의 품질지수를 부여 받는다.

• 구글 : 구글 광고의 품질을 측정한 측정치를 품질평가점수라고 하며, 품질이 높을수록(9~10) 비용이 감소하고, 광고순위가 높아진다. 품질 평가지수 키워드별로 예상클릭률, 광고관련성, 방문페이지 만족도에 따라 1~10점으로 측정한다. 등록 시 10점 중 0점으로 시작하여 실적 데이터가 누적되면 변한다.

24   정답 콘텐츠검색광고 또는 파워콘텐츠

정답해설

콘텐츠검색광고(파워콘텐츠 유형)는 이용자의 정보 탐색 의도가 깊은 키워드에 대해 해당 분야의 전문가인 광고주가 블로그, 포스트, 카페 등의 콘텐츠를 이용해 보다 정확하고 신뢰성 있는 정보를 제공하는 광고상품이다. 네이버 지정 키워드에 한하여 집행이 가능하며, 정책상 개별적인 로그분석 프로그램 사용이 제한된다.

Search

콘텐츠검색광고 노출영역

노출영역	내용
네이버 통합검색	• 네이버 PC/모바일 통합검색 VIEW 영역에서 최대 2개까지 광고가 노출되며, 노출 여부는 그룹 전략에서 설정 가능하다. • 통합검색 결과 화면에 노출되지 못한 파워콘텐츠 광고는 VIEW 탭 검색 영역을 통해 노출된다.
줌(ZUM) 통합검색	• 줌(zum) PC/모바일 통합검색 결과에 노출되는 파워콘텐츠 영역 광고는 최대 3개까지 노출되며, 노출 여부는 그룹 전략에서 설정 가능하다. • 광고 더보기 영역은 통합검색 결과 화면에 노출된 광고 외에 더 많은 광고 정보를 보기 원하는 검색 사용자가 찾는 페이지로, 검색 키워드에 노출이 가능한 광고가 모두 노출된다.

25   정답 사이트 검색광고

정답해설

사이트 검색광고는 키워드 검색 시 네이버 통합검색 및 다양한 매체에 홈페이지와 홍보 문구가 노출되는 검색광고 상품으로, 매체 전략, 시간 전략 등 탄력적 운용이 가능하다. 클릭당 과금이 발생되는 종량제(CPC) 상품으로, 광고 등록과 노출에는 비용이 발생하지 않는다. 입찰가와 품질지수에 따라 광고 노출 여부와 순위가 결정된다.

26   정답 지역소상공인광고

정답해설

지역소상공인광고는 네이버 콘텐츠 서비스를 이용하는 내 지역 사용자에게 노출하는 배너 광고로, 스마트플레이스에 등록한 업체 정보를 바탕으로 쉽고 빠르게 광고를 생성할 수 있다. 오프라인 가게를 알리고 싶은 지역 소상공인이 쉽게 집행할 수 있는 광고 상품이다. 네이버의 뉴스/블로그 콘텐츠 서비스 페이지에 업체명, 업체 이미지, 위치, 설명 문구 등이 노출된다. 광고시스템에서 광고 노출을 원하는 지역을 읍면동(법정동) 단위로 최대 5개까지 선택할 수 있다.

27   정답 파워링크 이미지

정답해설

파워링크 이미지 확장 소재는 파워링크 이미지, 이미지형 서브 링크의 2가지 유형이 있는데 파워링크 이미지는 대부분의 업종에서 1개의 이미지로 광고노출이 가능한 반면에 이미지형 서브 링크는 정해진 업종에 하단 3개의 이미지가 노출된다는 차이점이 있다.

28   정답 텍스트

정답해설

프리미엄링크는 검색한 키워드와 연관성 있는 광고가 Daum, 카카오톡, 제휴 매체 등 다양한 지면에 검색 결과 또는 텍스트형 배너 형태로 노출되는 광고로, 주요 포털의 통합검색 영역 최상단에 동시 노출된다. 확장소재 미등록 시에 텍스트만 노출된다.

part 05 정답 및 해설

프리미엄링크 유형

유형	내용
PC검색 포털	PC검색 포털 Daum, Nate 등 주요 포털 사이트에 노출되며 통합검색결과 최상단에 광고를 노출한다. 수요가 많은 키워드는 와이드링크 영역으로 최대 5개까지 추가로 노출된다.
모바일 인터넷	Daum, Nate, Bing 등의 제휴된 모바일 웹 및 앱에서 모바일 검색 결과, 프리미엄링크 영역에 최대 6개까지 노출된다.
PC 콘텐츠 영역	Daum PC서비스(뉴스, 카페 등)와 제휴 매체의 PC 지면에 콘텐츠의 연관도에 따라 노출된다.
모바일 콘텐츠 영역	Daum 모바일서비스(Daum 모바일 앱/웹, 카카오톡# 탭 등)와 제휴 매체의 모바일 지면에 콘텐츠의 연관도에 따라 노출된다.

29   정답 ① 검색 네트워크, ② 디스플레이 네트워크

정답해설

검색 네트워크는 키워드와 관련된 용어 검색 시, 구글 검색 결과 옆 및 구글 사이트에 게재한다. 디스플레이 네트워크는 관련성이 높은 고객이 인터넷에서 사이트, 동영상, 앱을 탐색할 때 광고를 게재하여 도달 범위를 넓힐 수 있다.

광고 게재 영역

- 검색 네트워크 : 키워드와 관련된 용어 검색 시, 구글 검색 결과 옆 및 구글 사이트에 게재
- 디스플레이 네트워크 : 관련성이 높은 고객이 인터넷에서 사이트, 동영상, 앱을 탐색할 때 광고를 게재

30   정답 제외키워드

정답해설

제외키워드는 특정 단어 또는 구문이 검색될 때 광고 게재를 차단하는 키워드 유형을 말하며, 해당 구문을 검색하는 사용자에게는 광고가 게재되지 않게 되는 것을 의미한다. 예를 들어 캠페인 또는 광고그룹의 제외키워드로 '무료'를 추가하면 '무료'라는 단어가 포함된 모든 검색어에 대해 광고가 게재되지 않게 된다. 디스플레이 네트워크에서는 사이트 콘텐츠에 제외키워드가 포함될 경우 해당 페이지에 광고가 게재될 가능성이 낮아지게 된다.

31   정답 맞춤보고서

정답해설

키워드광고 관리자센터의 맞춤보고서란 집행한 광고의 결과를 원하는 항목별로 구성하여 확인할 수 있는 맞춤화된 보고서를 말한다. 광고계정, 캠페인, 광고그룹, 키워드, 소재별로 구분하여 보고서를 만들 수 있으며, 노출수, 클릭수와 같은 기본지표 외에도 전환지표, 추가지표 등을 함께 확인할 수 있다.

맞춤보고서

- 키워드광고 관리자센터의 맞춤보고서란 집행한 광고의 결과를 원하는 항목별로 구성하여 확인할 수 있는 맞춤화된 보고서를 말한다.
- 광고계정, 캠페인, 광고그룹, 키워드, 소재별로 구분하여 보고서를 만들 수 있으며, 노출수, 클릭수와 같은 기본지표 외에도 전환지표, 추가지표 등을 함께 확인할 수 있다.
- 분석데이터 설정을 통해 매체유형, 디바이스, 시간대 분석이 가능하며, 키워드/소재 단위로 설정 후 분석데이터 내 확장소재의 효율도 함께 확인 및 다운로드 할 수 있다.

32   정답 ① 70, ② 50, ③ 10만

정답해설

네이버 검색광고 입찰가는 최소 70원부터(쇼핑검색광고는 50원), 최대 10만원까지 설정할 수 있다.

33 정답 자동입찰 또는 자동입찰 기능

정답해설

구글은 목표를 달성하기 위하여 자동으로 입찰가를 설정할 수 있으며, 캠페인 유형에 맞춘 여러 입찰 전략을 제공한다.

구글 자동입찰 기능

타깃 CPA	설정한 타깃 전환당 비용 수준에서 전환수를 최대한 늘릴 수 있도록 Google Ads에서 입찰가를 자동으로 설정
타깃 광고 투자수익 ROAS	설정한 타깃 ROAS 내에서 전환 가치를 최대한 높일 수 있도록 Google Ads에서 입찰가를 자동으로 설정
클릭수 최대화	예산 내에서 클릭수를 최대한 높일 수 있도록 Google Ads에서 입찰가를 자동으로 설정
전환수 최대화	예산 내에서 최대한 많은 전환이 발생하도록 Google Ads에서 입찰가를 자동으로 설정
전환 가치 극대화	예산 내에서 전환 가치를 최대한 높이도록 Google Ads에서 입찰가를 자동으로 설정
타깃 노출 점유율	선택한 검색 페이지 영역에 내 광고가 게재될 가능성이 높아지도록 Google Ads에서 입찰가를 자동으로 설정

34 정답 픽셀&SDK

정답해설

픽셀&SDK는 카카오에서 제공하는 전환추적 서비스로 최적의 잠재고객을 파악하고, 광고에서 발생한 회원가입과 구매 등의 전환을 확인할 수 있는 스크립트 도구이다.

픽셀&SDK

- 카카오에서 제공하는 전환추적 서비스이다.
- 최적의 잠재고객을 파악하고, 광고에서 발생한 회원가입과 구매 등의 전환을 확인할 수 있는 스크립트 도구이다.
- 내 홈페이지나 모바일 앱 그리고 카카오 서비스와 연동하여, 설치 가이드에 정의된 사용자의 다양한 행태 정보를 파악하고 카카오모먼트와 키워드광고의 성과를 측정할 수 있다.

- 타기팅을 고도화하고, 전환 목적의 캠페인을 운영할 수 있다.

35 정답 키워드 도구

정답해설

키워드 도구는 연관키워드를 조회하여 파워링크 캠페인의 새로운 키워드를 발굴 및 추가할 수 있는 기능을 지닌다.

키워드 도구

- 키워드 도구에서 제공되는 연관 키워드는 비즈채널 웹사이트 내 키워드 정보, 키워드 클릭 정보, 내가 구매한 키워드 등을 기반으로 통계 시스템에서 추출된 결과이다.
- 키워드 도구를 활용하면 다양한 기준의 연관 키워드를 조회하고 선택한 키워드를 원하는 광고그룹에 바로 추가할 수 있다.
- 선택한 키워드의 입찰가를 변경하면서 예상 실적을 확인할 수 있는 기능이 제공되므로 입찰가 결정 시 참고할 수 있다.

36 정답 ① 표시 URL, ② 연결 URL

정답해설

표시 URL은 광고소재에서의 URL로, 사이트 내 모든 페이지에서 공통으로 확인되는 URL이다. 즉, 최상위 도메인을 말한다. 연결 URL은 광고소재에서의 URL로, 광고를 클릭 했을 때 도달하는 페이지의 URL이다. 즉, 랜딩페이지의 URL을 말하고, 네이버와 구글은 키워드와 소재에 연결 URL을 설정할 수 있다.

37 정답 ① 5, ② 20, ③ 50

정답해설

네이버 검색광고는 광고그룹당 최대 5개까지 등록 가능하며 소재 노출 방식은 성과 기반 노출과 동일 비중 노출 중 선택할 수 있다. 카카오 검색광고는 광고그룹당 최대 20개까지 등록 가능하며 기본소재에 이미지, 가격 등을 추가로 노출한다. 구글 검색광고는 광고그룹당 텍스트 광고 50개까지 등록 가능하며 캠페인 단위에서 광고 순환게재를 선택할 수 있다.

part 05

매체별 소재 관리

네이버	성과기반 노출, 동일 비중 노출
카카오	이미지, 가격 등 추가 노출
구글	광고 순환게재

38　　　　　　　　　　　정답 즐겨찾기

정답해설

즐겨찾기는 네이버 검색광고 관리시스템 중 하나로, 광고그룹, 키워드, 소재 단위로 추가가 가능하다. 즐겨찾기는 웹 브라우저에서 사용자가 웹 사이트의 URL를 등록하는 기능 또는 그렇게 등록한 URL의 목록을 의미한다. '즐겨찾기'는 인터넷 익스플로러에서 쓰이기 시작한 말이고, 구글 크롬, 파이어폭스 등의 웹 브라우저는 '북마크'라고도 한다. 즐겨찾기를 통해서 주소창에 일일이 URL를 입력하지 않고 바로 해당 링크를 클릭하는 것만으로도 사용자가 원하는 웹 사이트에 바로 접속할 수 있다. 또한 URL이 기억나지 않더라도 이전에 즐겨찾기에 추가를 해두었다면 다시 찾을 수 있다는 장점이 있다. 여러 즐겨찾기 묶음에 중복으로 추가 가능하며, 하나의 즐겨찾기는 총 1,000개 추가가 가능하다. 즐겨찾기 묶음은 총 10개가 제공되며, 이름 변경이 가능하다. PC 이용이 어려운 상황에서 모바일 광고주 센터에서 빠르게 작업할 때 용이하다.

39　　　　　　　　　　　정답 **무효클릭**

정답해설

무효클릭이란 사용자가 의도하지 않은 클릭이나 악성 소프트웨어로부터 발생한 클릭 즉, 검색광고 본래의 취지에 맞지 않은 무의미한 클릭을 의미한다. 또는 광고비의 소진, 품질지수의 상승 등 특정인의 이익을 위해 행해지는 인위적 클릭과 각종 소프트웨어, 로봇 또는 자동화된 도구에 의해 발생하는 클릭과 더블클릭 등의 무의미한 클릭을 말한다. Google 시스템은 광고에 발생한 각 클릭을 면밀히 검사하여 무효클릭 및 노출을 파악하고 계정데이터에서 삭제한다. 네이버, 카카오, 구글은 사전 및 사후 모니터링을 진행하며, 필터링 로직과 필터링 결과는 악용할 가능성이 있어 공개하지 않는다.

40　　　　　　　　　　　정답 네이버

정답해설

네이버는 무효클릭이 의심될 경우에는 IP 주소, 키워드, 클릭 일시, 광고주 URL 정보를 포함한 클릭로그를 클린센터로 접수해 조사의뢰 할 수 있다. 도구〉광고노출제한 관리에서 광고가 노출되지 않기를 희망하는 IP 주소를 등록해 광고노출을 제한할 수 있으며, 광고노출제한 IP는 최대 600개, 유동 IP는 마지막 네 번째 자리에 와일드카드를 활용해 차단할 수 있다. 사이트 방문자 IP는 호스팅 업체 또는 별도의 로그분석 시스템을 통해 확인이 가능하다.

Search

단계별 효과 측정

일반적인 소비자 행동	인지	방문	구매
검색광고 소비자 행동	노출	클릭	구매
단계별 효과 측정	노출수, CPI	클릭수, 클릭률, CPC	전환수, 전환율, CPS

빠른
정답찾기

검색광고 활용 전략

객관식 문제

01 ①	**02** ②	**03** ④	**04** ④	**05** ③
06 ④	**07** ③	**08** ①	**09** ③	**10** ①
11 ②	**12** ③	**13** ④	**14** ②	**15** ①
16 ②	**17** ④	**18** ③	**19** ③	**20** ③
21 ③	**22** ④	**23** ②	**24** ④	**25** ④
26 ③	**27** ④	**28** ③	**29** ③	**30** ④
31 ②	**32** ③	**33** ①	**34** ①	**35** ①
36 ②	**37** ①	**38** ①	**39** ④	**40** ④

01 　　　　　　　　　　정답 ①

정답해설

검색광고 사용자는 광고가 노출되고, 클릭한 후 구매하는 '노출 → 클릭 → 구매'의 단계를 거친다.

Search

검색광고 사용자의 행동 단계 효과 측정

단계	측정
노출	노출수
클릭	클릭수, 클릭률
구매	전환수, 전환율

02 　　　　　　　　　　정답 ②

정답해설

검색광고 사용자는 광고가 노출되고, 클릭한 후 구매하는 '노출 → 클릭 → 구매'의 단계를 거친다. 노출 단계는 노출수, CPI(노출당 비용)로, 클릭 단계는 클릭수, CPC(클릭당 비용)로, 구매단계는 전환수, CPS(구매당 비용)로 효과를 측정할 수 있다.

03 　　　　　　　　　　정답 ④

정답해설

검색광고는 실시간 입찰방식으로 광고가 노출되므로 많은 시간을 투자해 세심하게 운영할 필요가 있는데 네이버의 타임보드와 같이 정해진 시간에 고정 노출되는 상품과는 다르게 검색광고는 시간을 투자한 만큼 성과가 개선되는 경향을 지닌다.

Search

검색광고 관리의 팁

- 매일 매일 키워드의 양과 질 등이 다르므로 효과분석이 자주 필요하다.
- 키워드 광고에서 상당히 많은 키워드 및 다양한 광고상품이 존재하기 때문에 효과분석을 통해 키워드 및 광고상품을 최적화해야 한다.
- 키워드 광고 상품은 각각의 매체사별로 광고 분석을 하기 때문에 여러 시스템이 구비되어 있어 이에 대해 실시간으로 효과분석이 가능하다.

04 　　　　　　　　　　정답 ④

정답해설

검색광고는 타 광고와는 다르게 명확한 성과측정이 가능하며 실시간으로 운영되는 시스템으로 추후 사후관리를 통해 광고 성과를 크게 개선시키는 것이 가능하다.

part
05

정답 및 해설

05 정답 ③

정답해설

광고의 실적에 따라 입찰가 조정을 높이거나 낮추어야 한다. ROAS가 높은 키워드는 입찰가를 높이거나 광고 노출수를 늘린다.

06 정답 ④

정답해설

목표는 구체적이고, 측정 가능하여야 한다.

Search

효과분석을 위한 목표설정

- 구체적이고 명확해야 한다.
- 측정 가능한 것이어야 한다.

07 정답 ③

정답해설

CPS는 광고를 통해 사용자가 광고주의 사이트를 방문하여 최종적으로 상품 및 서비스를 구매하는 비용을 의미한다.

08 정답 ①

정답해설

노출당 광고비는 동일한 광고비에 비해 노출수가 많은 것이 더 높은 효과가 있는 광고이며, CPT(노출시간에 따라 광고비용이 정해지는 상품) 상품에서 효과적으로 사용할 수 있다.

09 정답 ③

정답해설

클릭률(CTR)은 '클릭수(방문수)/노출수×100'이고, 소수점 첫째자리에서 반올림하여 구하면

A = 8,000/100,000×100 = 8
B = 10,000/150,000×100 = 7
C = 25,000/200,000×100 = 13
D = 18,000/270,000×100 = 7
따라서 CTR이 가장 높은 그룹은 C이다.

10 정답 ①

정답해설

CVR은 클릭수 대비 전환수 비율이고, '전환수(구매수)/클릭수×100'이므로

A = 20/2,500×100 = 0.8
B = 30/6,000×100 = 0.5
C = 80/8,000×100 = 1
D = 100/11,000×100 = 0.91
따라서 CVR이 가장 높은 그룹은 C이다.

11 정답 ②

정답해설

전환율은 '전환수(구매수)/클릭수×100'이므로, 클릭수를 구하여야 한다. 클릭수(방문수)는 '클릭률×노출수/100'이므로 노출수와 클릭률을 통하여 클릭수를 구하면

A = 33×300,000/100 = 99,000
B = 20×350,000/100 = 70,000
C = 38×480,000/100 = 182,400
D = 13×720,000/100 = 93,600
소수점 첫째자리에서 반올림하여, 전환율(CVR)을 구하면
A = 2,600/99,000×100 = 3
B = 18,500/70,000×100 = 26
C = 26,000/182,400×100 = 14
D = 1,800/93,600×100 = 2
따라서 CVR이 가장 높은 그룹은 B이다.

12 정답 ③

정답해설

CPC는 클릭당 비용으로, 총 광고비용/클릭수(클릭수 = 방문수)이다. 따라서 CPC는 1,250원이다. ROAS는 광고비 대비 수익률로, 전환매출/총 광고비용×1000이다. 물품 단가가 50,000원이고, 광고를 통해 판매된 물품 수가 300개이므로, 전환매출은 15,000,000원이다. 따라서 ROAS는 75%이다.

13 정답 ④

정답해설

클릭률은 '클릭수(방문수)/노출수×100'이고, 소수점 첫째자리에서 반올림하여 구하면
CTR(%) = 100,000/750,000×100 = 13

전환율은 '전환수(구매수)/클릭수×100'이고, 소수점 첫째자리에서 반올림하여 구하면
CVR(%) = 22,500/100,000×100 = 23
따라서 CTR은 13%, CVR은 23%이다.

14

정답해설

클릭률이 2%이고, 방문수가 17,500회이므로, 노출수는 875,000회이다.
방문수가 17,500회이고, 전환수가 700회이므로, 전환율(CVR)은 4%이다.
전환수가 700이고, 물품단가가 35,000원이므로, 전환매출은 24,500,000원이다.
광고비가 7,000,000원이고, 전환매출이 24,500,000원이므로, ROAS는 350%이다.

15

정답해설

CPC는 '광고비/클릭수(방문수)'이고, 소수점 첫째자리에서 반올림하여 구하면
CPC = 24,000,000/25,000 = 960(원)
CPS는 '광고비/구매건수'이고, 소수점 첫째자리에서 반올림하여 구하면
CPS = 24,000,000/12,000 = 2,000(원)
따라서 광고의 CPC는 960원, CPS는 2,000원이다.

16

정답해설

CPC는 '광고비/클릭수(방문수)'이고, 소수점 첫째자리에서 반올림하여 구하면
CPC = 36,000,000/18,000 = 2,000(원)
CPS는 '광고비/구매건수'이고, 소수점 첫째자리에서 반올림하여 구하면
CPS = 36,000,000/7,200 = 5,000(원)
따라서 광고의 CPC는 2,000원, CPS는 5,000원이다.

17

정답해설

클릭수가 5,000회이고, 전환수가 150회이므로, CVR은 3%이다.

오답해설

① 노출수가 1,250,000회이고, 클릭수가 5,000회이므로, 클릭률(CTR)은 0.4%이다.
② 광고비가 5,750,000원이고, 클릭수가 5,000회이므로, CPC는 1,150원이다.
③ 광고비가 5,750,000원이고, 전환매출액이 50,000,000원이므로, ROAS는 870%이다.

18

정답해설

CVR이 20%이고, 방문수가 60,000회이므로, 구매수는 12,000회이다. 물품 단가가 2,800원이고, 구매수가 12,000회이므로, 전환 매출액은 33,600,000원이다. ROAS는 '수익/광고비×100'이고, 소수점 첫째자리에서 반올림하여 구하면
ROAS = 33,600,000/24,000,000×100 = 140(%)
따라서 ROAS는 140(%)이다.

19

정답해설

예쁜 가방은 광고비가 200,800원이고, 광고수익률이 800%이므로, 전환 매출액은 1,606,400원이다.
여성 의류는 광고비가 310,000원이고, 광고수익률이 450%이므로, 전환 매출액은 1,395,000원이다.
다이어트 보조제는 광고비가 1,350,000원이고, 광고수익률이 130%이므로, 전환 매출액은 1,755,000원이다.
남성 의류는 광고비가 130,000원이고, 광고수익률이 950%이므로, 전환 매출액은 1,235,000원이다.
건강식품은 광고비가 21,000원이고, 광고수익률이 1,000%이므로, 전환 매출액은 210,000원이다.
따라서 전환 매출액이 가장 높은 키워드는 다이어트 보조제이다.

part
05
정답 및 해설

20 정답 ③

정답해설

ROAS는 '수익(전환매출액)/광고비×100'이고, 소수점 첫째자리에서 반올림하여 구하면

A = 13,000,000/1,2000,000×100 = 108(%)
B = 14,400,000/13,000,000×100 = 111(%)
C = 20,400,000/15,000,000×100 = 136(%)
D = 40,000,000/30,000,000×100 = 133(%)
따라서 ROAS의 값이 가장 큰 그룹은 C이다.

21 정답 ③

정답해설

A그룹은 노출수가 250,000회이고, 클릭률이 6%이므로, 클릭수는 15,000회가 된다. 클릭수가 15,000회이고, 전환율이 9%이므로, 구매수는 1,350회가 된다. 구매수가 1,350회이고, 물품단가 40,000원이므로, 전환매출액은 54,000,000원이다. 따라서 A그룹의 ROAS 값은 129%가 된다.

B그룹은 노출수가 3,000,000회이고, 클릭률이 4%이므로, 클릭수는 120,000회가 된다. 클릭수가 120,000회이고, 전환율이 50%이므로, 구매수는 60,000회가 된다. 구매수가 60,000회이고, 물품단가가 4,000원이므로, 전환매출액은 240,000,000원이다. 따라서 B그룹의 ROAS 값은 129%가 된다.

C그룹은 노출수가 6,000,000회이고, 클릭률이 2%이므로, 클릭수는 120,000회가 된다. 클릭수가 120,000회이고, 전환율이 17%이므로, 구매수는 20,400회가 된다. 구매수가 20,400회이고, 물품단가가 20,000원이므로, 전환매출액은 408,000,000원이다. 따라서 C그룹의 ROAS 값은 130%가 된다.

D그룹은 노출수가 1,000,000회이고, 클릭률이 10%이므로, 클릭수는 100,000회가 된다. 클릭수가 100,000회이고, 전환율이 8%이므로, 구매수는 8,000회가 된다. 구매수가 8,000회이고, 물품단가가 13,000원이므로, 전환매출액은 104,000,000원이다. 따라서 D그룹의 ROAS 값은 129%가 된다.

22 정답 ③

정답해설

A그룹은 노출수가 250,000회이고, CTR이 6%이므로 클릭수는 15,000회이다. 클릭수가 15,000회이고, CPC가 3,000원이므로, 광고비는 45,000,000원이다.

B그룹은 노출수가 3,000,000회이고, CTR이 5%이므로 클릭수는 150,000회이다. 클릭수가 150,000회이고, CPC가 1,750원이므로, 광고비는 262,500,000원이다.

C그룹은 노출수가 6,000,000회이고, CTR이 2%이므로, 클릭수는 120000회이다. 클릭수가 120,000회이고, CPC가 2,900원이므로, 광고비는 348,000,000원이다.

D그룹은 노출수가 1,000,000회이고, CTR이 10%이므로, 클릭수는 100000회이다. 클릭수가 100,000회이고, CPC가 900원이므로, 광고비는 90,000,000원이다.

따라서 광고비가 가장 많은 그룹은 C이다.

23 정답 ②

정답해설

광고비가 38,000,000원이고, CPC가 190원이므로, 클릭수는 200,000회이다. 노출수는 '클릭수/CTR×100'이가. 따라서 클릭수가 200,000회이고, CTR이 8%이므로, 노출수는 2,500,000회이다. 구하고자 하는 노출수는 2,500,000회이고, 클릭수는 200,000회이다.

24 정답 ③

정답해설

CPC는 '광고비/클릭수(방문수)'이고이고, 전환율은 '전환수(구매수)/클릭수×100'이므로, CPA는 'CPC/CVR×100'이다. 따라서 CPA의 값은 200/12×100 = 1,667원이다.

25 정답 ③

정답해설

구매수가 16,000회이고, 물품 단가가 7,000원이므로, 전환매출액은 112,000,000원이다. 따라서 ㉠에 들어갈 값은 112,000,000이다.

광고비가 100,000,000원이고, 구매수가 16,000회이므로 CPS의 값은 7,250원이다. 따라서 ㉡에 들어갈 값은 7,250이다.

전환매출액이 112,000,000원이고, 광고비가 100,000,000원이므로, ROAS는 112%이다. 따라서 ㉢에 들어갈 값은 112이다.

26 정답 ③

정답해설

광고비가 140,000,000원이고, 방문수가 200,000회이므로, CPC는 700원이다.

오답해설

① 노출수가 2,500,000회이고, 방문수가 200,000회이므로, CTR은 8%이다. 방문수가 200,000회이고, 구매수가 18,000회이므로, CVR은 9%이다.

② 광고비가 140,000,000원이고, 노출수가 2,500,000회이므로, 노출당 비용은 56원이다.

④ 광고비가 140,000,000원이고, 구매수가 18,000회이므로, CPS는 7,778원이다.

27 정답 ④

정답해설

광고비는 '전환 매출액/ROAS×100'이다. 따라서 전환 매출액이 162,000,000원이고, ROAS가 108%이므로 광고비는 150,000,000원이다.

오답해설

① 주어진 자료를 통해서는 노출수를 알 수 없다.

② 전환수가 27,000이고, CVR이 15%이므로, 클릭수는 180,000회이다.

③ 물품 단가가 6,000원이고, 전환 매출액이 162,000,000원이므로, 전환수는 27,000회이다.

28 정답 ④

정답해설

노출당 비용은 '광고비/노출수', CPC는 '광고비/클릭수', CPS는 '광고비/전환수'이다. 따라서 노출수는 클릭수의 10배이고, 클릭수는 전환수의 10배이다. 노출수가 클릭수의 10배이므로, 클릭률은 10%이다. 마찬가지로 클릭수가 전환수의 10배이므로, 전환율은 10%이다.

29 정답 ③

정답해설

광고 집행 실패의 사전 방지, 대안의 객관적 평가, 효과적이고 효율적인 광고활동 계획의 수립을 위해 사전조사를 하고, 소비자의 광고 노출량 측정, 타깃 적합매체의 선정, 과학적 매체 계획의 수립을 위해 매체조사를 한다.

Search

광고효과 조사의 목적

- 사전조사의 목적 : 광고 집행 실패의 사전 방지, 대안의 객관적 평가, 효과적이고 효율적인 광고활동 계획의 수립
- 사후조사의 목적 : 광고 목표의 달성정도의 파악, 광고 수입의 계량화, 차기 캠페인을 위한 기반 마련
- 매체조사의 목적 : 소비자의 광고 노출량 측정, 타깃 적합매체의 선정, 과학적 매체 계획의 수립

30 정답 ④

정답해설

키워드 사후관리 성과 향상을 위해 고려해야 할 지표는 CTR, CVR이다.

31 정답 ②

정답해설

CTR은 높고, CVR은 낮은 경우 노출 순위 및 소재 등은 매력적이지만 실제적으로는 사이트에 방문해서 전환 행동이 발생하지 않은 상태를 의미한다. 원하는 것이 없거나 콘텐츠가 충분하지 않은 경우 타 사이트를 이탈할 가능성이 높아진다.

오답해설

① CTR, CVR이 모두 높은 경우 : 최적의 광고 컨디션으로, 키워드 및 소재 랜딩페이지 모두 매력적일 때 가능하다.

③ CTR, CVR이 모두 낮은 경우 : 키워드 및 광고 소재가 모두 적합한지를 사전에 점검한 후에 광고 중단을 고려해야 한다. 키워드는 여러 가지 이유로 언제나 변화가능성이 있으므로 주기적인 효과분석 및 필터링 과정은 필수적이다.

④ CTR은 낮고, CVR은 높은 경우 : 클릭률은 낮지만 일단 방문한 고객은 높은 확률로 전환이 이루어지는 경우이다. 이 같은 경우에 광고소재의 매력도가 낮은지, 키워드 입찰순위가 현저히 낮아 충분한 클릭을 받지 못하고 있는지를 점검해야 한다.

32 정답 ③

정답해설

클릭률 낮은 키워드의 경우, 키워드 입찰 순위 점검 또는 광고 소재 매력도 확인 과정이 진행되어야 한다. 랜딩페이지 개선 조치는 전환율을 높이기 위한 방법이다.

33
정답 ①

정답해설

랜딩페이지는 광고를 통해 방문하게 되는 페이지를 의미한다. 랜딩페이지가 메인페이지가 될 수 있으며, 카테고리나 제품 상세 페이지, 이벤트 페이지가 될 수도 있다.

34
정답 ①

정답해설

랜딩 페이지 효과를 객관적으로 분석하기 위해 광고를 통한 전환 데이터 외에도 로그분석의 여러 가지 지표를 참조할 수 있다. 통상적으로 페이지 뷰, 체류시간, 반송률 등이 대표적이다. 사이트에 방문한 후에 페이지 이동 없이 바로 이탈한 경우를 반송이라고 한다. 반송률은 방문자 수 대비 반송 수의 비율 데이터를 의미하며, 반송률이 높다는 것은 해당 랜딩페이지가 고객들에게는 효과적이지 않다는 것이다.

35
정답 ①

정답해설

광고 극대화를 위하여 랜딩페이지는 키워드가 포함되어야 한다. 특별한 판매조건이나 구매 결정을 바로 내릴 수 있는 혜택이 포함되어 있는 것이 효과적이며, 특정한 타깃이나 시즈널 이슈 등 세부적인 니즈에 따라 페이지를 별도로 구성하는 것이 효과적이다.

Search

광고 극대화를 위한 랜딩페이지 구성요소
- 랜딩페이지는 키워드가 포함되어야 한다.
- 특별한 판매조건이나 구매 결정을 바로 내릴 수 있는 혜택이 포함되어 있는 것이 효과적이다.
- 특정한 타깃이나 시즈널 이슈 등 세부적인 니즈에 따라 페이지를 별도로 구성한다.
- 상품이나 서비스의 장점에 대한 증거를 제시하는 것이 좋다.
- 상품이나 서비스의 상세 설명은 있어야 한다.
- 다양한 디바이스 환경을 고려해야 한다.
- 상품구매 및 서비스 예약 등과 같은 행동을 즉각적으로 할 수 있게 하는 요소가 꼭 들어가야 한다.
- 예상되는 고객들의 특성을 파악해 랜딩페이지를 디자인하는 것이 좋다.

36
정답 ②

정답해설

로그분석이란 웹 사이트 등을 방문한 유저들의 데이터를 수집해 분석하는 도구를 의미하며, 네이버, 다음 카카오, 구글 검색광고에서도 무료로 로그분석을 지원하고 있다. 로그분석의 예로 구글의 애널리틱스, 에이스카운터, 비즈스프링의 로거 등이 있다. 매체에서 제공하는 로그분석을 활용할 시에 별도의 엑셀 작업 없이 그룹, 캠페인, 키워드별 전환성과를 보고서와 함께 볼 수 있다. 로그분석이 가능하기 위해서는 웹 사이트 등에 전환추적 스크립트의 삽입이 필요하며 자가 설치 및 대행 설치도 가능하다.

37
정답 ①

정답해설

키워드광고 로그분석 보고서를 통해서 키워드별 광고데이터(노출수, 클릭수, 클릭률)와 키워드별 전환수, 전환율, 전환당 비용, 전환매출액, 물품단가, 광고수익률(ROAS) 등을 확인할 수 있다.

Search

키워드광고 로그분석 보고서
키워드별 광고데이터(노출수, 클릭수, 클릭률, 평균클릭비용, 총비용)와 키워드별 전환수, 전환율, 전환당 비용, 전환매출액, 물품단가, 광고수익률(ROAS) 등을 확인할 수 있다.

38
정답 ①

정답해설

네이버 검색광고에서 제공하는 프리미엄 로그분석에서 확인 가능한 항목으로는 전환수, 직접전환수, 간접전환수, 전환율, 전환매출액, 간접전환매출액, 직접전환매출액, 전환당 비용, 방문당 평균 체류시간, 방문당 평균 페이지 뷰, 광고 수익률 등이 있다.

Search

네이버 검색광고에서 제공하는 프리미엄 로그분석에서 확인 가능한 항목

항목	내용
전환수	전환 유형별로 나타난 전환 개수의 합
직접 전환수	광고클릭 이후 30분 이내에 전환이 나타난 경우
간접 전환수	광고클릭 이후 30분부터 전환이 나타난 경우, 전환 추적 기간은 7~20일 사이의 기간으로 직접 설정이 가능
전환율	• 전환수/광고클릭수 → 광고로부터 유입된 광고클릭수에 비해 얼마나 전환이 발생되었는지를 비율로 표현한 것 • 전환수를 기준으로 광고 효율을 측정하는 지표 중 하나
전환 매출액	각 전환별 전환가치(또는 매출)의 합
간접전환 매출액	간접 전환으로 인한 전환 매출액의 합
직접전환 매출액	직접 전환으로 인한 전환 매출액의 합
전환당 비율	광고비/전환수, 전환 1회당 사용한 평균 광고비
방문당 평균 체류시간	체류시간/방문 수, 사용자가 사이트 방문 1회당 살펴본 페이지 수
방문당 평균 페이지 뷰	페이지 뷰/방문 수, 사용자가 사이트 방문 1회당 살펴본 페이지 수
전환수 (네이버 페이)	사용자들이 검색광고를 통해 사이트에 방문해 네이버 페이로 결제한 경우의 전환수, 총 전환수보다 항상 작음
전환매출액 (네이버 페이)	네이버 페이를 통해 발생한 전환 매출액의 합계
광고수익률	• 전환매출액/총 비용, 단위 광고 비용당 전환 매출액 • 사용한 광고비용에 대해 어느 정도의 매출이 발생하였는지를 비율로 나타낸 것 • 전환매출액을 기준으로 광고 효율을 측정하는 지표 중 하나

39 정답 ④

정답해설

파워콘텐츠(콘텐츠검색광고)는 이용자의 정보 탐색 의도가 깊은 키워드에 대해 해당 분야의 전문가인 광고주가 블로그, 포스트, 카페 등의 콘텐츠를 이용해 보다 정확하고 신뢰성 있는 정보를 제공하는 광고상품이다. 네이버 지정 키워드에 한하여 집행이 가능하며, 정책상 개별적인 로그분석 프로그램 사용이 제한된다.

40 정답 ④

정답해설

로그분석은 웹 사이트 등을 방문한 유저들의 데이터를 수집해 분석하는 도구를 의미한다. 네이버, 다음 카카오, 구글 검색광고에서도 무료로 로그분석을 지원하고 있다.

Search

매체별 로그분석

네이버	도구)프리미엄로그분석
카카오	도구)픽셀&SDK 연동 관리
구글	도구 및 설정)전환, 애널리틱스

part 05

빠른
정답찾기

검색광고 활용 전략

단답식 문제

01 클릭
02 구매
03 ① CPS, ② CPC
04 ① 투자수익률 분석(ROI, return on investment),
② 광고를 통한 매출분석(ROAS, Return on advertising spend)
05 ① CVR 또는 전환율, ② CTR 또는 클릭률
06 로그분석
07 ① 3(%), ② 1,667원
08 500,000원
09 300(%)
10 400(%)
11 키워드 사후관리, 랜딩페이지 관리
12 CVR 또는 전환율, CTR 또는 클릭률
13 ① 낮, ② 낮
14 랜딩페이지
15 반송
16 노출수 125,000, 물품단가(객단가) 90,000원
17 직접전환수
18 3(또는 3배)
19 43,750
20 47,680,000원

01

정답 클릭

정답해설

검색사용자의 행동 단계는 '노출 → 클릭 → 구매' 순이다.

02

정답 구매

정답해설

일반적인 소비자 행동은 '인지 → 방문 → 구매' 순이다.

03

정답 ① CPS, ② CPC

정답해설

CPS는 구매당 광고비를 의미하며, 광고비당 구매의 정도가 어느 정도인지를 분석하는 방법이다. 동일한 광고비에 비해 구매수가 많은 것이 더 높은 효과가 있는 광고이다.

CPC(클릭당 비용)는 광고를 통해 한 사람의 사용자가 사이트를 방문하는데 투여되는 비용을 말한다. 클릭당 비용이 낮을수록 또는 동일 광고비용으로 클릭률이 높을수록 광고효과가 높음을 알 수 있다.

Search

검색광고의 단계별 효과분석

- CPC(클릭당 비용) : 총 광고비/클릭수(낮을수록 좋음)이며, 광고를 통해 한 사람의 사용자가 사이트를 방문하는데 투여되는 비용을 말한다. 클릭당 비용이 낮을수록 또는 동일 광고비용으로 클릭률이 높을수록 광고효과가 높음을 알 수 있다.

- CPS : 총 광고비용/구매 건 수이며, 광고를 통해 사용자가 광고주의 사이트를 방문하여 최종적으로 상품 및 서비스를 구매하는 비용을 의미한다. 구매건당 비용이 낮을수록 효율적으로 광고가 집행되고 있음을 알 수 있다.

04

정답
① 투자수익률 분석(ROI, return on investment),
② 광고를 통한 매출분석(ROAS, Return on advertising spend)

정답해설

투자수익률 분석(ROI, return on investment)는 광고를 통한 수익/광고비×100으로 구하며, 투자수익률은 가장 널리 사용되는 측정기준 중 하나이며 이는 키워드 광고를 통해 발생하는 이익을 광고비로 나누어 계산하면 되며 ROI가 100% 이상이면 광고 집행의 효과가 있다고 봐도 된다. 전체수익과 매출을 가지고 ROI를 계산하기도 하지만 각 키워드별 ROI를 계산하여 확인할 수 있다.

광고를 통한 매출분석(ROAS, Return on advertising spend)은 사용한 광고비를 통해서 직접적으로 발생하는 매출액의 크기를 의미한다. ROAS는 광고를 통한 매출/광고비×100으로 구한다.

05 정답 ① CVR 또는 전환율, ② CTR 또는 클릭률

정답해설

CVR은 Click ConVersion Rate의 약자로, 구매건수/클릭수(=구매전환율 = 전환율)로 구한다.
CTR은 Click Through Ratio의 약자로, 클릭수/노출횟수(=클릭률)로 구한다.

06 정답 로그분석

정답해설

로그분석은 웹 사이트 등을 방문한 유저들의 데이터를 수집해 분석하는 도구를 의미한다. 네이버, 다음 카카오, 구글 검색광고에서도 무료로 로그분석을 지원하고 있으며, 로그분석의 예로 구글의 애널리틱스, 에이스카운터, 비즈스프링의 로거 등이 있다. 매체에서 제공하는 로그분석을 활용할 시에 별도의 엑셀 작업 없이 그룹, 캠페인, 키워드별 전환성과를 보고서와 함께 볼 수 있다. 로그분석이 가능하기 위해서는 웹사이트 등에 전환추적 스크립트의 삽입이 필요하며 자가 설치 및 대행 설치도 가능하다.

07 정답 ① 3(%), ② 1,667원

정답해설

구매수가 200회이고, 방문수가 6,000회이므로, CVR은 3%이다.
광고비가 10,000,000원이고, 방문수가 6,000회이므로, CPC는 1,667원이다.

08 정답 500,000원

정답해설

광고비가 12,000,000원이고, CPC가 15,000원이므로, 클릭수는 800회이다.
클릭수가 800회이고, 전환율이 4%이므로, 전환수는 32회이다.
전환수가 32회이고, 매출액이 16,000,000원이므로, 물품단가(객단가)는 500,000원이다.

09 정답 300(%)

정답해설

광고비가 8,000,000원이고, 광고로 인한 전환매출액이 24,000,000원이므로 ROAS는 300%이다.

10 정답 400(%)

정답해설

광고비가 750,000원이고, 전환매출액이 3,000,000원이므로, ROAS은 400%이다.

11 정답 키워드 사후관리, 랜딩페이지 관리

정답해설

사후관리는 키워드 사후관리와 랜딩페이지 관리로 구분이 가능하다. 키워드 사후관리를 통해 광고를 끊임없이 최적화하고 랜딩페이지 관리를 통해 힘들게 방문한 고객들이 이탈되지 않고 전환으로 연결이 가능하도록 사후관리를 철저히 해야 한다.

12 정답 CVR 또는 전환율, CTR 또는 클릭률

정답해설

키워드 사후관리에서 성과 향상을 위해 고려해야 할 지표는 CTR, CVR이다. CTR은 광고가 노출된 횟수 대비 클릭을 받은 비율을 의미한다. CVR은 클릭을 통해서 방문한 고객이 전환행동을 한 비율을 의미한다.

13 정답 ① 낮, ② 낮

정답해설

CTR은 낮고, CVR은 낮은 경우, 키워드 및 광고 소재가 모두 적합한지를 사전에 점검한 후에 광고 중단을 고려해야 한다. 키워드는 여러 가지 이유로 언제나 변화가능성이 있으므로 주기적인 효과분석 및 필터링 과정은 필수적이다.

part
05
정답 및 해설

14
정답 랜딩페이지

정답해설

랜딩페이지란 광고를 통해 방문하게 되는 페이지를 의미한다. 랜딩페이지가 메인페이지가 될 수 있으며, 카테고리나 제품 상세 페이지, 이벤트 페이지가 될 수도 있다. 광고를 클릭해 방문한 페이지에서 찾고자 했던 제품 및 콘텐츠 등이 없는 경우 고객들은 쉽게 포기하고 타 페이지를 사용한다. 1명의 방문자를 웹 사이트로 유입시키기까지 많은 노력 및 비용을 투하했다 하더라도 랜딩페이지에서 이탈해버리면 아무 소용이 없게 된다.

15
정답 반송

정답해설

사이트에 방문한 후에 페이지 이동 없이 바로 이탈한 경우를 반송이라고 한다. 반송률은 방문자 수 대비 반송 수의 비율 데이터를 의미한다.

16
정답 노출수 125,000, 물품단가(객단가) 90,000원

정답해설

광고를 통한 클릭수가 5,000건이고, 클릭률이 4%이므로, 노출수는 125,000건이다.
광고를 통한 클릭수가 5,000건이고, 전환율이 5%이므로, 전환수는 250건이다.
광고비가 5,000,000원이고 ROAS가 450%이므로 전환매출액은 22,500,000원이다.
따라서 전환수가 250건이고, 전환매출액은 22,500,000원이므로, 물품단가(객단가)는 90,000원이다.

17
정답 직접전환수

정답해설

전환이란, 광고를 통해 사이트로 유입된 방문객이 광고주가 원하는 특정 행동(상담신청, 회원가입, 상품구매, 장바구니담기 등)을 취하는 것을 말한다. 직접전환은 광고를 클릭하고 30분 이내에 전환이 일어난 경우를 뜻하며, 직접전환수는 직접 전환이 일어난 횟수를 의미한다.

18
정답 3(또는 3배)

정답해설

A랜딩 페이지와 B랜딩 페이지의 전환율 차이가 3배이므로, ROAS 차이도 3배가 난다.

19
정답 43,750

정답해설

광고를 통한 클릭수 3,500명이고, 클릭률이 8%이므로, 노출수는 43,750이다.

20
정답 47,680,000원

정답해설

광고비가 6,400,000원이고, ROAS가 745%이므로, 전환매출액은 47,680,000원이다.

빠른 정답찾기

제1회 실전모의고사

객관식 문제

01 ③	02 ④	03 ②	04 ④	05 ④
06 ①	07 ③	08 ②	09 ③	10 ③
11 ①	12 ④	13 ④	14 ①	15 ④
16 ④	17 ①	18 ②	19 ③	20 ③
21 ③	22 ④	23 ④	24 ②	25 ④
26 ④	27 ①	28 ③	29 ④	30 ①
31 ③	32 ④	33 ①	34 ③	35 ④
36 ③	37 ③	38 ②	39 ④	40 ①

단답식 문제

41 검색엔진
42 애드서버 또는 Ad Server
43 네이티브 광고 또는 Native Ad, native advertising
44 ① 광고소재, ② 확장소재
45 비즈채널
46 ① 6, ② 30
47 웹 사이트 트래픽
48 1(회)
49 매체믹스
50 자동 규칙
51 클릭초이스플러스
52 ① 표시 URL, ② 직접전환
53 ① CPI, ② CPC, ③ CPS
54 ① 무효클릭, ② 로그분석
55 400(원)
56 ① CVR 25%, ② ROAS 990%
57 자격증
58 ① 품질지수, ② 품질평가점수
59 쇼핑 브랜드형(상품)
60 ① 프리미엄 로그 분석, ② 애널리틱스

01　　　　　　　　　　　　정답 ③

정답해설

소셜 미디어란 사람들의 의견, 생각, 경험, 관점들을 서로 공유하기 위해 사용하는 온라인 도구나 플랫폼을 의미한다. 유무선 전기 통신망에서 사용하기 위해 부호·문자·음성·음향 이미지·영상 등을 디지털 방식으로 제작, 처리, 유통하는 자료, 정보 등을 의미하는 용어는 디지털 콘텐츠이다.

오답해설

① 온라인 포털이란 인터넷을 사용할 때 기본적으로 거쳐 가는 웹 사이트를 의미하며, 광고를 주 수익 기반으로 한다.
② 검색엔진이란 인터넷에서 자료를 쉽게 찾을 수 있게 도와주는 소프트웨어를 의미한다.
④ 온라인 커머스란 소셜 미디어와 온라인 미디어를 활용하는 전자상거래를 의미한다.

핵심 Search

디지털 콘텐츠

- 유무선 전기 통신망에서 사용하기 위해 부호·문자·음성·음향 이미지·영상 등을 디지털 방식으로 제작, 처리, 유통하는 자료, 정보 등을 의미한다.
- 디지털화된 방법으로 제작, 유통, 소비될 수 있는 제품군을 의미하며, 구체적으로는 최근에 각광받고 있는 각종 동영상 파일, 이미지 파일, MP3 음악 파일, 멀티미디어 서적 등이 있다.
- 구입에서 결제, 이용까지 모두 네트워크와 개인용 컴퓨터(PC)로 처리하기 때문에 종래의 통신 판매 범위를 초월한 전자 상거래(EC)의 독자적인 분야로서 시장 확대가 급속히 이루어지고 있다.
- 디지털 콘텐츠는 디지털 형태로 존재하고, 유통 및 소비도 디지털 형태로 이루어진다.

02　　　　　　　　　　　　정답 ④

정답해설

네이티브 광고와 배너광고는 Paid media에, 홈페이지와 블로그는 Owned media에 속한다. 고객이 남기는 후기나, 커뮤니티의 게시물 등이 Earned media에 속한다.

03 정답 ②

정답해설

온라인 커머스는 소셜 미디어와 온라인 미디어를 활용하는 전자 상거래의 일종이다. 온라인 커머스는 2005년 Y사의 장바구니 공유 서비스 사이트를 통하여 처음 소개되었으며, 2008년 미국 시카고에서 설립된 온라인 할인 쿠폰업체 G 사가 공동 구매형 소셜 커머스의 비즈니스 모델을 처음 만들어 성공을 거둔 이후 본격적으로 알려지기 시작하였다. 이는 제품 정부 등에 대한 사용자의 평기니 공유 목록 같은 온라인 협업 쇼핑 도구의 집합을 설명하기 위해서였다.

04 정답 ④

정답해설

디지털 마케팅은 전통적 마케팅과는 다르게 양방향성 커뮤니케이션을 할 뿐 아니라, 소셜 빅데이터를 통한 조사를 하여 소비자 욕구를 채우려 한다. 재미와 감성을 지닌 브랜디드 콘텐츠를 제공할 뿐 아니라 개인 맞춤형 광고를 제공한다.

Search

디지털 마케팅

구분	내용
소비자	능동적 소비자
커뮤니케이션	• 소비자 욕구 중심 • 양방향 • 상호작용, 참여, 체험
소비자조사	소셜 빅데이터
광고방식	• 개인 맞춤형 • 재미와 감성을 지닌 브랜디드 콘텐츠

05 정답 ④

정답해설

주로 SNS상에서 영향력이 큰 사람들을 일컫는다. 인터넷이 발전하면서 소셜 미디어의 영향력이 크게 확대되었기 때문이다. 현재는 소셜 미디어를 통해 일반인들이 생산한 콘텐츠가, 브랜드 측에서 게시하는 TV광고와 유사하거나, 혹은 그 이상의 영향력을 가지게 되었다. 인플루언서들이 SNS를 통해 공유하는 특정 제품 또는 특정 브랜드에 대한 의견이나 평가는 콘텐츠를 소비하는 이용자들의 인식과 구매 결정에 커다란 영향을 끼친다. 이들은 연예인처럼 외모나 퍼포먼스로 인기를 얻지도 않음에도 불구하고, 자신들이 자체적으로 생산해내는 콘텐츠를 통해 큰 파급력을 가진다는 특징이 있다.

06 정답 ①

정답해설

디지털 마케팅에서의 소비자 정보처리 과정은 'Attention–Interest–Search–Action–Share'로 AISAS라고도 한다. 소비자의 능동적인 참여를 바탕으로 소셜 미디어를 통하여 정보를 공유한다는 특징을 가진다.

Search

소비자 정보처리 과정

• 디지털 정보처리 과정 : Attention–Interest–Search–Action–Share
• 전통적 정보처리 과정 : Attention–Interest–Desire–Memory–Action

07 정답 ③

정답해설

시장세분화는 고객의 니즈, 성격, 라이프스타일 등에 따라 고객을 되도록 작은 집단으로 나누는 것을 의미하는 마케팅 용어이다. 전체시장을 하나의 시장으로 보지 않고, 소비자 특성의 차이 또는 기업의 마케팅 정책, 예를 들어 가격이나 제품에 대한 반응에 따라 전체시장을 몇 개의 공통된 특성을 가지는 시장으로 나누어서 마케팅을 차별화시키는 것을 말한다.

오답해설

① 표적시장 : 세분시장이 확인되고 나면, 기업은 얼마나 많은 그리고 어떤 세분시장을 표적으로 할 것인지를 결정해야 한다. 무차별적 마케팅 전략, 차별적 마케팅 전략, 집중적 마케팅 전략으로 구분할 수 있다.
② 포지셔닝 : 자사 제품의 큰 경쟁우위를 찾아내어 이를 선정된 목표시장의 소비자들의 마음속에 자사의 상품을 자리 잡게 하는 것을 의미한다.

④ 노출 순위는 최대클릭비용 외에 광고품질에 따라 달라지며, 광고운영시스템을 통해 탄력적으로 운영할 수 있다.

시장세분화 요건

- 측정가능성(measurability) : 마케팅관리자가 각 세분시장의 규모나 구매력 등을 측정할 수 있어야 한다는 것이다.
- 유지가능성(sustainability) : 세분시장이 충분한 규모이거나 이익을 낼 수 있는 정도의 크기가 되어야 함을 의미한다. 즉, 각 세분시장 내에는 특정 마케팅 프로그램을 지속적으로 실행할 가치가 있을 만큼의 가능한 한 동질적인 수요자들이 존재해야 한다.
- 접근가능성(accessibility) : 적절한 마케팅 노력으로 세분시장에 효과적으로 접근하여 제품이나 또는 서비스를 제공할 수 있는 적절한 수단이 있어야 한다는 것이다.
- 실행가능성(actionability) : 실행가능성이란, 각 세분시장에서 고객들에게 매력 있고, 이들의 욕구에 충분히 부응할 수 있는 효율적인 마케팅 프로그램을 계획하고 실행할 수 있는 정도를 의미한다. 다시 말해, 아무리 매력적인 세분시장이 존재한다고 할지라도 이들 시장에 적합한 별도의 마케팅 프로그램을 개발할 기업 내 능력이 결여된 경우에는 실행가능성이 사라지게 됨을 의미한다.

검색광고의 특징

장점	단점
• 정확한 타기팅이 가능하다. • 광고 효과를 즉시 확인할 수 있다. • 광고운영시스템을 통해 탄력적으로 운영할 수 있다. • 종량제 광고(CPC 광고)로 효율적으로 운영할 수 있다. • 노출 순위는 최대클릭비용 외에 광고품질에 따라 달라진다.	• 관리 리소스가 많이 투여된다. • 검색광고 경쟁이 심화될 수 있다. • 부정클릭 발생을 방지하기 어렵다. • 초기 브랜드를 알리는 광고로는 적합하지 않다.

08 　　　　　　　　　　　정답 ②

정답해설

해당 키워드에 이미 관심을 가지고 있는 잠재 고객을 대상으로 광고를 노출하기 때문에, 광고의 효과가 상대적으로 높은 것이 장점이 있으며, 고객이 선택한 특정 키워드에 의한 시장세분화가 가능하다.

09 　　　　　　　　　　　정답 ③

정답해설

검색광고는 노출수, 클릭수 등의 광고효과를 실시간으로 확인할 수 있으며, 종량제 광고(CPC 광고)를 통하여 효율적인 운영을 할 수 있다.

오답해설

① 관리 리소스가 많이 투여되고 초기 브랜드를 알리는 광고로는 적합하지 않다.
② 부정클릭 발생을 방지하기 어려우며, 대형포털의 검색광고 경쟁을 심화시킬 수 있다.

10 　　　　　　　　　　　정답 ③

정답해설

경쟁사의 광고를 모니터링하는 방법은 집행상품을 모니터링하는 것뿐만 아니라 주요 키워드 집행여부, 순위, 광고소재가 존재한다. 모니터링을 통하여 차별화된 설명문안, 확장소재, 랜딩페이지 전략을 사용함으로써, 경쟁우위를 가져 오는 것이 중요하다.

11 　　　　　　　　　　　정답 ①

정답해설

CPC는 Cost Per Click의 약자로, 클릭당 비용을 의미한다. CPC의 값은 광고비/클릭수로 계산한다.

검색광고의 매체노출 효과 용어

- 클릭률(CTR) : 노출수 대비 클릭수 비율
- 전환율(CVR) : 클릭수 대비 전환수 비율
- ROAS(Return On Ad Spend) : 광고비 대비 수익률
- ROI(Return On Investment) : 투자 대비 이익률
- CPA(Cost Per Action) : 전환당 비용
- CPS(Cost Per Sale) : 구매당 비용

- CPC(Cost Per Click) : 클릭당 비용
- 컨버젼(ConVersion) : 광고를 통해 사이트로 유입 후 특정 전환을 취하는 것

12 정답 ④

정답해설

광고의 구조는 캠페인, 그룹, 키워드와 소재이며, 캠페인은 마케팅 활동에 대한 목적을 기준으로 묶어서 관리하는 광고 전략 단위이다. 캠페인 등록 후 유형 변경이 불가하며, 광고 집행을 위해서는 캠페인에 맞는 비즈채널이 반드시 등록되어야 한다.

Search

네이버 검색광고의 구조

캠페인	• 마케팅 활동에 대한 목적을 기준으로 묶어서 관리하는 광고 전략 단위이다. • 5개의 유형(파워링크, 쇼핑 검색, 파워콘텐츠, 브랜드 검색, 플레이스)이 존재한다. • 캠페인 등록 후 유형 변경이 불가하다. • 광고 집행을 위해서는 캠페인에 맞는 비즈채널이 반드시 등록되어야 한다.
광고 그룹	• 캠페인 활동에 대한 개별 실행 방법을 설정한다. • 웹 사이트, 매체, 지역, 노출 요일과 시간대, 하루 예산, 입찰가 설정이 가능하다.
키워드	• 검색을 위해 사용하는 단어를 말한다. • 광고그룹 입찰가와 별도로 키워드별 입찰가 지정이 가능하다. • 키워드 확장 기능을 통해 등록 키워드 및 유의 키워드의 자동 광고 노출이 가능하다.
소재	• 사용자에게 보이는 광고 요소를 말한다. • 소재 확장이 가능하다.

13 정답 ②

정답해설

네이버 광고뿐만 아니라 거의 대부분의 디지털 광고 매체들은 캠페인이 가장 큰 단위라고 할 수 있는데, 캠페인에서는 하루예산을 설정 혹은 예산 제한 없음을 설정할 수 있고, 이

를 하루 예산에 맞게 시스템이 광고 노출을 조절할 수 있도록 설정할 수도 있다. 네이버 키워드 광고 캠페인 설정에서는 고급옵션도 설정할 수 있는데 시작 및 종료 날짜 설정도 가능하다. 또한, 추적기능을 사용할 수도 있는데 네이버 프리미엄 로그 분석을 사용하는 광고주라면 자동 추적URL 파라미터를 켜두게 됐을 때, 전환을 추적하여 전환값을 계정 내에서 볼 수 있게 해주는 기능도 있다.

14 정답 ①

정답해설

네이버 계정 구조는 캠페인, 그룹, 키워드와 소재로 이루어져 있으며, 캠페인은 마케팅 활동에 대한 목적을 기준으로 묶어서 관리하는 광고 전략 단위이다. 캠페인은 파워링크, 쇼핑 검색, 파워콘텐츠, 브랜드 검색, 플레이스 5개의 유형이 존재한다.

Search

네이버 비즈채널

- 웹 사이트, 전화번호, 네이버 예약 등 고객에게 상품 정보를 전달·판매하기 위한 모든 채널을 의미한다.
- 광고 집행을 위해서는 캠페인에 맞는 비즈채널이 반드시 등록되어야 한다.

15 정답 ④

정답해설

키워드 광고는 그룹 단위에서 그룹에 대한 설정변경을 통해 그룹에 소속된 모든 키워드와 광고소재를 관리할 수 있으며, PC 검색 포털, 모바일 검색, PC 콘텐츠, 모바일 콘텐츠 영역의 노출여부 선택이 가능하다.

오답해설

① 키워드 광고는 광고관리, 보고서, 도구, 설정으로 구성되어 있다.
② 광고의 구조는 캠페인, 광고그룹, 소재로 구성되어 있다.
③ 캠페인은 키워드광고, 브랜드 검색광고가 존재한다.

Search

카카오 그룹단위의 영역

- PC검색포털 : 다음, 네이트, 빙, korea.com, GOM TV 등의 포털사이트 검색 결과 최상단에 노출

• 모바일 검색 : 다음, 카카오톡#, 네이트 등 제휴된 웹/앱에서의 모바일 검색 결과, 프리미엄 링크영역에 최대 6개까지 광고노출
• PC/모바일 콘텐츠 : 다음 카페, 뉴스, 1boon, 카카오톡 등의 카카오 내부지면 및 언론사 커뮤니티 등 카카오와 제휴를 맺고 있는 외부지면에 노출

• 키워드광고는 광고그룹 입찰가와 키워드별 입찰가 지정이 가능하다.
• 브랜드 검색광고는 디바이스와 탬플릿 유형, 기간에 맞는 단가가 존재한다.
• 키워드 확장을 통해 등록 키워드 및 유의 키워드의 자동 광고 노출이 가능하다.

16 정답 ④

정답해설

상세 운영보고서는 Google Ads 우측 상단 보고서 탭에서 제공한다.

오답해설

① 광고의 구조는 캠페인, 광고그룹, 광고이다.
② 캠페인 생성 단계에서 네트워크와 기기, 위치 및 언어, 입찰 및 예산, 광고확장을 설정할 수 있다.
③ 개요 페이지에서 실적과 통계의 요약을 제공하고, 보고서 페이지에서 데이터 조회, 구성 및 분석이 가능하다.

Search

구글 검색광고

구성	내용
개요 페이지	실적, 통계의 요약 제공
상세 운영보고서	Google Ads 우측 상단 보고서 탭에서 제공
보고서 페이지	데이터 조회, 구성 및 분석 (맞춤형 대시보드를 통한 시각화 가능)

17 정답 ①

정답해설

카카오는 등록한 키워드를 확장하여 광고를 노출할 수 있고, 확장된 키워드 내에서도 제외키워드를 추가할 수 있다.

Search

카카오 키워드

• 검색을 위해 사용하는 단어를 말한다.

18 정답 ②

정답해설

카카오 브랜드 검색광고는 노출 영역, 소재 형태, 구간별 쿼리수에 따라 비용이 달라진다.

Search

카카오 브랜드검색광고

• 브랜드에 대한 '정보탐색'의 목적이 있는 유저에게 이미지/동영상/텍스트 등을 이용하여 브랜딩할 수 있으며, 카카오톡 채널 영역 등을 이용하여 보다 다양하고, 효과적으로 구성할 수 있다.
• 과금방식은 노출 영역, 소재 형태, 구간별 쿼리수에 따라 비용이 달라진다. 쿼리수는 [광고그룹 생성)키워드 설정] 단계에서 등록된 키워드 수의 전월 검색수가 기준이 된다.

19 정답 ③

정답해설

구글은 여러 개의 그룹을 생성할 수 있다. 광고그룹에는 하나 이상의 광고가 있어야 하며, 광고그룹에 포함된 모든 광고와 키워드는 유사한 타깃인 것이 좋다.

오답해설

① 네이버는 그룹 생성단계에서 기본 입찰가와 하루 예산 설정이 가능하며, 그룹 고급옵션에서 광고 노출 매체, 지역, 일정 설정이 가능하다.
② 네이버와 카카오는 광고 그룹 단위에서 키워드 확장이 가능하며, 별도의 제외 키워드 등록이 가능하다.
④ 네이버는 키워드 도구로, 카카오는 키워드 플래너로 키워드를 발굴한다.

20 정답 ③

정답해설

네이버 검색광고 중 사이트 검색광고(파워링크), 쇼핑검색광고, 콘텐츠검색광고(파워콘텐츠), 클릭초이스플러스, 클릭초이스상품광고는 경매(입찰)방식으로 구매 가능하며, 입찰가 설정이 필요하다. 입찰가는 최소 70원(쇼핑검색광고 50원)~최대 10만 원(노출 순위와 클릭당 광고비에 영향)이다.

21 정답 ③

정답해설

네이버의 제휴 파트너 사이트는 검색포털로는 ZUM, 검색파트너로는 옥션, G마켓, 비비, 롯데 아이몰, 다나와, 인터파크, 에누리닷컴, AK몰, 가자아이, 사자아이, 11번가가 있다.

제휴 파트너 사이트

- 검색포털 : ZUM
- 검색파트너 : 옥션, G마켓, 비비, 롯데 아이몰, 다나와, 인터파크, 에누리닷컴, AK몰, 가자아이, 사자아이, 11번가

22 정답 ④

정답해설

사이트 내에 성인콘텐츠가 있음에도 성인인증 등의 법령에 따른 청소년 보호조치를 취하지 않은 경우 관련 법령을 위반하였으므로, 광고의 일부나 전체가 제한된다. 사이트 내에 성인콘텐츠가 있지만 성인인증 등의 법령에 따른 청소년 보호조치를 취한 경우 관련 법령을 위반하지 않았으므로, 광고의 일부나 전체가 제한된다고 볼 수 없다.

광고의 일부 또는 전체 제한

- 통신판매업신고, 의료기관 개설신고 등 업종별 인/허가를 받지 않거나 또는 등록/신고 없이 광고하는 경우
- 모조품 판매, 상표권 침해 등 제3자의 권리 침해가 확인되는 경우
- 사이트 내에 성인콘텐츠가 있음에도 성인인증 등의 법령에 따른 청소년 보호조치를 취하지 않은 경우
- 검수를 받은 사이트와 다른 사이트로 광고를 연결하는 경우

- '100% 효과 보장 등' 허위/과장된 내용으로 광고하는 경우
- 사이트가 접속되지 않거나 완성되지 않은 경우
- 등록한 사이트와 관련성이 낮은 키워드/광고소재로 광고하는 경우
- 단란주점, 룸살롱, 가라오케 등의 유흥업소 사이트 및 해당 업소의 직업정보 제공 사이트
- 성인화상채팅 및 애인대행 서비스 제공 사이트
- 브랜드제품의 정보만을 제공하는 사이트
- 인터넷을 통하여 유틸리티, 멀티미디어, 드라이버 등의 각종 프로그램이나 파일을 제공하는 등의 공개자료실 사이트 등

23 정답 ④

정답해설

콘텐츠검색광고는 네이버 지정 키워드에 한하여 집행이 가능하며, 정책상 개별적인 로그분석 프로그램 사용이 제한되어 전환 추적이 불가능하다.

24 정답 ②

정답해설

네이버는 캠페인 하루 예산 설정 시 예산 조기 소진 예상 시점에 광고가 자동 중단되며, 예산 조기 소진으로 인한 광고 중단을 방지하기 위해 예산 균등 배분 체크가 가능하다.

25 정답 ④

정답해설

카카오는 개별 그룹에서 입찰가와 랜딩 URL을 변경할 수 있으며, 키워드를 복사하여 원하는 광고그룹에 복사할 수 있다.

26 정답 ③

정답해설

카카오 키워드 플래너를 통하여 모바일과 PC 각각의 조회수, 클릭수, 클릭률, 평균 경쟁 광고수, 최고입찰가를 파악할 수 있다.

① 키워드 확장이란 직접적으로 키워드를 등록하지 않아도 기존의 등록 키워드나 유사 키워드에 광고를 노출하는 것을 말한다.
② 네이버는 키워드를 이동할 수 없으나 복사는 가능하다. 단, 품질지수는 복사되지 않고, 복사 후 광고 성과에 따라 재산정된다.
④ 구글은 일치검색, 구문검색, 제외어 검색으로 지정하지 않으면 기본적으로 확장검색 유형으로 설정된다.

27 정답 ③

정답해설

구글은 키워드 선택 후 최대 CPC 입찰가 변경이 가능하다. 구글은 목표를 달성하기 위하여 자동으로 입찰가를 설정할 수 있으며, 캠페인 유형에 맞춘 여러 입찰 전략을 제공한다.

28 정답 ②

정답해설

구글의 자동입찰 기능은 타깃 CPA, 타깃 광고 투자수익 ROAS, 클릭수 최대화, 전환수 최대화, 전환 가치 극대화, 타깃 노출 점유율이 있다.

Search

구글 자동입찰 기능

타깃 CPA	설정한 타깃 전환당 비용 수준에서 전환수를 최대한 늘릴 수 있도록 Google Ads에서 입찰가를 자동으로 설정
타깃 ROAS	설정한 타깃 ROAS 내에서 전환 가치를 최대한 높일 수 있도록 Google Ads에서 입찰가를 자동으로 설정
클릭수 최대화	예산 내에서 클릭수를 최대한 높일 수 있도록 Google Ads에서 입찰가를 자동으로 설정
전환수 최대화	예산 내에서 최대한 많은 전환이 발생하도록 Google Ads에서 입찰가를 자동으로 설정
전환 가치 극대화	예산 내에서 전환 가치를 최대한 높이도록 Google Ads에서 입찰가를 자동으로 설정
타깃 노출 점유율	선택한 검색 페이지 영역에 내 광고가 게재될 가능성이 높아지도록 Google Ads에서 입찰가를 자동으로 설정

29 정답 ④

정답해설

표시 URL은 광고소재에서의 URL로, 사이트 내 모든 페이지에서 공통으로 확인되는 URL이다. 즉, 최상위 도메인을 말한다. 연결 URL은 광고소재에서의 URL로, 광고를 클릭 했을 때 도달하는 페이지의 URL이다. 즉, 랜딩페이지의 URL을 말하고, 네이버와 구글은 키워드와 소재에 연결 URL을 설정할 수 있다.

30 정답 ①

정답해설

비즈채널은 웹 사이트, 전화번호, 쇼핑몰, 위치정보, 네이버 예약 등 잠재적인 고객에게 상품 정보를 전달하고 판매하기 위한 모든 채널을 의미한다. 이 경우 광고 집행을 위해 캠페인 유형에 맞는 비즈채널을 반드시 등록해야 한다. 비즈채널은 확장소재의 구성요소로도 활용이 가능하다. 비즈채널 등록 후 확장소재 탭에서 노출 여부의 선택이 가능하다. 네이버는 웹 사이트 채널을 삭제하면 캠페인에 포함된 광고 그룹과 그 안의 키워드 및 소재, 확장소재 전체가 삭제되며 복구가 불가능하다. 전화번호, 위치정보 비즈채널을 삭제할 경우 해당 채널을 사용한 확장소재는 삭제되지만 광고 그룹은 삭제되지 않는다.

31 정답 ③

정답해설

카카오는 광고수요가 많은 일부 키워드에 대해 Daum 통합검색결과 와이드링크 영역에 최대 5개의 광고가 노출된다.

① 네이버는 광고그룹 단위에서 하루 예산, 지역, 요일 및 시간대, 콘텐츠 매체, PC 및 모바일 입찰가중치, 소재노출 관리를 할 수 있다.
② 네이버는 캠페인 단위에서 기간 변경과 계산 변경이 가능하며, 고급옵션에서 시작 및 종료를 설정해 원하는 날짜에만 광고 노출이 가능하다.
④ 구글은 캠페인 단위에서 네트워크와 위치, 언어, 예산, 시작일 및 종료일 설정을 통해 노출 전략의 설정이 가능하다.

part **05**

정답 및 해설

32
정답 ④

정답해설

네이버와 카카오 광고의 품질을 측정한 측정치를 품질지수라고 하며, 품질지수는 7단계 막대 모양이다. 네이버 광고는 최초 등록 시 같은 키워드가 노출되고 있는 광고 평균에 근접한 값으로 4단계 품질지수를 부여 받으며, 24시간 내 품질 측정되어 품질지수가 적용된다. 카카오 광고는 최초 등록 시에 1단계의 품질지수를 부여 받는다. 구글 광고의 품질을 측정한 측정치를 품질평가점수라고 하며, 품질평가점수는 예상클릭률, 광고관련성, 방문페이지 만족도를 통해 키워드별로 1~10점으로 측정한다.

오답해설

① 네이버 광고의 품질을 측정한 측정치를 품질지수라고 하며, 최초 등록 시 같은 키워드가 노출되고 있는 광고 평균에 근접한 값으로 4단계 품질지수를 부여 받으며, 24시간 내 품질 측정되어 품질지수가 적용된다.
② 카카오 광고의 품질을 측정한 측정치를 품질지수라고 하며, 최초 등록 시에 1단계의 품질지수를 부여 받는다.
③ 구글 광고의 품질을 측정한 측정치를 품질평가점수라고 하며, 등록 시 10점 중 0점으로 시작하여 실적 데이터가 누적되면 변한다.

33
정답 ①

정답해설

무효클릭이란 사용자가 의도하지 않은 클릭이나 악성 소프트웨어로부터 발생한 클릭 즉, 검색광고 본래의 취지에 맞지 않은 무의미한 클릭을 의미한다. 광고비의 소진, 품질지수의 상승 등 특정인의 이익을 위해 행해지는 인위적 클릭과 각종 소프트웨어, 로봇 또는 자동화된 도구에 의해 발생하는 클릭과 더블클릭 등의 무의미한 클릭을 말한다.

34
정답 ③

정답해설

카카오는 무효클릭이 의심될 경우에는 의심 키워드, 클릭일, 의심 IP 정보를 포함한 클릭로그를 카카오 고객센터 문의접수 또는 상담 챗봇으로 문의가 가능하다. 광고가 노출되지 않기를 희망하는 IP나 사이트가 있을 경우 노출제한 설정메뉴에서 IP와 사이트를 등록해 특정 IP 및 사이트에서 광고가 노출되지 않도록 제한할 수 있다. 계정〉도구〉광고노출 제한에서 IP 최대 500개까지 등록이 가능하다. 유동 IP는 마지막 네 번째 자리에 와일드카드를 이용해 차단이 가능하다.

35
정답 ④

정답해설

ROAS가 400%이고, 광고비가 1,000,000원이므로, 수익은 4,000,000원이다. 이외의 조건이 없고, 구매수가 80회이므로, 물품단가(객단가)는 50,000원이다.

오답해설

① 노출수를 알 수 없으므로, 클릭률을 알 수 없다.
② 전환율은 2%이다.
③ CPS는 12,500원이다.

36
정답 ③

정답해설

판매수는 일정하고, 상품의 가격이 1.5배가 되었다면, 총 수익은 1.5배가 되었다. ROAS는 '총 수익/광고비×100'이므로, 총 수익이 1.5배가 되었으면 광고비는 0.375배가 된다.

37
정답 ③

정답해설

이외의 조건이 없으므로, 구매건수는 '전환매출액/물품단가'이다. A는 200회, B는 250회, C는 150회의 구매건수이다. 따라서 A의 전환율은 4%이고, B의 전환율은 약 4.17%, C의 전환율은 약 2.14%이다. 전환율이 가장 높은 그룹은 B이다. 광고비는 '전환매출액/ROAS×100'이므로, A의 광고비는 800,000원이고, B의 광고비는 600,000원이고, C의 광고비는 600,000원이다. CPC는 클릭당 비용이므로, A는 160원이고, B는 100원이고, C는 약 85.71원이다. 따라서 CPC가 가장 높은 그룹은 A이다.

38
정답 ②

정답해설

노출수가 144,000회이고, 클릭수가 9,000회이므로, 클릭률은 6.25%이다. 클릭수가 9,000회이고, 전환수가 720회이므로, 전환율은 8%이다. 광고비가 8,000,000원이고, 전환매출액이 36,000,000원이므로, ROAS는 450%이다.

39 정답 ④

정답해설

검색광고 소비자 행동 단계는 노출, 클릭, 구매의 단계로 볼 수 있다. 노출의 단계는 CPI, 클릭의 단계는 CPC, 구매의 단계는 CPS로 측정할 수 있다.

효과측정

일반적인 소비자 행동	인지	방문	구매
검색광고 소비자 행동	노출	클릭	구매
단계별 효과 측정	CPI	CPC	CPS

40 정답 ①

랜딩페이지와 키워드 간의 연관도가 높으면 반송률이 낮아지기 쉬우며, 효율적이라 볼 수 있다. 반송률은 방문자 수 대비 반송 수의 비율 데이터를 의미한다. 따라서 반송률이 낮을수록 효과적이라고 볼 수 있다.

광고 극대화를 위한 랜딩페이지 구성요소

- 랜딩페이지는 키워드가 포함되어야 한다.
- 특별한 판매조건이나 구매 결정을 바로 내릴 수 있는 혜택이 포함되어 있는 것이 효과적이다.
- 특정한 타깃이나 시즈널 이슈 등 세부적인 니즈에 따라 페이지를 별도로 구성한다.
- 상품이나 서비스의 장점에 대한 증거를 제시하는 것이 좋다.
- 상품이나 서비스의 상세 설명은 있어야 한다.
- 다양한 디바이스 환경을 고려해야 한다.
- 상품구매 및 서비스 예약 등과 같은 행동을 즉각적으로 할 수 있게 하는 요소가 꼭 들어가야 한다.
- 예상되는 고객들의 특성을 파악해 랜딩페이지를 디자인하는 것이 좋다.

41 정답 검색엔진

정답해설

검색엔진이란 인터넷에서 자료를 쉽게 찾을 수 있게 도와주는 소프트웨어를 의미하며, 검색엔진의 유형으로는 디렉토리 검색과 주제어 검색, 통합 검색 등이 있다.

검색엔진의 유형

- 디렉토리 검색 : 주제별로 분류된 메뉴를 선택하여 한 단계씩 상세한 주제로 찾아가는 방법을 의미한다.
- 주제어 검색 방법 : 원하는 정보를 나타내는 특정한 단어들을 사용하여 정보를 찾아가는 형태를 의미한다.
- 통합 검색 방법 : 웹 사이트뿐만 아니라 거의 모든 유형의 문서나 파일을 제공하는 방법을 의미한다.

42 정답 애드서버 또는 Ad Server

정답해설

디지털광고는 대부분 애드서버(Ad Server)를 통하여 제공된다. 네이버 광고주센터, 구글 애드워즈, 다음클릭스 에이전시는 애드서버 통해 제공된다. 애드서버는 광고물을 게재하거나 삭제하며 각종 타깃팅 기법을 적용해주고, 광고 통계리포트를 산출해주는 자동시스템이다.

애드서버(Ad Server)

- 디지털광고는 대부분 애드광고를 통하여 제공된다.
- 네이버 광고주센터, 구글 애드워즈, 다음클릭스 에이전시는 애드서버를 통해 제공된다.
- 광고물을 게재하거나 삭제하며 각종 타깃팅 기법을 적용해주고, 광고 통계리포트를 산출해주는 자동시스템이다.
- 고객의 방문과 이동에 관한 통계치를 제공하거나, 배너 회전 같은 기능도 제공하여 단일 고객이 똑같은 웹페이지를 방문하였을 때 배너를 두 번 보지 못하게 설정이 가능하다.

part
05
정답 및 해설

43   정답 네이티브 광고 또는 Native Ad, native advertising

정답해설

배너 광고처럼 본 콘텐츠와 분리된 별도 자리에 존재하지 않고 해당 사이트의 주요 콘텐츠 형식과 비슷한 모양으로 제작해 노출하는 광고를 의미한다. 페이스북, 트위터 등 소셜네트워크서비스나 핀터레스트, 플립보드 등 큐레이션 사이트에서 게시물처럼 보이는 광고가 대표적인 네이티브 광고이다.

44   정답 ① 광고소재, ② 확장소재

정답해설

소재는 광고소재와 확장소재로 구분할 수 있다. 광고소재는 검색 결과에 노출되는 메시지로, 제목과 설명문구(T&D), URL과 다양한 확장소재로 구성되어 있다. 확장소재는 일반 광고소재 외 전화번호, 위치정보, 홍보문구, 추가 링크 등을 말한다.

소재

- 광고소재 : 검색 결과에 노출되는 메시지로, 제목과 설명문구(T&D), URL과 다양한 확장소재로 구성되어 있다.
- 확장소재 : 일반 광고소재 외 전화번호, 위치정보, 홍보문구, 추가 링크 등을 말한다.

45   정답 비즈채널

정답해설

네이버 검색광고의 비즈채널은 사이트, 전화번호, 네이버 예약 등 고객에게 상품 정보를 전달·판매하기 위한 모든 채널을 의미한다. 광고 집행을 위해서는 캠페인에 맞는 비즈채널이 반드시 등록되어야 한다.

비즈채널

- 웹 사이트, 전화번호, 네이버 예약 등 고객에게 상품 정보를 전달·판매하기 위한 모든 채널을 의미한다.
- 광고 집행을 위해서는 캠페인에 맞는 비즈채널이 반드시 등록되어야 한다.

46   정답 ① 6, ② 30

정답해설

네이버 검색광고의 운영정책 회원가입에서, 회원 가입의 제한의 내용이다. 네이버 검색광고는 안정적인 서비스 운영 및 검색 이용자의 보호를 위해 주어진 조건과 같은 경우에 회원 가입을 탈퇴 또는 직권 해지일로부터 6개월간 제한할 수 있다.

네이버 검색광고의 운영정책 회원탈퇴에서, 회원 탈퇴와 재가입 제한의 내용이다. 회원 탈퇴를 한 경우 탈퇴한 계정 정보(사업자등록번호 등)로는 원칙적으로 탈퇴일로부터 30일간 다시 회원으로 가입할 수 없다. 회사는 안정적인 서비스 운영 및 검색 이용자의 보호를 위해 주어진 조건의 경우 탈퇴 또는 직권 해지일로부터 6개월간 회원 가입을 제한할 수 있다.

47   정답 웹 사이트 트래픽

정답해설

구글 검색광고는 목표에 따라 목표달성 방법이 존재한다. 웹 사이트 트랙픽은 비즈니스 웹사이트가 목표달성 방법이다.

목표달성 방법

판매	웹 사이트 방문, 전화 통화, 매장 방문, 앱 다운로드
리드	웹 사이트 방문, 전화 통화, 매장 방문, 앱 다운로드, 리드 양식 제출
웹 사이트 트래픽	비즈니스 웹 사이트

48   정답 1(회)

정답해설

키워드가 삽입된 소재는 키워드에 볼드처리가 되어 주목도를 상승시킨다. 키워드 삽입은 제목에는 1회, 설명에는 2회만 사용할 수 있으며, 키워드 삽입 시 대체 키워드를 필수로 입력해야 한다. 대체 키워드는 키워드 삽입 시 소재 전체 글자수가 초과 또는 미달의 경우 노출되는 키워드로, 검색 키워드를 대신해서 노출되는 단어로 광고그룹에 등록한 키워드를 대표하는 단어를 사용하는 것이 좋다.

키워드 삽입

네이버	{키워드 : 대체 키워드}
카카오	〈키워드 : 대체 키워드〉
구글	{KeyWord : 대체 키워드}

49
정답 **매체믹스**

매체믹스란 광고메시지가 목표 수용자에게 효과적으로 도달하기 위해 각 매체의 양적, 질적 특징과 기능을 감안하여 둘 이상의 매체를 섞어 광고를 집행하는 것을 의미한다. 매체 믹스로는 네이버, 구글, 카카오 등이 있고, 상품 믹스로는 브랜드 검색, 파워링크, 쇼핑검색광고 등이 있다.

50
정답 **자동 규칙**

정답해설

자동 규칙은 캠페인, 광고그룹 등의 대상에 입력한 조건이 달성되면 알림, OFF, 입찰가 변경 등의 작업을 수행해주는 기능이다.

51
정답 **클릭초이스플러스**

정답해설

클릭초이스플러스는 업종별로 모바일에 최적화된 광고 UI를 제공하는 광고 상품으로, 부가정보, 미리보기 화면 등을 통해 모바일 사용자에게 업체 및 상품 정보를 효과적으로 전달할 수 있다. 클릭초이스플러스는 펜션, 포토스튜디오, 파티·이벤트 기획, 유아용품 대여의 4개 업종에서 서비스를 제공하고 있으며, 네이버 모바일 통합검색 페이지의 해당 업종 영역에 최대 5개 노출되고 '더보기' 링크를 통해 추가 노출된다. 광고주의 업체로 연결되는 클릭영역(전화 걸기, 홈페이지, 가격표 등)은 클릭당 과금으로, 그 외 영역은 과금되지 않는다.

클릭초이스플러스 특징

- 모바일 환경에 최적화된 광고 UI : 클릭하기 쉬운 전화 걸기 버튼, 한눈에 알아보기 좋은 부가정보 아이콘 등 작은 모바일 환경에서 확인하기 좋은 UI를 제공한다.

- 미리보기 화면 제공 : 기본정보+지도보기 화면으로 보다 많은 정보를 제공한다. 모바일 환경에 맞게 좌우 클릭 이동이 가능하여 이용자가 자연스럽고 편하게 광고를 확인할 수 있다.
- 업종에 맞춤화된 광고 UI : 업종별로 필요한 정보를 효과적으로 제공할 수 있도록 테스트를 거쳐 만들어진 업종별 맞춤형 UI를 제공한다.

52
정답 ① 표시 URL, ② 직접전환

정답해설

연결 URL이란 광고 클릭 시 도달되는 랜딩 페이지의 URL을, 표시 URL이란 사이트 내 모든 페이지에서 공통으로 확인되는 URL을 의미한다. 직접전환은 광고 클릭 이후 30분 내에 마지막 클릭으로 발생한 전환을 의미하며, 간접전환은 광고클릭 이후 30분부터 전환 추적기간 내에 발생한 전환(추적기간은 7~20일)을 의미한다.

검색광고의 주요 키워드

- 광고소재 : 검색 결과에 노출되는 메시지
- 확장소재 : 일반 광고소재 외 전화번호, 위치정보, 홍보문구, 추가 링크
- 세부 키워드 : 대표 키워드의 하위 개념
- 대표 키워드 : 업종을 대표하는 키워드로 검색수가 높고 경쟁이 치열함
- 시즈널 키워드 : 특정 시기나 계절에 따라 조회수와 광고 효과가 급증하는 키워드
- 연결 URL : 광고 클릭 시 도달되는 랜딩 페이지의 URL
- 표시 URL : 사이트 내 모든 페이지에서 공통으로 확인되는 URL
- 직접전환 : 광고 클릭 이후 30분 내에 마지막 클릭으로 발생한 전환
- 간접전환 : 광고클릭 이후 30분부터 전환 추적기간 내에 발생한 전환(추적 기간은 7~20일)

53
정답 ① CPI, ② CPC, ③ CPS

정답해설

검색광고 소비자 행동 단계는 노출, 클릭, 구매의 단계로 볼 수 있다. 노출의 단계는 CPI, 클릭의 단계는 CPC, 구매의 단계는 CPS로 측정할 수 있다.

part
05

효과측정

일반적인 소비자 행동	인지	방문	구매
검색광고 소비자 행동	노출	클릭	구매
단계별 효과 측정	CPI	CPC	CPS

54 정답 ① 무효클릭, ② 로그분석

정답해설

무효클릭이란 사용자가 의도하지 않은 클릭이나 악성 소프트웨어로부터 발생한 클릭 즉, 검색광고 본래의 취지에 맞지 않은 무의미한 클릭을 의미한다. Google 시스템은 광고에 발생한 각 클릭을 면밀히 검사하여 무효 클릭 및 노출을 파악하고 계정데이터에서 삭제한다. 네이버, 카카오, 구글은 사전 및 사후 모니터링을 진행하며, 필터링 로직과 필터링 결과는 악용할 가능성이 있어 공개하지 않는다.

로그분석이란 웹 사이트 등을 방문한 유저들의 데이터를 수집해 분석하는 도구를 의미한다. 네이버, 다음 카카오, 구글 검색광고에서도 무료로 로그분석을 지원하고 있으며, 로그분석의 예로 구글의 애널리틱스, 에이스카운터, 비즈스프링의 로거 등이 있다. 매체에서 제공하는 로그분석을 활용할 시에 별도의 엑셀 작업 없이 그룹, 캠페인, 키워드별 전환성과를 보고서와 함께 볼 수 있다. 로그분석이 가능하기 위해서는 웹사이트 등에 전환추적 스크립트의 삽입이 필요하며 자가 설치 및 대행 설치도 가능하다.

55 정답 400(원)

정답해설

광고를 통한 방문수가 15,000이고, 구매전환율이 20%이므로, 구매수는 3,000이다. CPS는 '광고비/구매건수'이므로 CPS의 값은 400원이다.

56 정답 ① CVR 25%, ② ROAS 990%

정답해설

방문수가 66,000이고, CPC가 250이므로, 광고비는 16,500,000원이 된다. 광고비가 16,500,000원이고, CPA가 1,000이므로, 구매건수는 16,500이 된다. 따라서 전환율은 25%이다. 물품단가가 9,900이고, 구매건수가 16,500이므로, 총 수익은 163,350,000이다. 광고비용 대비 수익률 ROAS는 990%이다.

57 정답 자격증

정답해설

키워드 '검색광고'의 클릭수가 28,000회이고, CPC가 1,350원이므로, 광고비는 3,780,000원이다. CPS는 '광고비/구매건수'이므로, A는 700회, B는 600회, C는 900회이다. 광고비가 모두 동일하고, 객단가가 모두 10,000원이므로 A, B, C의 ROAS는 각각 약 185%, 약 158%, 약 238%이다. 따라서 ROAS가 가장 높은 키워드는 자격증이다.

58 정답 ① 품질지수, ② 품질평가점수

정답해설

네이버와 카카오 광고의 품질을 측정한 측정치를 품질지수라고 하며, 품질이 높을수록(6~7) 비용이 감소하고, 광고순위가 높아진다. 7단계 막대 모양으로, 네이버는 최초 등록 시 같은 키워드가 노출되고 있는 광고 평균에 근접한 값으로 4단계 품질지수를 부여 받으며, 24시간 내 품질 측정되어 품질지수가 적용된다. 카카오는 최초 등록 시에 1단계의 품질지수를 부여 받는다. 구글은 예상클릭률, 광고관련성, 방문페이지 만족도를 통해 키워드별로 1~10점으로 측정한다. 등록 시 10점 중 0점으로 시작하여 실적 데이터가 누적되면 변한다.

59   정답 쇼핑 브랜드형(상품)

쇼핑 브랜드형(상품)은 쇼핑 검색광고의 상품 중 브랜드사가 공식몰을 통해 브랜드와 제품 라인업을 홍보하는 브랜드 전용 광고 상품을 말한다.

Search

쇼핑 검색광고

- 쇼핑몰 상품형 : 쇼핑몰(판매처)이 직접 판매중인 상품을 홍보하는 이미지형 광고 상품을 말한다.
- 제품 카탈로그형 : 제조사 및 브랜드사가 네이버 쇼핑에 구축된 제품 카탈로그를 홍보하는 이미지형 광고 상품을 말한다.
- 쇼핑 브랜드형 : 브랜드사가 공식몰을 통해 브랜드와 제품 라인업을 홍보하는 브랜드 전용 광고 상품을 말한다.

60   정답 ① 프리미엄 로그 분석, ② 애널리틱스

정답해설

로그분석이란 웹 사이트 등을 방문한 유저들의 데이터를 수집해 분석하는 도구를 의미한다. 네이버, 다음 카카오, 구글 검색광고에서도 무료로 로그분석을 지원하고 있다. 네이버는 프리미엄 로그 분석, 카카오는 픽셀&SDK 연동 관리, 구글은 애널리틱스가 있다.

part
05

정답 및 해설

빠른 정답찾기

제2회 실전모의고사

객관식 문제

01 ①	02 ①	03 ③	04 ②	05 ④
06 ②	07 ①	08 ②	09 ④	10 ②
11 ③	12 ③	13 ②	14 ③	15 ②
16 ③	17 ④	18 ①	19 ①	20 ③
21 ③	22 ④	23 ③	24 ①	25 ①
26 ①	27 ④	28 ④	29 ④	30 ①
31 ③	32 ③	33 ③	34 ③	35 ①
36 ①	37 ②	38 ④	39 ③	40 ③

단답식 문제

41 검색엔진
42 Paid media 또는 지불한(된) 미디어
43 프로슈머 또는 Prosumer
44 바이럴 마케팅
45 디지털 미디어 렙 또는 미디어 렙 또는 Media Rep
46 범퍼 애드(Bumper Ad) 또는 범퍼 광고
47 CPC
48 목표과업법 또는 목표 및 과업기준법
49 브랜드검색
50 비즈채널
51 자동 규칙
52 ① 70원, ② 100원
53 ① 5, ② 6
54 검색 네트워크
55 ① 1, ② 2
56 ① 권한설정, ② 6
57 5,000원
58 5(배)
59 클릭률(CTR), 전환율(CVR)
60 ① 네이버, ② 카카오, ③ 구글

01
정답 ①

정답해설

온라인 비즈니스는 인터넷을 이용하여 다양한 형태의 상품과 서비스를 제공하고 그와 관련된 모든 거래행위의 가치를 창출할 수 있는 비즈니스 활동이다. 온라인상에서 경제 주체들이 정보통신 기술과 인터넷을 이용하여 전자적으로 이루어지는 상거래와 그 상거래를 지원하는 경제 주체들의 활동이라 정의할 수 있다.

02
정답 ①

정답해설

트래픽 기반 수익 모델로 인터넷 이용자를 유입할 수 있는 킬러 서비스 등 다양한 서비스로 많은 트래픽을 유도한다.

03
정답 ③

정답해설

소셜미디어는 사람들이 의견, 생각, 관점 등을 공유하기 위해 사용하는 온라인 툴/플랫폼으로, 컴퓨터, 정보통신, 미디어의 발전된 기술을 활용하여 마케팅 효과가 있다. 이에 드는 비용은 오프라인 매체에 비하여 저렴한 비용이 든다. 기업이 없어도 개인의 블로그, 프로필, 사회관계망 서비스를 통해 자료가 대량 확산 가능하다.

04
정답 ②

정답해설

온라인 커머스의 시장 트렌드로는 유료 멤버십을 통한 락인(Lock In) 전략, 온라인과 오프라인을 통합한 옴니 채널(Omni-channel) 전략이 있다. 유료 멤버십을 통한 락인(Lock In) 전략이란 쿠팡의 와우 회원과 같이 유료회원 제도를 도입하여 이용자에게 혜택을 제공하고 이용자를 락인(Lock In)하는 효과를 얻는 전략을 말한다. 온라인과 오프라인을 통합한 옴니 채널(Omni-channel) 전략이란 이마트 24 무인과 같이 온라인과 오프라인의 유기적 연계를 통하여 편의서비스를 제공하는 전략을 말한다.

05 정답 ④

정답해설

기존의 수동적 입장의 소비자에서 생산자, 소비자, 광고 제작자의 역할을 하는 참여형 소비자로 바뀌었고, 일원화된 광고 메시지가 개인 맞춤형 광고 메시지로 바뀌었다. 이러한 변화로 인해 판매 지향의 마케팅 패러다임이 소비자 경험 지향의 마케팅 패러다임으로 변하였다.

06 정답 ②

정답해설

Paid media란 조직이나 개인이 비용을 들여 온·오프라인 미디어 채널을 통해 메시지를 전달하고자 할 때 유료로 이용하는 미디어를 말한다. 네이티브 광고, 배너광고 등이 이에 포함된다.

07 정답 ①

정답해설

Promotion(촉진)이란 기업이 마케팅 목표 달성을 위하여 사용하는 수단으로 대중들의 원활한 의사소통을 기반으로 하여 구매를 이끌어내는 유인 기법을 말한다.

② Place(장소)란 기업이 특정 물품의 판매를 촉진하기 위해서 활용하는 공간의 단순한 배치를 넘어서, 고객과의 접촉을 이루어지게 하는 전체적인 유통경로의 관리를 포함하는 공급사슬 관리이다.

③ Price(가격)란 기업의 특정 물품의 가치를 가장 객관적이며 수치화된 지표로 나타내는 전략이다.

④ Product(제품)란 단순히 제품이나 서비스를 생산하는 것 이외에 그 제품이 줄 수 있는 종합적인 혜택(Benefit)을 통틀어서 이르는 것이다. 디자인, 브랜드, 상징, 보증, 상품 이미지 등을 폭넓게 포함하고 그것을 관리하는 전략이다.

08 정답 ②

정답해설

니치마케팅이란 레드오션에서 눈을 돌려 작은 틈새시장인 블루오션을 노리는 마케팅 전략을 말한다. 구전 마케팅의 종류(유형)로는 온라인 구전, 버즈 마케팅, 바이럴 마케팅, 커뮤니티 마케팅, 버즈마케팅, 코즈 마케팅, 인플루언서 마케팅 등이 있다.

09 정답 ④

정답해설

인플루언서 마케팅이란 주로 SNS 상에서 큰 영향력을 미치는 의견선도자를 통한 마케팅 기법이다. 높은 신뢰도와 인지도, 화제성을 통하여 많은 소비자의 구매결정에 있어 많은 영향력을 끼친다. 주로 브랜드의 상품이나 제품, 개인 콘텐츠 마케팅에 많이 사용되며, 마케팅의 성공을 위해서는 브랜드의 상품이나 제품에 가장 적합한 인플루언서를 선정하여야 한다. 브랜드와 인플루언서의 관심사가 부합되어야 하며, 인플루언서는 진정성과 전문성을 함양하여야 한다.

10 정답 ②

정답해설

디지털 광고란 디지털 미디어를 활용해 소비자와 쌍방향으로 소통하는 일종의 설득 메시지를 의미한다. 온라인 사이트 방문자 행동 추적, 기록 등이 용이하다는 특성을 지닌다. 온라인 사이트별 쿠키 분석을 통해 방문자들의 위치를 파악할 수 있으며, 방문시간과 방문횟수, 클릭한 링크 및 노출된 이미지, 사용한 검색 키워드 및 클릭한 광고 등의 파악이 가능하다. 시공간의 제약이 없고 실시간으로 광고의 소재교체가 가능하며, 텍스트, 이미지, 비디오 등의 여러 형태로 크리에이티브 구현이 가능하다.

11 정답 ③

정답해설

배너광고는 광고 메시지를 TV CM과 같은 형태로 노출할 수 있으나, 크기에 제한이 있고 많은 정보를 한꺼번에 보여줄 수 없다는 단점이 있다.

12 정답 ③

정답해설

검색광고는 광고 효과를 즉시 확인할 수 있고, 정확한 타기팅이 가능하다는 장점이 있다. 광고운영시스템을 통해 탄력적으로 운영할 수 있고, 종량제 광고(CPC 광고)로 효율적으로 운영할 수 있다는 장점이 있다. 노출 순위는 최대클릭비용 외에 광고품질에 따라 달라진다. 반면, 관리 리소스가 많이 투여되고, 부정클릭 발생을 방지하기 어렵다는 단점이 있다. 검색광고 경쟁이 심화될 수 있고, 초기 브랜드를 알리는 광고로는 적합하지 않다.

part
05

정답 및 해설

13 정답 ②

정답해설

검색광고의 노출 순위는 최대클릭비용 외에 광고품질에 따라 달라진다. 키워드와 웹사이트, 광고 소재의 연관도, 클릭률 등에 따라 품질지수가 부여된다.

14 정답 ③

정답해설

CPA는 전환당 비용을 말하므로, '광고비÷전환수'로 구한다.

15 정답 ②

정답해설

경쟁사를 파악하는 방법은 동일 카테고리의 다른 브랜드를 파악하는 방법이다. 그러나 동일 카테고리의 다른 브랜드만 분석하는 것이 아니라, 동일 카테고리는 아니어도 대체할 수 있는 다른 카테고리의 다른 브랜드 역시 파악하여야 한다. 간접적인 경쟁사를 분석하는 것 역시 필요하다. 쉽게는 웹사이트에 키워드 검색시 리스팅되는 업체를 분석하는 방법도 있다.

16 정답 ③

정답해설

매체믹스를 하면 클릭수가 증가하고, 클릭당 비용이 감소할 수 있다. 그러나 클릭수가 늘고, 클릭당 비용이 감소하였다고 해서 광고목표를 달성할 수 있는 것은 아니다. 최종적인 광고 목표의 달성을 위해서는 높은 전환수, 낮은 전환단가와 같은 고효율 성과가 필요하다.

17 정답 ④

정답해설

2017년 12월 이전에 집행한 브랜드검색의 광고데이터, 이력, 보고서를 조회하기 위해서는 구 광고관리시스템을 확인하여야 한다.

18 정답 ①

정답해설

네이버 광고를 통해 사용자의 트래픽을 보낼 수 있는 모든 채널을 비즈채널을 통해 관리할 수 있다. 기존의 사이트검색 광고에서 웹 사이트가 광고 운영을 위한 필수 요소였다면, 새로운 광고시스템에서는 그 외 다양한 채널로도 사용자의 트래픽을 보낼 수 있다. 채널별로 필요한 서류 관리, 커뮤니케이션 관리 등이 용이해질 수 있으며, 비즈니스와 관련된 다양한 채널을 한눈에 보고 광고 집행 가능 여부를 통합적으로 인지할 수 있다. 이를 통해 문제 발생 시에도 효율적으로 대응할 수 있다. 몇몇 서비스의 경우 속성을 자동으로 연동하기 때문에 관리가 편리해진다.

19 정답 ①

정답해설

Kakao키워드광고의 구조는 캠페인, 광고그룹, 소재의 단위로 이루어져 있으며, 광고대상은 웹사이트만 가능하다.

20 정답 ③

정답해설

픽셀&SDK란 카카오에서 제공하는 전환추적 서비스이다. 최적의 잠재고객을 파악하고, 광고에서 발생한 회원가입과 구매 등의 전환을 확인할 수 있는 스크립트 도구이다. 내 홈페이지나 모바일 앱 그리고 카카오 서비스와 연동하여, 설치 가이드에 정의된 사용자의 다양한 행태 정보를 파악하고 카카오모먼트와 키워드광고의 성과를 측정할 수 있다. 타기팅을 고도화하고, 전환 목적의 캠페인을 운영할 수 있다.

21 정답 ③

정답해설

Google Ads 계정을 열면 가장 먼저 표시되는 것은 개요 페이지이다. 보고서는 Google Ads 우측 상단에 보고서 탭에서 제공한다.

22
정답 ④

정답해설

파워링크 캠페인 등록시 소재노출방식은 성과 기반 노출과 동일 비중 노출 방식 중 선택이 가능하다. 성과 기반 노출 방식이란 성과가 우수한 소재가 우선적으로 노출되도록, 그룹 내 소재의 노출 비중을 자동으로 조절하는 것을 말한다. 단, 그룹 내 소재가 최소 2개 이상 존재해야 한다. 동일 비중 노출이란 그룹 내 모든 소재는 동일한 비중으로 노출되는 것을 말한다.

23
정답 ③

정답해설

캠페인은 광고 집행을 위한 가장 기본 단위이며, 하나의 캠페인에 다수의 광고그룹이 존재할 수 있다.

24
정답 ①

정답해설

광고 만들기에서 광고 제목은 3개까지 등록 가능하며, 설명은 2개까지 등록이 가능하다. 그룹마다 키워드 주제와 밀접한 광고를 3개 이상 만드는 것이 좋다. 최종 도착 URL, 광고 제목 텍스트, 설명 텍스트, 표시 경로(선택) 입력 시 광고 미리보기에 모바일 및 데스크톱 버전 광고를 표시한다.

25
정답 ①

정답해설

네이버 광고 등록 기준에 따르면 접속이 가능한 사이트만 광고할 수 있다. 하지만 국내 사이트만 광고등록을 할 수 있는 것은 아니다.

26
정답 ①

정답해설

광고의 최초 등록시 검수를 하며, 필요에 따라 게재 중인 광고도 다시 검토할 수 있다.

27
정답 ④

정답해설

구글의 품질평가점수는 1~10점으로 산정되며, 광고 및 방문페이지가 사용자와 관련성이 높을수록 품질평가 점수가 높아진다.

28
정답 ④

정답해설

네이버 쇼핑검색광고의 쇼핑 브랜드형은 내 브랜드, 다른 브랜드, 일반 3가지 유형의 키워드를 직접 등록하여 노출을 희망하는 키워드에 입찰할 수 있고, 다양한 소재를 통해 브랜드의 콘텐츠와 제품 라인업을 고객에게 전달할 수 있다.

29
정답 ④

정답해설

플레이스 광고는 업체정보와 연관 있는 키워드를 자동 매칭한다. 플레이스 광고의 경우 키워드 직접 등록이 불가하다.

30
정답 ①

정답해설

콘텐츠검색광고 상품은 네이버 지정 키워드에 한하여 집행이 가능하며, 정책상 개별적인 로그분석 프로그램 사용의 제한된다. 고관여 업종 중심으로 광고주가 직접 작성한 양질의 파워콘텐츠를 제공하고, 네이버 PC 통합검색, 모바일 통합검색, VIEW 영역, 모바일 콘텐츠 지면, ZUM 통합검색 영역에 노출된다.

31
정답 ③

정답해설

콘텐츠 영역에 연관도 높은 광고를 텍스트 및 확장소재 썸네일 이미지를 결합하여 배너 형태로 노출되고, 확장소재 미등록 시에 텍스트만 노출된다.

part **05**
정답 및 해설

32

정답 ③

정답해설

파워링크의 개별 광고그룹을 클릭하면 키워드, 키워드 확장(beta), 소재, 확장 소재 탭으로 구성되어 있으며, 품질지수를 확인할 수 있다.

33

정답 ②

정답해설

구글의 입찰통계에서 중복율이란 광고주의 광고가 노출될 때 또 다른 광고주의 광고에는 얼마나 자주 노출이 발생했는지를 보여주는 빈도를 말한다.
① 경쟁 광고보다 높은 순위를 얻은 노출 비율이란 입찰에서 다른 광고주의 광고에 비해 얼마나 자주 더 높은 순위로 게재되는지, 또는 다른 광고주의 광고가 게재되지 않을 때 자신의 광고만 게재되는 빈도를 말한다.
③ 높은 게재순위 비율이란 동시에 노출이 발생했을 때 다른 광고주의 광고가 자신의 광고보다 더 높은 순위에 게재되는 빈도를 말한다.
④ 페이지 상단 게재율이란 광고주의 광고가 검색 결과의 페이지 상단에 게재되는 빈도를 말한다.

34

정답 ③

정답해설

카카오 키워드광고의 입찰가 변경은 고정입찰과 광고그룹의 기본 입찰가로 변경이 가능하다. 키워드광고의 키워드 입찰가 변경을 할 경우, 고정입찰에서 제공되는 목록은 직접입력, 입찰가 증액, 입찰가 감액, 순위별 평균 입찰가이다.

35

정답 ①

정답해설

방문수가 1,200,000회이고 구매전환율이 5%이므로, 구매건수는 60,000회이다. ROAS는 '수익/광고비×100'이므로, 수익은 360,000,000원이다. 따라서 판매품의 물품단가는 6,000원이다.

36

정답 ①

정답해설

광고수익률(ROAS)은 '수익/광고비×100'이다. 따라서 시스컴의 전환 매출액은 3,720,000원이고, 검색광고의 전환 매출액은 3,120,000원이다. 마케터의 전환 매출액은 2,730,000원이고, KAIT의 전환 매출액은 3,700,000원이다. 따라서 전환 매출액이 가장 높은 키워드는 시스컴이다.

37

정답 ②

정답해설

매체가 다양해지며 광고상품도 굉장히 다양해졌다. 또, 사용자들이 검색하는 키워드는 일정한 것이 아니라 그날의 상황에 따라 바뀌게 되기 때문에 키워드 선택 시에 고려해야 한다.

38

정답 ④

정답해설

적은 CPC, 오랜 DT, 높은 CVR은 좋은 지표이기는 하지만, 효과분석을 위하여 목표를 설정할 경우 구체적이고 명확한 목표를 설정해야 한다. 예를 들어 CPC 50원, DT 3분, CVR 10%, ROAS 150%와 같은 구체적이고 측정이 가능한 목표여야 한다.

39

정답 ③

정답해설

네이버 검색광고에서 제공하는 프리미엄 로그분석에서 확인 가능한 항목은 전환수, 직접전환수, 간접전환수, 전환율, 전환매출액, 간접전환매출액, 직접전환매출액, 전환당 비용, 방문당 평균 체류시간, 방문당 평균 페이지 뷰, 전환매출액(네이버 페이), 광고수익률 등이다.

40

정답 ②

정답해설

반송률이 높다는 것은 해당 랜딩페이지가 고객들에게는 효과적이지 않다는 것이다. 고객의 니즈를 제대로 파악했을 경우 반송률은 낮을 것이라 예상이 가능하다.

41 정답 검색엔진

정답해설

검색엔진이란 인터넷상에서 방대한 분량으로 흩어져 있는 자료들 가운데 원하는 정보를 쉽게 찾을 수 있도록 도와주는 소프트웨어를 의미하고, 인터넷에 존재하는 모든 파일과 웹사이트를 대상으로 검색하여 자료를 제공하는 것을 의미한다.

42 정답 Paid media 또는 지불한(된) 미디어

정답해설

Paid media란 배너광고나 검색광고와 같이 금액을 지불하고 구매한 광고 매체를 의미한다.

43 정답 프로슈머 또는 Prosumer

정답해설

프로슈머는 Producer와 Consumer의 합성어로 시장의 주도권이 생산자에서 소비자에게로 넘어가면서 발전된 개념이다. 1980년 엘빈 토플러가 〈제3의 물결〉에서 처음 사용한 용어로 생산자적 기능을 수행하는 소비자를 말하며, 소비자들이 자신들의 욕구를 충족시킬 수 있는 상품의 개발을 직접 요구하고 때로는 유통에도 직접 관여하는 소비자를 말한다.

44 정답 바이럴 마케팅

정답해설

바이럴 마케팅이란 소비자가 마케팅 메시지를 다른 소비자들에게 퍼뜨리게 하는 마케팅을 의미한다. 바이러스처럼 퍼진다 하여 바이럴 마케팅이라 한다.

45 정답 디지털 미디어 렙 또는 미디어 렙 또는 Media Rep

정답해설

디지털 미디어 렙은 사전효과 예측 및 매체안 등을 제시, 광고소재 송출, 노출 및 클릭 관리, 보유한 광고 솔루션을 활용해 각 매체별 트래킹을 통해 광고효과를 측정 및 비교한다. 또한, 광고주 입장에서 보면 많은 인터넷 매체사와의 접촉을 통해 광고 구매, 집행 등을 관리해주는 역할을 대행해주며 매체사 입장에서 보았을 시에는 광고 판매를 대행하고 더욱 많

은 광고를 수주할 수 있는 기회를 제공한다.

46 정답 범퍼 애드(Bumper Ad) 또는 범퍼 광고

정답해설

범퍼 애드(Bumper Ad)란 유튜브에서 SKIP이 불가한 6초 이하의 동영상 광고로, 인지도 증대와 효율적인 도달 확대를 목표로 하고 있다.

47 정답 CPC

정답해설

CPC는 Cost Per Click의 약자로 클릭이 발생할 때마다 비용을 지불하는 종량제 광고 방식이다. 노출과 무관하게 클릭이 이루어질 때만 과금되며, 클릭당 비용은 경쟁현황에 따라 차이가 난다.

48 정답 목표과업법 또는 목표 및 과업기준법

정답해설

목표과업법은 광고목표를 설정한 후 달성하기 위한 광고비 규모를 추정하여 예산을 편성하는 방법으로 가장 논리적인 촉진예산 방식이다. 자사가 촉진활동을 통하여 얻고자 하는 것이 무엇인지에 따라 예산을 책정하는 방식을 말한다.

49 정답 브랜드검색

정답해설

네이버 브랜드검색은 이용자가 브랜드 키워드 또는 브랜드와 연관성이 높은 키워드를 검색할 경우 해당 브랜드와 관련된 최신 정보를 다양한 템플릿을 이용하여 통합검색 결과의 상단에 노출하는 콘텐츠형 상품이다. 브랜드검색광고는 네이버 PC와 모바일 통합검색결과에 브랜드 키워드에 대해 1개 광고가 단독 노출된다.

part
05

정답 및 해설

50
정답 비즈채널

정답해설

웹사이트, 쇼핑몰, 전화번호, 위치정보 등 고객에게 전달하고 판매하기 위한 사업자의 정보가 있다. 광고를 집행하기 위해서는 캠페인 유형에 맞는 정보를 등록하고 관리하여야 하는데, 이러한 사업자 정보를 네이버에서는 비즈채널이라 한다.

51
정답 자동 규칙

정답해설

자동 규칙은 캠페인, 광고그룹 등의 대상에 입력한 조건이 달성되면 알림, OFF, 입찰가 변경 등의 작업을 수행해주는 기능이다.

52
정답 ① 70원, ② 100원

정답해설

기본 입찰가가 100원이므로, PC 입찰가중치를 50%로 설정하면 50원이 되어야 하지만, 최소 입찰가는 70원이므로, 70원으로 설정된다. 모바일 입찰가중치를 100%로 설정하면, 입찰가는 100원으로 설정된다.

53
정답 ① 5, ② 6

정답해설

카카오 검색광고는 Daum, 카카오톡, 제휴매체 등에 검색 결과 또는 텍스트형 배너 형태로 노출되는 광고이다. Daum, Nate, Bing 등의 PC 포털 사이트 검색 결과 최상단에 노출되며, 수요가 많은 키워드는 와이드링크 영역으로 최대 5개까지 추가 노출된다. Daum, Nate, Bing 등의 제휴된 모바일 웹 및 앱에서 모바일 검색 결과, 프리미엄링크 영역에 최대 6개의 광고가 노출된다.

54
정답 검색 네트워크

정답해설

구글 검색광고 상품은 광고 순위에 따라 게재 순위가 결정되며, 검색결과의 상단 또는 하단에 게재될 수 있고, 최대 4개만 상단에 게재될 수 있다. 광고 게재 영역은 검색 네트워크, 디스플레이 네트워크로 구분되며, 검색 네트워크는 사용자가 키워드와 관련된 용어 검색 시, 구글 검색 결과 옆 및 구글 사이트에 게재된다. 디스플레이 네트워크는 관련성이 높은 고객이 인터넷에서 사이트, 동영상, 앱을 탐색할 때 광고를 게재하여 도달 범위를 넓힐 수 있다.

55
정답 ① 1, ② 2

정답해설

카카오는 하나의 캠페인에 다수의 광고 그룹이 포함되므로, 3개의 광고그룹을 포함하려면 최소 1개의 캠페인이 필요하고, 구글은 목표가 2개라면 최소 2개의 캠페인을 생성하여야 한다. 따라서 ①은 1, ②는 2이다.

56
정답 ① 권한설정, ② 6

정답해설

네이버 검색광고의 운영정책 회원 가입에서 회원 가입은 원칙적으로 회원 자신의 사이트를 광고하기 위한 목적으로 하여야 하고, 만약 "권한설정"에 따른 적법한 권한의 위탁 없이 다른 "광고주" 회원의 사이트를 광고하기 위해 사용할 경우엔 네이버 검색광고 서비스의 이용이 제한되거나 거부될 수 있다.
네이버 검색광고의 운영정책 회원 가입의 제한에서 주어진 조건의 경우 네이버 검색광고는 안정적인 서비스 운영 및 검색 이용자의 보호를 위해 회원 가입을 탈퇴 또는 직권 해지일로부터 6개월간 제한할 수 있다.

57
정답 5,000원

정답해설

물품단가가 35,000원이고, 광고를 통해 판매된 물품수가 400개이므로 총 수익은 14,000,000원이다. ROAS는 '수익/광고비×100'이므로, 광고비는 2,000,000원이다. 따라서 CPS는 '광고비/구매건수'이므로, 5,000원이다.

58
정답 5(배)

정답해설

광고비의 변동 없이 5,000원 하는 상품을 1,000원에 판매하였는데 ROAS의 변동이 없었다면, 수익은 일정하다는 뜻이다. 가격이 1/5배가 되었는데 수익이 일정하다는 뜻은 전환수가 5배가 되었다는 것이다. 따라서 클릭수가 일정하였다면 전환율(CVR)은 5배가 되었다.

59   정답 클릭률(CTR), 전환율(CVR)

정답해설

키워드 사후관리에서 성과향상을 위해 고려해야 하는 지표는 클릭률(CTR)과 전환율(CVR)이다. 클릭률(CTR)은 광고 노출수 대비 클릭수 비율이고, 전환율(CVR)은 클릭수 대비 전환수 비율이다.

60   정답 ① 네이버, ② 카카오, ③ 구글

정답해설

매체별 로그분석 시스템으로는 네이버 검색광고는 '도구>프리미엄 로그분석', 카카오 검색광고는 '계정)픽셀&SDK 연동관리', 구글 검색광고는 '도구 및 설정>전환, 애널리틱스'이다. 네이버 검색광고에서 제공하는 프리미엄 로그분석에서는 전환수, 직접전환수, 간접전환수, 전환율, 전환매출액, 간접전환매출액, 직접전환매출액, 전환당 비용, 방문당 평균체류시간, 방문당 평균 페이지 뷰, 전환수(네이버 페이), 전환매출액(네이버 페이), 광고수익률을 확인할 수 있다.

part
05

정답 및 해설

빠른 정답찾기

제3회 실전모의고사

객관식 문제

01 ①	02 ②	03 ②	04 ②	05 ③
06 ③	07 ④	08 ①	09 ③	10 ③
11 ②	12 ④	13 ④	14 ②	15 ②
16 ②	17 ③	18 ②	19 ④	20 ④
21 ②	22 ④	23 ①	24 ①	25 ②
26 ③	27 ③	28 ②	29 ①	30 ④
31 ④	32 ②	33 ②	34 ④	35 ②
36 ②	37 ①	38 ④	39 ②	40 ②

단답식 문제

41 통합검색

42 공유 또는 Share

43 마케팅 믹스

44 인플루언서 마케팅

45 광고 대행사

46 네이티브 광고

47 ① ROAS, ② 전환율 또는 CVR

48 매체믹스 또는 미디어 믹스

49 클릭초이스플러스, 클릭초이스상품광고

50 블로그(네이버 블로그), 포스트, 카페

51 키워드 확장 또는 키워드 확장 beta

52 성과 기반 노출, 동일 비중 노출

53 픽셀&SDK

54 확장검색, 구문검색, 일치검색(순서 상관 있음)

55 네이버, 카카오, 구글

56 ① 3, ② 1

57 ① 전환율 10%, ② 전환당 비용(CPA) 800원

58 ① 구매전환율 30%, ② ROAS 172.8%

59 ① 높고, ② 낮은

60 ① 50, ② 5

01
정답 ①

정답해설

온라인 비즈니스 모델의 성공 방법으로는 차별화된 콘텐츠와 서비스 제공으로 소비자들의 이목을 집중시키는 방법이 있다. 새로운 아이디어와 기술로 시장을 선점하고, 이러한 자사의 콘텐츠와 서비스를 보호 및 독점적 위치의 확보를 위하여 특허는 좋은 방법이다. 또, 소비지 경험을 통해 소비자 관점에서의 효율적이고 편리한 서비스를 제공하면 소비자들의 선호를 받을 수 있다.

02
정답 ②

정답해설

구글과 같이 인덱스 검색만을 지원하는 검색엔진도 있지만 많은 검색엔진은 디렉토리 검색방법 및 인덱스 검색방법을 모두 지원하고 있다.

03
정답 ②

정답해설

소셜미디어는 쌍방향성 커뮤니케이션이 가능하고 이용자가 생산자(송신자)이면서 동시에 소비자(수신자)가 될 수 있다. 이와 같이 소셜미디어는 상호작용적 특성과 시간적 제약이 없는 비동시적 특성을 가지고 있다.

04
정답 ②

정답해설

온라인 커머스는 소셜미디어와 온라인 미디어를 활용하는 전자 상거래의 일종이다. 가상의 마켓 플레이스에서 재화와 서비스를 판매하는 비즈니스 모델을 일컫는 포괄적인 개념이다. 물리적 상품과 서비스의 구매 편리성과 구매 안정성을 동시에 충족시킬 수 있다.

05
정답 ③

정답해설

디지털 마케팅은 전통적 마케팅과 달리 데이터를 기반으로 빠르게 고객에게 전달 및 도달할 수 있으며, 개별적 세분화가 가능하다. 개별적 세분화뿐만 아니라 일방향에서 쌍방향으로

의 소통이 가능하다는 특징을 가진다. 디지털 마케팅은 기존의 마케팅보다 저렴한 가격으로 진행할 수 있으며, 기존보다 높은 ROI를 보인다.

06　　　　　　　　　　　　　정답 ③

정답해설

디지털 마케팅은 인터넷 마케팅, 소셜미디어 마케팅, 콘텐츠 마케팅, 모바일 마케팅을 모두 포괄하는 개념이지만, 디지털 시대라고 해서 모든 마케팅 방식을 디지털로 바꾸는 것은 바람직하지 않다.

07　　　　　　　　　　　　　정답 ④

정답해설

Cost to Consumer란 고객의 측면에서 바라본 비용을 의미하며, 고객에게 가까운 기준으로 상품의 가격의 책정과 수요를 책정한다는 개념이다.

08　　　　　　　　　　　　　정답 ①

정답해설

버즈 마케팅이란 오락이나 뉴스로 이야깃거리를 제공해 소비자가 제품을 직접 사용해보고, 자신의 SNS에 올려서 자연스럽게 구매를 유도하는 구전 마케팅 전략으로 소비자들이 자발적으로 메시지를 전달하게 하여 상품에 대한 긍정적인 입소문을 내게 하는 마케팅기법이다. 꿀벌이 윙윙거리는(buzz) 것처럼 소비자들이 상품에 대해 말하는 것을 마케팅으로 삼았다.

09　　　　　　　　　　　　　정답 ③

정답해설

소셜미디어(social media)는 개방, 참여, 공유의 가치로 요약되는 웹 2.0시대의 도래에 소셜 네트워크의 기반 위에서 개인의 생각이나 의견, 경험, 정보 등을 서로 공유하고 타인과의 관계를 생성 또는 확장시킬 수 있는 개방화된 온라인 플랫폼을 의미한다. 따라서 소셜미디어를 통한 마케팅은 제품의 인지도를 향상시키는 데 효과적이며, 기업의 이미지 개선에 효과적일 뿐 아니라 구매의 용이성을 가져 마케팅 활용이 증대되고 있다. 소셜미디어를 통하여 양방향 소통과 상호작용, 참여와 체험을 통하여 커뮤니케이션 함으로써, 제품과 서비스 개선에 좋은 영향을 미친다.

10　　　　　　　　　　　　　정답 ③

정답해설

인터랙티브 배너란 많은 정보를 한꺼번에 보여줄 수 없다는 배너광고의 단점을 보완하기 위하여 등장하였다. 사용자와 다양한 상호작용할 수 있도록 하기 위하여 배너 자체에 다양한 정보를 제공하고 사용자 정보도 수집할 수 있는 배너광고이다.

11　　　　　　　　　　　　　정답 ②

정답해설

검색광고는 인터넷 검색서비스를 통해 광고주의 온라인 사이트에 대한 연결고리를 보여주는 광고라 할 수 있으며, 키워드를 검색하기 때문에 키워드광고라고도 한다. 해당 키워드에 이미 관심을 가지고 있는 잠재 고객을 대상으로 광고를 노출하기 때문에, 광고의 효과가 상대적으로 높은 것이 장점이다.

12　　　　　　　　　　　　　정답 ④

정답해설

CPI는 Cost Per Install의 약자로, 다운로드가 발생한 건마다 광고비용을 지불하는 방식이다.

13　　　　　　　　　　　　　정답 ④

정답해설

ROAS는 Return On Ad Spend의 약자로, 광고비 대비 수익률을 말하고, ROI는 Return On Investment의 약자로 투자 대비 이익률을 말한다.

14　　　　　　　　　　　　　정답 ②

정답해설

광고 목표는 구체적이고 명확해야 하며, 현실적이고, 측정 가능한 것이어야 한다. 또, 광고 목표는 행동 지향적이어야 하고, 광고 목표는 달성 가능한 기간을 명시해야 한다.

15 정답 ②

정답해설

검색광고에서 매체믹스는 네이버, 구글, 카카오 등의 매체믹스와, 브랜드검색, 파워링크, 쇼핑검색광고와 같은 상품믹스로 나누어볼 수 있다.

16 정답 ②

정답해설

캠페인은 파워링크, 쇼핑검색, 파워콘텐츠, 브랜드검색, 플레이스로 5가지 유형이 있다.
① 클릭초이스플러스와 클릭초이스상품광고는 일부 업종에서만 집행할 수 있는 상품이다.
③ 캠페인은 마케팅 활동에 대한 목적을 기준으로 묶어서 관리하는 광고전략 단위라 할 수 있다.
④ 키워드 확장 기능을 통해 해당 광고그룹의 등록 키워드와 유사한 키워드광고를 노출할 수도 있다.

17 정답 ③

정답해설

네이버 검색광고의 광고관리시스템의 기능은 광고관리, 정보관리, 보고서, 도구, 비즈머니로 이루어져 있다. 도구에는 광고관리 TIP, 광고노출 진단, 검토 진행 현황, 키워드 도구, 대량 관리, 자동 규칙, 서류 관리, 계약 관리, 이미지 라이브러리, 프리미엄 로그 분석, 광고노출제한 관리, API사용 관리, 이력 관리 기능이 있다.

18 정답 ②

정답해설

카카오 브랜드검색광고는 이전에는 30일 단위의 고정된 구매기간 설정이 가능하였지만, 현재는 최소 10일~최대 90일 사이의 구매기간 설정이 가능하다.

19 정답 ④

정답해설

구글의 검색어 지정 범위는 '확장검색〉구문검색〉일치검색 순이다.

20 정답 ④

정답해설

구글의 상단 탭에 존재하는 도구 및 설정은 계획, 공유 라이브러리, 일괄 작업, 측정, 설정, 결제로 구성되어 있다. 설정에는 비즈니스 데이터, 정책 관리자, 액세스 및 보안, 연결된 계정, 환경설정, Google 판매자 센터가 있고, 결제에는 요약, 문서, 거래, 설정, 프로모션이 있다.

21 정답 ②

정답해설

광고그룹에서는 누구에게(타기팅, 키워드), 무엇을 보여 주고(웹 사이트, 소재, 확장 소재), 어디로 안내할 것인가(연결 URL)를 설정한다.
① 캠페인의 이름은 1~30자로 입력이 가능하다.
③ 전화번호 유형의 비즈채널 중 통화추적번호는 최대 50개, 네이버 톡톡 유형은 최대 5개까지 추가가 가능하다.
④ 검색광고 등록 절차는 회원가입, 광고 등록, 광고 검토, 광고 노출 순이다.

22 정답 ④

정답해설

브랜드검색광고의 소재 등록시 카카오톡 채널을 부가노출하려면 검색용 ID를 입력하여야 하고, 상담 톡을 부가노출하려면 검색용 ID 또는 사이트 URL을 입력하여야 한다. 카카오톡 채널과 상담 톡 모두를 부가노출할 수 있다.

23 정답 ①

정답해설

네이버는 광고 목적에 따라 캠페인 유형을 선택하고, 캠페인 이름 및 예산을 등록한다. 고급옵션에서 광고 노출기간을 설정할 수 있다. 카카오의 캠페인 고급옵션에서 추적URL 설정이 가능하다.

24 정답 ①

정답해설

네이버 클릭초이스플러스는 유아용품 대여, 파티/이벤트 기획, 펜션, 포토스튜디오에 한하여 집행이 가능하다. 따라서 집행가능한 업종에 대해서 광고등록기준이 존재한다.

25 정답 ②

정답해설

사이트에 접속이 되지 않거나 완성이 되지 않은 경우, 자체 콘텐츠가 충분하지 않은 사이트 등 웹 서비스 이용에 방해 및 피해를 주는 경우 광고가 제한될 수 있다.

26 정답 ③

정답해설

네이버의 사이트검색광고 노출 순위는 입찰가와 품질지수를 고려하여 결정되고, 클릭당 광고비도 노출 후 결정된다.

27 정답 ③

정답해설

쇼핑 브랜드형은 브랜드사가 공식몰을 통해 브랜드와 제품 라인업을 홍보하는 브랜드 전용 광고 상품으로, 네이버쇼핑 브랜드패키지에 가입된 브랜드사가 집행 가능하다. 네이버 모바일 쇼핑검색 상단 및 하단, PC 쇼핑검색 우측 상단 및 우측 하단에 광고가 게재되며, 검색결과 1페이지에만 노출된다. 키워드 및 노출유형에 따라 광고 영역 및 광고 개수는 변할 수 있다.

28 정답 ②

정답해설

지역소상공인광고는 클릭 시 비용이 발생하는 CPC방식이 아닌 정보가 노출된 횟수만큼 광고비를 지불하는 지역소상공인을 위한 노출 종량 상품이다.

29 정답 ①

정답해설

파워콘텐츠는 네이버 지정 키워드에 한하여 집행이 가능하고, 키워드는 확대되고 있다.

30 정답 ④

정답해설

카카오 키워드광고의 확장소재에는 추가제목형, 부가링크형, 가격테이블형, 썸네일이미지형, 멀티썸네일형, 말머리형, 계산하기형, 전화번호형, 톡채널형이 있다. 멀티썸네일형은 3개의 이미지를 노출해 상품과 서비스 정보를 시각적으로 더욱 풍부하게 전달할 수 있다.

① 말머리형은 할인, 이벤트 등 말머리 형태의 소재로 차별화된 브랜드 정보를 제공할 수 있다.

② 톡채널형은 카카오톡 채널 연결 시 사용자에게 지속적인 마케팅 메시지를 제공할 수 있는 채널 구독을 유도할 수 있다.

③ 부가링크형은 주요 상품 또는 핵심 페이지 경로를 부가링크 형태로 제공해 잠재고객의 즉각적 유입을 유도할 수 있다.

31 정답 ④

정답해설

키워드광고의 그룹 상태 중 '불가' 상태로는 운영불가(OFF), 운영불가(비즈채널 심사 미승인), 운영불가(캠페인 OFF)가 있고, 브랜드검색광고의 그룹 상태 중 '불가' 상태로는 광고대상 등록불가, 노출가능소재없음, 광고계정OFF, 캠페인OFF, 광고그룹OFF가 있다.

32 정답 ③

정답해설

구글의 입찰통계 탭에서 노출 점유율, 중복률, 높은 게재순위 비율, 페이지 상단 게재율, 경쟁 광고보다 높은 순위를 얻은 노출 비율 등의 6가지 통계를 확인할 수 있다. 페이지 상단 게재율은 광고주의 광고가 검색 결과의 페이지 상단에 게재되는 빈도를 말한다. 페이지 상단 게재율의 절댓값은 검색 절대 상단 노출 수 비율, 노출 수 중에서 자연 검색 결과 위에 첫 번째 광고로 게재되는 비율을 말한다.

33 정답 ①

정답해설

전환 가치 극대화란 예산 내에서 전환 가치를 최대한 높이도록 Google Ads에서 입찰가를 자동으로 설정하는 것이다. 설정한 타깃 전환 당 비용 수준에서 전환수를 최대한 늘릴 수 있도록 Google Ads에서 입찰가를 자동으로 설정하는 것은 타깃 CPA이다.

34 정답 ④

정답해설

네이버의 사이트 방문자 IP는 호스팅 업체 또는 별도의 로그 분석 시스템을 통해 확인이 가능하다.

35 정답 ②

정답해설

전환율(CVR)은 '전환수/클릭수×100'이므로, A는 약 10.7%, B는 약 11.7%, C는 약 11.1%, D는 약 10.8%이다. 따라서 CVR이 가장 높은 것은 B이다.

36 정답 ②

정답해설

광고비가 300만원, CPC가 1,000원이므로, 클릭수는 3,000회이다. 클릭수가 3,000회이고, CVR이 5%이므로, 전환수는 150회이다. 따라서 구하고자 하는 CPS의 값은 20,000원이다.

37 정답 ①

정답해설

CPS는 구매당 광고비를 의미하며, CPS가 낮을수록 효과적인 광고이다. CPC는 광고를 통해 한 사람의 사용자가 사이트를 방문하는 데 투여되는 비용을 말하며, CPC가 낮을수록 광고효과가 높다.

38 정답 ④

정답해설

검색광고는 많은 키워드가 존재하여 마케터의 역량만을 기초로 진행하는 것보다는 시스템을 통한 분석을 기초로 하는 것이 중요하다.

39 정답 ②

정답해설

CTR은 높고, CVR은 낮은 경우는 노출순위 및 소재 등은 매력적이지만 실제적으로는 사이트에 방문해서 전환 행동이 발생하지 않은 상태를 의미한다. 원하는 것이 없거나 콘텐츠가 충분하지 않은 경우 타 사이트를 이탈할 가능성이 높아진다.

40 정답 ②

정답해설

반송이란 사이트에 방문한 후에 페이지 이동 없이 바로 이탈한 경우를 의미한다.

41 정답 **통합검색**

정답해설

통합검색이란 웹사이트뿐만 아니라 거의 모든 유형의 문서나 파일을 제공하는 방법을 의미한다. 지식검색, 쇼핑검색, 커뮤니티 검색, 이미지 검색 등 다양한 검색 기능을 제공하며 대표적인 예로 네이버가 존재한다.

42 정답 **공유 또는 Share**

정답해설

덴쯔가 주창한 디지털 시대의 소비자 행동의 5단계는 '인지(Attention) → 흥미(Interest) → 검색(Search) → 구매(Action) → 공유(Share)'이고, 이를 AISAS라고 한다.

43
정답 **마케팅 믹스**

정답해설

마케팅 믹스란 일정한 환경적 조건과 일정한 시점 내에서 여러 가지 형태의 마케팅 수단들을 경영자가 적절하게 결합 내지 조화해서 사용하는 전략을 의미한다. 즉, 어떠한 제품에 사용된 모든 마케팅 전략의 집합체를 조정, 구성하는 일이다.

44
정답 **인플루언서 마케팅**

정답해설

인플루언서 마케팅이란 주로 SNS상에서 영향력이 큰 사람 즉, 의견선도자(Influencer)를 활용하는 마케팅을 의미한다. 인터넷이 발전하면서 소셜미디어의 영향력이 크게 확대되어, 인플루언서의 평가가 소비자들의 구매 결정에 큰 영향력을 미친다.

45
정답 **광고 대행사**

정답해설

광고대행사는 디지털 광고에 특화된 광고 회사를 말하는 것으로 주로 광고주와 협의를 통해 광고를 기획 및 제작하는 역할을 수행한다.

46
정답 **네이티브 광고**

정답해설

네이티브 광고란 기존광고와 달리 이용자가 경험하는 콘텐츠 일부처럼 보이도록 하여 이용자의 관심을 자연스럽게 이끄는 형태의 광고를 말한다. 콘텐츠 자체로의 가치가 충분하여 이용자에 의한 소비과정에서 거부 반응이 적다는 장점이 있다. 의도적 판매 목적을 띤 광고에서 벗어나 가치 있고 매력적인 콘텐츠를 통해 이용자를 유도하고 획득한다는 부분에서 콘텐츠 마케팅의 기법으로 이해가 가능하다. 대표적인 예로는 인-피드 광고, 기사 맞춤형 광고, 프로모티드 리스팅 등이 있다.

47
정답 ① ROAS, ② 전환율 또는 CVR

정답해설

ROAS는 Return On Ad Spend의 약자이자 광고비 대비 수익률로, '수익/광고비×100'이다. 전환율(CVR)은 Click Conversion Rate의 약자로 클릭수 대비 전환수를 의미한다.

48
정답 **매체믹스 또는 미디어 믹스**

정답해설

매체믹스는 두 가지 이상의 광고를 섞어 집행하는 것을 의미한다. 매체나 상품의 특성을 활용하여 보완하거나 시너지를 낼 수 있기 때문에 매체믹스는 검색광고 기획에 매우 주요한 단계이다. 검색광고에서 매체믹스는 네이버, 구글, 카카오 등의 매체믹스와, 브랜드검색, 파워링크, 쇼핑검색광고와 같은 상품믹스로 나누어볼 수 있다.

49
정답 **클릭초이스플러스, 클릭초이스상품광고**

정답해설

클릭초이스플러스와 클릭초이스상품광고는 네이버 구 광고관리시스템에서 운영이 가능하고, 일부 업종에 한하여 집행이 가능하다.

50
정답 **블로그(네이버 블로그), 포스트, 카페**

정답해설

네이버 파워컨텐츠 광고는 블로그, 포스트, 카페 콘텐츠를 네이버 통합검색 결과 및 콘텐츠 지면에 노출하는 정보 제공형 검색광고이다. 네이버 블로그/카페/포스트를 통하여 신뢰성 있는 정보를 찾고자 하는 이용자의 의도가 담긴, 지정된 키워드에 한해 광고가 가능하다.

part
05

정답 및 해설

51   정답 키워드 확장 또는 키워드 확장 beta

정답해설

키워드 확장은 네이버 검색 영역에 해당 광고그룹의 등록키워드와 유사한 의미를 가진 키워드에 자동으로 광고를 노출시키는 기능이다. 키워드 확장 beta 보고서를 확인하여 확장노출 제외 키워드에 추가가 가능하다. 키워드 확장이 '사용'인 경우 네이버 검색 영역에 해당 광고그룹의 등록키워드와 유사한 의미를 가진 키워드가 자동으로 광고에 노출된다. 노출될 유의어에 대한 입찰가는 중간 입찰가의 100%로 설정되며 변경이 가능하다. 단, 등록 키워드에 적용되는 입찰가를 초과하지 않아야 한다. 키워드 확장이 '사용'인 경우 광고그룹 내 키워드를 OFF 하더라도 유의어로 광고가 노출되어 과금이 발생할 수 있다.

52   정답 성과 기반 노출, 동일 비중 노출

정답해설

네이버의 소재 노출 방식에는 성과 기반 노출과 동일 비중 노출이 있다. 성과 기반 노출은 성과에 따른 노출로 성과가 우수한 소재가 우선적으로 노출되고, 동일 비중 노출은 동일한 비중으로 소재가 노출된다.

53   정답 픽셀&SDK

정답해설

픽셀&SDK란 카카오에서 제공하는 전환추적 서비스이다. 최적의 잠재고객을 파악하고, 광고에서 발생한 회원가입과 구매 등의 전환을 확인할 수 있는 스크립트 도구이다. 내 홈페이지나 모바일 앱 그리고 카카오 서비스와 연동하여, 설치 가이드에 정의된 사용자의 다양한 행태 정보를 파악하고 카카오모먼트와 키워드광고의 성과를 측정할 수 있다. 타기팅을 고도화하고, 전환 목적의 캠페인을 운영할 수 있다.

54   정답 확장검색, 구문검색, 일치검색(순서 상관 있음)

정답해설

구글에는 광고를 게재할 검색어를 지정하는 검색 유형으로 확장검색, 구문검색, 일치검색이 있다. 검색어가 도달하는 범위는 확장검색, 구문검색, 일치검색 순으로 좁아진다.

55   정답 네이버, 카카오, 구글

정답해설

네이버와 카카오, 구글은 키워드 이동은 불가능하지만 복사는 가능하다.

56   정답 ① 3, ② 1

정답해설

카카오 키워드광고의 확장소재의 등록기준에 따르면 부가링크는 광고주가 제공하는 사이트 내 링크를 활용하여 추가할 수 있으며, 최소 3개에서 최대 4개까지 등록할 수 있다.
카카오 키워드광고의 확장소재의 등록기준에 따르면 가격테이블은 광고주가 제공하는 상품 또는 서비스의 주요 가격정보를 추가할 수 있으며, 최소 1개에서 최대 3개까지 등록할 수 있다.

57   정답 ① 전환율 10%, ② 전환당 비용(CPA) 800원

정답해설

ROAS는 '수익/광고비×100'이고 그 값이 400%이므로, 총 수익은 16,000,000원이다. 물품단가가 3,200원이므로 전환수는 5,000회이다. 따라서 전환율은 10%이고, 전환당 비용(CPA)는 800원이다.

58   정답 ① 구매전환율 30%, ② ROAS 172.8%

정답해설

방문수가 600명이고, 판매수가 180개이므로 구매전환율은 '180/600×100=30', 즉 30%이다.
물품단가가 4,800원이고, 광고를 통해 판매된 물품수가 180개이므로, 판매액은 864,000원이다. 따라서 ROAS는 '수익/광고비×100'이므로, 172.8%이다.

59   정답 ① 높고, ② 낮은

정답해설

CTR은 높고, CVR은 낮은 경우는 노출순위 및 소재 등은 매력적이지만, 실제적으로는 사이트에 방문해서 전환 행동이 발생하지 않은 상태를 의미한다. 원하는 것이 없거나 콘텐츠가 충분하지 않은 경우 타 사이트로 이탈할 가능성이 높아진다.

60   정답 ① 50, ② 5

정답해설

네이버 비즈채널은 모든 유형을 합쳐 계정당 총 1,000개까지 추가할 수 있다. 단, 전화번호 유형 중 통화추적번호는 최대 50개, 네이버 톡톡 유형은 최대 5개까지만 추가할 수 있다.

part
05

정답 및 해설

검색광고마케터

1급

부 록

개인정보보호법

온라인 광고 용어

▼ 개인정보보호법

SEARCH ADVERTISING MARKETERS

제1조(목적)

이 법은 개인정보의 처리 및 보호에 관한 사항을 정함으로써 개인의 자유와 권리를 보호하고, 나아가 개인의 존엄과 가치를 구현함을 목적으로 한다.

제2조(정의)

① "개인정보"란 살아 있는 개인에 관한 정보

② "가명처리"란 개인정보의 일부를 삭제하거나 일부 또는 전부를 대체하는 등의 방법으로 추가 정보가 없이는 특정 개인을 알아볼 수 없도록 처리하는 것

③ "처리"란 개인정보의 수집, 생성, 연계, 연동, 기록, 저장, 보유, 가공, 편집, 검색, 출력, 정정(訂正), 복구, 이용, 제공, 공개, 파기(破棄), 그 밖에 이와 유사한 행위

④ "정보주체"란 처리되는 정보에 의하여 알아볼 수 있는 사람으로서 그 정보의 주체가 되는 사람

⑤ "개인정보파일"이란 개인정보를 쉽게 검색할 수 있도록 일정한 규칙에 따라 체계적으로 배열하거나 구성한 개인정보의 집합물

⑥ "개인정보처리자"란 업무를 목적으로 개인정보파일을 운용하기 위하여 스스로 또는 다른 사람을 통하여 개인정보를 처리하는 공공기관, 법인, 단체 및 개인

⑦ "영상정보처리기기"란 일정한 공간에 지속적으로 설치되어 사람 또는 사물의 영상 등을 촬영하거나 이를 유·무선망을 통하여 전송하는 장치

⑧ "과학적 연구"란 기술의 개발과 실증, 기초연구, 응용연구 및 민간 투자 연구 등 과학적 방법을 적용하는 연구

제3조(개인정보 보호 원칙)

① 개인정보처리자는 개인정보의 처리 목적을 명확하게 하여야 하고 그 목적에 필요한 범위에서 최소한의 개인정보만을 적법하고 정당하게 수집하여야 한다.

② 개인정보처리자는 개인정보의 처리 목적에 필요한 범위에서 적합하게 개인정보를 처리하여야 하며, 그 목적 외의 용도로 활용하여서는 아니 된다.

③ 개인정보처리자는 개인정보의 처리 목적에 필요한 범위에서 개인정보의 정확성, 완전성 및 최신성이 보장되도록 하여야 한다.

④ 개인정보처리자는 개인정보의 처리 방법 및 종류 등에 따라 정보주체의 권리가 침해받을 가능성과 그 위험 정도를 고려하여 개인정보를 안전하게 관리하여야 한다.

⑤ 개인정보처리자는 개인정보 처리방침 등 개인정보의 처리에 관한 사항을 공개하여야 하며, 열람 청구권 등 정보주체의 권리를 보장하여야 한다.

⑥ 개인정보처리자는 정보주체의 사생활 침해를 최소화하는 방법으로 개인정보를 처리하여야 한다.

⑦ 개인정보처리자는 개인정보를 익명 또는 가명으로 처리하여도 개인정보 수집목적을 달성할 수 있는 경우 익명처리가 가능한 경우에는 익명에 의하여, 익명처리로 목적을 달성할 수 없는 경우에는 가명에 의하여 처리될 수 있도록 하여야 한다.

⑧ 개인정보처리자는 이 법 및 관계 법령에서 규정하고 있는 책임과 의무를 준수하고 실천함으로써 정보주체의 신뢰를 얻기 위하여 노력하여야 한다.

제4조(정보주체의 권리)

정보주체는 자신의 개인정보 처리와 관련하여 아래의 권리를 가진다.

① 개인정보의 처리에 관한 정보를 제공받을 권리

② 개인정보의 처리에 관한 동의 여부, 동의 범위 등을 선택하고 결정할 권리

③ 개인정보의 처리 여부를 확인하고 개인정보에 대하여 열람을 요구할 권리

④ 개인정보의 처리 정지, 정정·삭제 및 파기를 요구할 권리

⑤ 개인정보의 처리로 인하여 발생한 피해를 신속하고 공정한 절차에 따라 구제받을 권리

제7조의8(보호위원회의 소관 사무)

① 개인정보의 보호와 관련된 법령의 개선에 관한 사항

② 개인정보 보호와 관련된 정책 · 제도 · 계획 수립 · 집행에 관한 사항

③ 정보주체의 권리침해에 대한 조사 및 이에 따른 처분에 관한 사항

④ 개인정보의 처리와 관련한 고충처리 · 권리구제 및 개인정보에 관한 분쟁의 조정

⑤ 개인정보 보호를 위한 국제기구 및 외국의 개인정보 보호기구와의 교류 · 협력

⑥ 개인정보 보호에 관한 법령 · 정책 · 제도 · 실태 등의 조사 · 연구, 교육 및 홍보에 관한 사항

⑦ 개인정보 보호에 관한 기술개발의 지원 · 보급 및 전문 인력의 양성에 관한 사항

⑧ 이 법 및 다른 법령에 따라 보호위원회의 사무로 규정된 사항

제7조의9(보호위원회의 심의 · 의결 사항 등)

① 개인정보 침해요인 평가에 관한 사항

② 기본계획 및 시행계획에 관한 사항

③ 개인정보 보호와 관련된 정책, 제도 및 법령의 개선에 관한 사항

④ 개인정보의 처리에 관한 공공기관 간의 의견조정에 관한 사항

⑤ 개인정보 보호에 관한 법령의 해석 · 운용에 관한 사항

⑥ 개인정보의 이용 · 제공에 관한 사항

⑦ 영향평가 결과에 관한 사항

⑧ 과징금 부과에 관한 사항

⑨ 의견제시 및 개선권고에 관한 사항

⑩ 시정조치 등에 관한 사항

⑪ 고발 및 징계권고에 관한 사항

⑫ 처리 결과의 공표에 관한 사항

⑬ 과태료 부과에 관한 사항

⑭ 소관 법령 및 보호위원회 규칙의 제정 · 개정 및 폐지에 관한 사항

⑮ 개인정보 보호와 관련하여 보호위원회의 위원장 또는 위원 2명 이상이 회의에 부치는 사항

⑯ 그 밖에 이 법 또는 다른 법령에 따라 보호위원회가 심의 · 의결하는 사항

제7조의11(위원의 제척·기피·회피)

① 위원 또는 그 배우자나 배우자였던 자가 해당 사안의 당사자가 되거나 그 사건에 관하여 공동의 권리자 또는 의무자의 관계에 있는 경우

② 위원이 해당 사안의 당사자와 친족이거나 친족이었던 경우

③ 위원이 해당 사안에 관하여 증언, 감정, 법률자문을 한 경우

④ 위원이 해당 사안에 관하여 당사자의 대리인으로서 관여하거나 관여하였던 경우

⑤ 위원이나 위원이 속한 공공기관·법인 또는 단체 등이 조언 등 지원을 하고 있는 자와 이해관계가 있는 경우

제7조의12(소위원회)

① 보호위원회는 효율적인 업무 수행을 위하여 개인정보 침해 정도가 경미하거나 유사·반복되는 사항 등을 심의·의결할 소위원회를 둘 수 있다.

② 소위원회는 3명의 위원으로 구성한다.

③ 소위원회가 심의·의결한 것은 보호위원회가 심의·의결한 것으로 본다.

④ 소위원회의 회의는 구성위원 전원의 출석과 출석위원 전원의 찬성으로 의결한다.

제9조(기본계획 포함 사항)

① 개인정보 보호의 기본목표와 추진방향

② 개인정보 보호와 관련된 제도 및 법령의 개선

③ 개인정보 침해 방지를 위한 대책

④ 개인정보 보호 자율규제의 활성화

⑤ 개인정보 보호 교육·홍보의 활성화

⑥ 개인정보 보호를 위한 전문 인력의 양성

⑦ 그 밖에 개인정보 보호를 위하여 필요한 사항

제13조(자율규제의 촉진 및 지원하기 위해 필요한 사항)

① 개인정보 보호에 관한 교육·홍보

② 개인정보 보호와 관련된 기관·단체의 육성 및 지원

③ 개인정보 보호 인증마크의 도입·시행 지원

④ 개인정보처리자의 자율적인 규약의 제정·시행 지원

⑤ 그 밖에 개인정보처리자의 자율적 개인정보 보호활동을 지원하기 위하여 필요한 사항

제15조(개인정보의 수집·이용)

① 정보주체의 동의를 받은 경우

② 법률에 특별한 규정이 있거나 법령상 의무를 준수하기 위하여 불가피한 경우

③ 공공기관이 법령 등에서 정하는 소관 업무의 수행을 위하여 불가피한 경우

④ 정보주체와의 계약의 체결 및 이행을 위하여 불가피하게 필요한 경우

⑤ 정보주체 또는 그 법정대리인이 의사표시를 할 수 없는 상태에 있거나 주소불명 등으로 사전 동의를 받을 수 없는 경우로서 명백히 정보주체 또는 제3자의 급박한 생명, 신체, 재산의 이익을 위하여 필요하다고 인정되는 경우

⑥ 개인정보처리자의 정당한 이익을 달성하기 위하여 필요한 경우로서 명백하게 정보주체의 권리보다 우선하는 경우. 이 경우 개인정보처리자의 정당한 이익과 상당한 관련이 있고 합리적인 범위를 초과하지 아니하는 경우에 한한다.

제21조(개인정보의 파기)

① 개인정보처리자는 보유기간의 경과, 개인정보의 처리 목적 달성 등 그 개인정보가 불필요하게 되었을 때에는 지체 없이 그 개인정보를 파기하여야 한다. 다만, 다른 법령에 따라 보존하여야 하는 경우에는 그러하지 아니하다.

② 개인정보처리자가 개인정보를 파기할 때에는 복구 또는 재생되지 아니하도록 조치하여야 한다.

③ 개인정보처리자가 단서에 따라 개인정보를 파기하지 아니하고 보존하여야 하는 경우에는 해당 개인정보 또는 개인정보파일을 다른 개인정보와 분리하여서 저장·관리하여야 한다.

④ 개인정보의 파기방법 및 절차 등에 필요한 사항은 대통령령으로 정한다.

제25조(영상정보처리기기의 설치 · 운영 제한)

① 법령에서 구체적으로 허용하고 있는 경우

② 범죄의 예방 및 수사를 위하여 필요한 경우

③ 시설안전 및 화재 예방을 위하여 필요한 경우

④ 교통단속을 위하여 필요한 경우

⑤ 교통정보의 수집 · 분석 및 제공을 위하여 필요한 경우

개인정보 보호책임자의 수행 업무

① 개인정보 보호 계획의 수립 및 시행

② 개인정보 처리 실태 및 관행의 정기적인 조사 및 개선

③ 개인정보 처리와 관련한 불만의 처리 및 피해 구제

④ 개인정보 유출 및 오용 · 남용 방지를 위한 내부통제시스템의 구축

⑤ 개인정보 보호 교육 계획의 수립 및 시행

⑥ 개인정보파일의 보호 및 관리 · 감독

⑦ 그 밖에 개인정보의 적절한 처리를 위하여 대통령령으로 정한 업무

개인정보파일의 등록 및 공개

① 개인정보파일의 명칭

② 개인정보파일의 운영 근거 및 목적

③ 개인정보파일에 기록되는 개인정보의 항목

④ 개인정보의 처리방법

⑤ 개인정보의 보유기간

⑥ 개인정보를 통상적 또는 반복적으로 제공하는 경우에는 그 제공받는 자

⑦ 그 밖에 대통령령으로 정하는 사항

개인정보 유출 통지

① 유출된 개인정보의 항목

② 유출된 시점과 그 경위

③ 유출로 인하여 발생할 수 있는 피해를 최소화하기 위하여 정보주체가 할 수 있는 방법 등에 관한 정보

④ 개인정보처리지의 대응조치 및 피해 구제절차

⑤ 정보주체에게 피해가 발생한 경우 신고 등을 접수할 수 있는 담당부서 및 연락처

개인정보의 정정·삭제

① 자신의 개인정보를 열람한 정보주체는 개인정보처리자에게 그 개인정보의 정정 또는 삭제를 요구할 수 있다. 다만, 다른 법령에서 그 개인정보가 수집 대상으로 명시되어 있는 경우에는 그 삭제를 요구할 수 없다.

② 개인정보처리자는 정보주체의 요구를 받았을 때에는 개인정보의 정정 또는 삭제에 관하여 다른 법령에 특별한 절차가 규정되어 있는 경우를 제외하고는 지체 없이 그 개인정보를 조사하여 정보 주체의 요구에 따라 정정·삭제 등 필요한 조치를 한 후 그 결과를 정보주체에게 알려야 한다.

③ 개인정보처리자가 개인정보를 삭제할 때에는 복구 또는 재생되지 아니하도록 조치하여야 한다.

④ 개인정보처리자는 정보주체의 요구가 해당될 때에는 지체 없이 그 내용을 정보주체에게 알려야 한다.

⑤ 개인정보처리자는 조사를 할 때 필요하면 해당 정보주체에게 정정·삭제 요구사항의 확인에 필요한 증거자료를 제출하게 할 수 있다.

⑥ 정정 또는 삭제 요구, 통지 방법 및 절차 등에 필요한 사항은 대통령령으로 정한다.

법원의 배상액 책정 시 고려사항

① 고의 또는 손해 발생의 우려를 인식한 정도

② 위반행위로 인하여 입은 피해 규모

③ 위법행위로 인하여 개인정보처리자가 취득한 경제적 이익

④ 위반행위에 따른 벌금 및 과징금

⑤ 위반행위의 기간 · 횟수 등

⑥ 개인정보처리자의 재산상태

⑦ 개인정보처리자가 정보주체의 개인정보 분실 · 도난 · 유출 후 해당 개인정보를 회수하기 위하여 노력한 정도

⑧ 개인정보처리자가 정보주체의 피해구제를 위하여 노력한 정도

▼ 온라인 광고 용어

SEARCH ADVERTISING MARKETERS

가상계좌

① 네이버 키워드광고 광고비를 입금할 수 있는 개인별 고정 계좌번호를 말한다.

② 네이버 키워드광고 가입시 광고주가 주거래 은행을 선택하면 광고주만의 고유한 계좌번호가 발급되는데 이를 가상계좌라 한다. 가상계좌에 광고비를 입금하면, 입금 내용이 광고주의 계정에 실시간으로 반영되어 입금 확인 시간을 단축시키고, 광고주의 계좌번호 유출 위험이 없다.

전환

① 전환이란, 광고를 클릭하고 사이트에 들어온 사용자가 구매, 회원가입, 장바구니 등 광고주가 원하는 특정행위를 하는 것을 말한다.

② '직접전환'이란 사용자가 광고를 클릭하고 30분 이내에 전환을 일으킨 경우이며, '간접전환'이란 광고를 클릭한 동일한 사용자에게서 15일 이내에 전환이 일어난 경우를 의미한다.

검색광고

검색 사용자가 관심 분야에 대해 검색을 하면, 검색 결과에 광고를 노출해, 광고주의 웹 사이트로의 연결을 유도하는 광고방식. 이때 검색사용자가 검색한 '키워드'를 광고주가 등록해 놓아야 노출이 가능하다.

검색 네트워크

① 클릭 초이스의 광고 노출 영역에는 검색 네트워크 영역과 콘텐츠 네트워크 영역이 있다.

② 검색 네트워크는 파워링크, 비즈사이트, SE검색, 모바일 검색, 파트너사 사이트 등에서 검색 결과로 노출되는 클릭 초이스 광고 영역을 의미하며, 콘텐츠 네트워크는 지식in과 블로그 페이지에 해당 페이지의 콘텐츠와 연관도가 높은 광고들이 노출되는 클릭 초이스 광고 영역을 의미한다.

검색 탭 광고

① 네이버 클릭 초이스 노출 영역 중 하나이다.

② 통합검색 탭 이외의 블로그, 지식in, 사이트, 카페 탭 등의 검색결과 상단 영역에 노출되는 광고를 검색 탭 광고라 한다. 클릭 초이스 그룹별 노출 전략 설정 시 검색탭 광고 노출 여부를 선택할 수 있다.

검수

① 광고주가 광고를 신규로 등록하거나 기존 광고를 수정한 경우 광고물에 법적, 사회적 이슈가 없고, 네이버 광고등록기준에 부합한지 검토하고 수정하는 과정이다.

② 키워드와 광고문안, 콘텐츠의 연관도를 확인하고, 검색사용자의 검색의도에 부합하는지, 사이트는 적법한지 등을 확인한다.(키워드광고)

③ 플래시 광고 제작물이 폭력성, 과장광고 여부 등의 사회적 기준이나 폰트, 이미지 등의 디자인 기준에 부합하는지 확인하는 과정이다.(디스플레이)

게재

① 등록한 광고가 검수 과정을 통과하여 검색 결과에 노출되는 것이다.(키워드광고)

② 광고의 소재가 될 플래시 제작물을 광고 시스템에 등록하여 노출을 준비하는 과정이다.(디스플레이)

경쟁현황

① 해당 키워드를 광고에 등록한 광고주 수이다.

② 예를 들어, "해외여행" 키워드를 등록한 광고주가 4명이라면, 해외여행 키워드의 경쟁현황은 4이다.

계정

① 네이버 키워드광고 집행의 최상위 단위이다.

② 광고주의 사업자번호 또는 주민번호를 기준으로 생성된 집합을 이르며, 계정의 하위 단위로는 사이트, 그룹, 키워드가 있다.

광고노출제한

① 광고를 노출하고 싶지 않은 IP 주소를 관리하는 기능이다.

② 광고주센터 내 [계정정보〉정보관리〉광고노출제한관리]에서 설정할 수 있다.

③ 임의의 IP를 등록해 놓으면, 해당 IP 주소를 가진 PC의 검색결과에는 광고주의 광고가 노출되지 않는다.

광고 더 보기

① 네이버 클릭 초이스 노출 영역 중 하나이다.

② 파워링크와 비즈사이트 영역에 보이는 광고 외에 더 많은 광고를 보기 원하는 검색사용자가 광고 영역 하단 '더보기'를 클릭하면, 노출 순위 밖의 광고를 볼 수 있다. 광고 더보기 페이지에는 사이트 이미지, 부가정보와 함께 최대 50개의 광고를 추가 노출한다.

③ 광고 더보기 영역에 광고 노출 여부는 [그룹 노출 전략 설정]에서 선택할 수 있다.

광고문구

① 검색 결과에 나타나는 광고 형식이다.

② '제목Title'+'설명문구Description'+'부가정보'+'URL'를 의미하며, 일반적으로 'T&D', '광고소재', '광고문안', '리스팅'이라고도 불린다.

광고효과보고서

① 네이버 키워드 광고의 노출수, 클릭수, 전환수, 광고비용 등 광고 성과를 확인할 수 있는 리포트를 말한다.

② 기본보고서로는 클릭 초이스, 타임 초이스, 브랜드검색 상품별로 최근 90일의 광고 성과를 확인할 수 있고 맞춤보고서로는 원하는 기간의 클릭 초이스와 타임 초이스의 계정, 사이트, 그룹, 키워드 성과를 원하는 형식으로 받아볼 수 있다.

구매전환율 CVR, Conversion Rate

광고를 클릭한 후 실제 구매 또는 회원가입, 장바구니담기 등 광고주가 원하는 특정행위로 이어지는 비율을 말한다.

낙찰

① 입찰제 광고 상품을 구매하기 위해 광고주는 본인이 지불할 수 있는 금액 입찰가를 산정하여 입찰에 참여한다. 이때 입찰가가 높은 순으로 광고를 구매할 수 있는 권리가 주어지며, 입찰에 참여한 결과 광고를 구매할 수 있는 상태를 말한다.

② 네이버 키워드광고 타임 초이스의 경우, 입찰에 참여한 광고주 중 최대입찰가가 높은 순으로 1위-5위의 광고주가 낙찰된다.

낙찰가

① 입찰에 참여한 광고가 낙찰되었을 때, 낙찰 광고주가 광고 노출에 대해 지불하는 비용을 말한다.

② [키워드광고 타임 초이스] 입찰시 광고주가 입력하는 최대입찰가는 노출 순위를 결정하기 위한 값이며, 낙찰가는 '다음 순위 광고주의 입찰액+최소 입찰 조정 단위'이다.

노출 Impression

광고가 사용자에게 보이는 것을 말한다.

노출권(지식쇼핑)

지식쇼핑 쇼핑캐스트 발행 시 발행된 캐스트를 네이버 메인에 노출하기 위한 권리를 말한다.

노출수

광고가 노출된 횟수를 말한다.

대표키워드 Head Keyword

동일 업종의 키워드를 그룹으로 묶었을 때, 포괄적인 의미를 갖는 키워드 또는 상위 카테고리 상에 있는 키워드를 말한다.

디스플레이광고 Display Ads

① 브랜딩을 목적으로 그래픽 이미지나 동영상 형태로 메시지를 전달하는 광고 방식으로 배너 광고로도 불린다.

② 네이버 디스플레이광고는 네이버 메인화면의 타임보드, 롤링보드 영역을 비롯해 네이버, 한 게임, 쥬니버의 다양한 페이지에 노출된다.

로그분석

① 사이트에 방문한 사용자의 행태에 대한 정보를 추출하고 분석하는 서비스를 말한다.

② 방문자 수, 방문 경로, 웹 페이지별 방문 횟수, 시간별/요일별 방문 통계, 구매전환율 등의 다양한 정보를 얻을 수 있으며, '웹 로그분석'이라고도 불린다. 네이버 키워드광고를 이용하 는 광고주는 [계정정보>정보관리>웹 로그분석]에서 기본적인 로그분석을 무료로 제공받을 수 있다.

랜딩페이지(landing page)

인터넷 사용자가 광고를 클릭하고 광고주의 사이트에 방문했을 때 최초로 보게 되는 웹페이지 를 말한다.

럭키투데이(지식쇼핑)

① 하루 한 가지 상품을 특가로 제공하는 지식쇼핑 서비스를 말한다.

② 네이버 메인의 럭키투데이 탭, 지식쇼핑 메인페이지 등의 노출영역을 통해 독점적인 마케팅 활동이 가능하다.

리치미디어 광고(디스플레이)

① 비디오, 오디오, 사진, 애니메이션 등을 혼합한 멀티미디어 형식의 광고를 말한다.

② 기존의 단순한 형태의 배너광고 보다 풍부한(rich) 정보를 담을 수 있는 매체(media)라는 뜻 을 지닌다.

③ 광고에 마우스를 가져가면 이미지가 변하고, 오디오가 실행되는 등 사용자의 참여를 유도하 고, 광고를 역동적으로 만드는 기법이다.

④ 네이버 디스플레이 광고 상품 중 타임보드, 롤링보드 등이 있다.

모바일 광고(키워드광고)

① 네이버 클릭 초이스 노출 영역 중 하나이다.

② 클릭 초이스 그룹 노출 전략 설정 시 "파워링크 모바일"의 노출을 선택하면 모바일 네이버 (m.search.naver.com)의 검색 결과에 광고가 노출된다.

무효클릭(키워드광고)

① 불법적인 시스템에 의한 클릭 및 특정형태의 클릭 패턴을 분석하여 필터링 된 클릭을 말한다.

② 네이버 클린 클릭 초이스 센터에서는 지속적인 모니터링을 통해 무료클릭을 필터링 하고 있다.

문안저장소(키워드광고)

① 기존에 사용했던 광고문안을 저장해 두었다가, 광고를 새로 등록/수정할 때 저장해둔 문안을 불러와서 사용할 수 있도록 도움을 주는 기능을 말한다.

② [광고관리〉문안관리〉클릭 초이스 문안관리]에서 확인할 수 있다.

발행권(지식쇼핑)

캐스트를 발행하기 위한 권리로, 쇼핑캐스트 광고를 진행하기 위해서는 필수적으로 발행권을 구매해야 한다.

베스트셀러(지식쇼핑)

① [랭킹 샵〉베스트셀러〉전문쇼핑몰]페이지에 상품을 노출하는 지식쇼핑 광고를 말한다.

② 베스트셀러 페이지는 네이버 메인의 다양한 경로를 통해 사용자가 유입된다는 특징이 있으며, 베스트셀러 상품을 구입하면 지식쇼핑 메인 페이지와 베스트셀러 페이지에 상품을 노출할 수 있다.

부록

변환키워드(키워드광고)

① '변환 키워드'로 지정된 키워드는 자주 검색되는 오타키워드로, 해당 키워드를 검색 시 정타
키워드로 자동 변환되어 검색 결과가 나타난다.

② 변환키워드로 지정된 오타 키워드는 광고주센터 내에서 속성마크[T]를 함께 표시하고 있다.

③ 변환키워드를 구매한 경우, 검색 사용자가 '오타키워드 검색결과 보기'를 클릭했을 때에만 광
고가 노출된다.

브랜드검색

브랜드 키워드 또는 브랜드와 연관성 높은 키워드로 검색했을 때, 통합검색 결과 페이지의 최상
단 영역에 해당 브랜드의 내용을 다양한 이미지와 함께 표현할 수 있는 콘텐츠형 검색광고 상품
을 말한다.

브랜드키워드(키워드광고)

① 브랜드검색 광고상품이 최상단에 반영될 수 있는 키워드를 말한다.

② 키워드광고는 브랜드검색 상품 하단에 게재된다.

비즈사이트(키워드광고)

① 파워링크와 플러스링크 하단에 노출되는 클릭 초이스 CPC 상품의 영역 중 하나이다.

② 비즈사이트 영역에서는 제목과 설명문구 외에 부가정보를 노출할 수 있다.

비즈쿠폰(키워드광고)

① 네이버 키워드광고 상품을 결제하는데 사용할 수 있는 쿠폰으로, 이벤트 당첨, 프로모션 등
의 사유로 발급된다.

② [계정정보〉비즈머니〉비즈쿠폰정보〉비즈쿠폰사용]에서 비즈머니로 전환하면 사용이 가능하다.

비즈머니(키워드광고)

① 네이버 키워드광고 상품을 결제하는 데 사용할 수 있는 충전금을 말한다.

② 모든 네이버 키워드광고 상품은 비즈머니로만 구매가 가능하다

설명문구(키워드광고)

① 광고하려는 상품 또는 서비스에 대한 45자 이내의 설명을 말한다.

② 제목, URL과 함께 검색 결과에 노출되며, 사용자가 광고를 클릭하는데 영향을 미친다.

세부키워드 Tail Keyword

유사한 업종의 키워드를 그룹으로 묶었을 때, 하위 개념의 키워드 또는 대표 키워드의 확장 키워드를 말한다.

쇼핑캐스트(지식쇼핑)

① 지식쇼핑 상품 중 하나이다.

② 쇼핑몰이 기획전/쇼핑정보/물품구매와 관련한 링크를 조합하여 캐스트를 발행하는 광고 상품이다.

스마트입찰(키워드광고)

입찰관리 페이지에서 원하는 키워드를 선택하고, 희망 노출영역, 순위, 최대클릭비용을 입력하면 일괄적으로 입찰이 되는 일회성의 입찰 보조 기능이다.

시즈널 키워드(키워드광고)

특정 시기나 계절에 따라 조회수와 광고 효과가 급상승하는 키워드이다.

애드포스트 Adpost

① 블로그 운영자가 자신의 블로그에 광고를 게재하고 광고에서 발생한 수익의 일부를 배분받는 서비스이다.

② [클릭 초이스 광고관리>그룹 전략]에서 블로그 광고 노출을 선택한 경우, 애드 포스트에 가입된 블로그에 광고가 노출될 수 있다.

연결 URL(키워드광고)

① 광고를 클릭했을 때 도달하는 페이지의 URL이다.

② 광고 클릭 시 도달하는 페이지를 '랜딩페이지'라고 하며, 랜딩페이지의 URL을 연결 URL이라 한다.

원부(지식쇼핑)

① 특정 상품에 대한 가격을 비교하고, 상품을 소개하는 페이지이다.

② 상품의 상세정보, 가격비교, 사용자 리뷰, 지식Q&A 등으로 구성되어 있으며, 해당 상품의 판매처 리스트를 클릭하면 해당 쇼핑몰로 이동한다.

일일광고 허용예산(키워드광고)

① 클릭 초이스 광고의 일일 노출 상한선이다.

② 그룹의 클릭 초이스 과금액이 일일광고 허용예산에 도달하면 더 이상 클릭 초이스 광고가 노출되지 않는다. 임의의 키워드가 예기치 않은 이슈로 갑작스럽게 많은 클릭을 받아 예산을 초과하여 과금되는 것을 예방할 수 있는 기능이다.

③ 그룹 노출전략 설정 페이지에서 그룹의 클릭 초이스 총 예산과 콘텐츠 네트워크 예산으로 나누어 설정할 수 있다.

④ 클릭 초이스 총 예산=검색 네트워크(파워링크+비즈사이트+파워링크모바일+검색 탭 등)

일일낙찰 허용예산(키워드광고)

① 타임 초이스 광고의 일일 낙찰 금액 상한선이다.

② 입찰 참여 중인 전체 키워드의 최대입찰가 합이 일일낙찰허용예산을 초과할 경우 일부 키워드는 낙찰 실패한다.

입찰시작가(키워드광고)

① 타임 초이스 입찰에 참여할 수 있는 최소금액이다.

② 키워드마다 다르며, '최저입찰가'라고도 표현한다.

입찰가가중치

① 광고주의 전략에 따라 광고 영역별 입찰가를 조절할 수 있는 장치이다.

② [그룹 노출 전략 설정] 페이지에서 광고 영역별 광고 노출을 결정하거나 입찰가 가중치를 10~500%로 설정할 수 있다.

③ 설정한 가중치에 따라 영역별 입찰가와 노출 순위가 달라지며, 이를 통해 광고주는 중점적으로 광고를 집행할 영역과 그렇지 않은 영역을 효율적으로 관리할 수 있다.

입찰증거금(지식쇼핑)

① 고의적인 유찰로 인한 낙찰가 상승을 방지하고자 지식쇼핑 상품 입찰 시 입찰 시작가의 10%에 해당하는 금액을 징수하는 제도를 말한다.

② 낙찰 되지 않을 경우 결제한 입찰증거금은 전액 환불되나, 고의적으로 낙찰을 포기했을 때, 충전금 부족으로 유찰되었을 때에는 반환하지 않는다.

자동충전

① 잔액 소진으로 인해 클릭 초이스 광고가 중지될 경우, 사전에 등록해 놓은 신용카드에서 설정해 놓은 금액만큼 자동으로 충전하는 기능을 말한다.

② 갑작스런 광고 노출 중단으로 인한 불편을 예방하는 기능으로, [계정정보〉정보관리〉자동충전]에서 설정할 수 있다.

잔액소진예상일

클릭 초이스만 사용했을 때의 비즈머니 소진 예상일. 타임 초이스 사용 여부, 키워드의 속성 변화에 따라 실제 잔액 소진일이 달라질 수 있다.

전자세금계산서

① 온라인에서 전달되는 세금계산서. 현행 종이 세금계산서와 동일한 효력을 갖는다.

② [계정정보〉세금계산서], [고객센터〉세금계산서] 메뉴를 통해 네이버 키워드광고에서 발행하는 전자세금계산서에 대한 정보 수정과 재발행 요청이 가능하다.

조회수

해당 키워드가 검색 사용자에 의해 조회된 횟수를 말한다.

주요 키워드 관리

① 각 키워드가 속한 그룹에 관계없이, 중요한 키워드들을 '묶음' 단위로 지정하여 동시에 입찰이 가능하도록 제공하는 기능을 말한다.

② [광고관리〉주요키워드관리]에서 확인 할 수 있다.

즐겨찾기 문안

① 타임 초이스 키워드를 등록하거나 광고문안을 수정할 때 기존에 작성했던 문안을 불러올 수 있도록 광고문안을 저장해두는 기능을 말한다.

② [광고관리〉문안관리〉타임 초이스 문안관리]에서 확인할 수 있다.

지난차수 판매 수

지난 정규 입찰일(지난 수요일)에 판매된 타임 초이스(플러스링크) 광고 개수를 말한다.

지도가이드(지역광고)

[지역명+업종] 키워드 검색 시 결과 페이지 내 지도 우측에 노출되는 지역광고 상품으로 3개월 단위로 판매하며, 무순위로 롤링 노출한다.

네이버 지식쇼핑

① 네이버 이용자를 대상으로 하는 쇼핑 검색 서비스를 말한다.

② 네이버 이용자가 지식쇼핑을 통해 상품을 검색하면 지식쇼핑에 입점한 광고주의 쇼핑몰에 있는 상품들이 네이버 검색결과로 보인다.

③ 입점 형태는 CPC Package(초기 입점비+클릭 시 과금)와 CPS Package(월 고정비+매출 수수료)로 나뉘며, 네이버 메인에 노출되는 쇼핑캐스트, 테마쇼핑을 비롯해 베스트셀러, 패션로데오, 럭키투데이 등 다양한 광고 상품이 있다.

지역광고(지식쇼핑)

① 인터넷 사용자가 네이버 검색창에 지역명과 업종키워드(예를 들어, 강남구 치과를 입력했을 경우) 지도와 함께 업체정보가 노출되는 광고 상품이다.

② 검색 결과 페이지의 지도 상단에 노출되는 프리미엄 상품과 지도 우측에 표시되는 지도가이드 상품이 있다.

최대입찰가

① 타임 초이스(플러스링크) 광고의 입찰액이다.

② 광고를 낙찰 받은 광고주가 지불할 의사가 있는 최대금액이라는 의미이다.

최대클릭비용 BA, Bid Amount

클릭 초이스 광고가 클릭될 때, 각 키워드에 대해 광고주가 지불할 의사가 있는 최대금액을 말한다.

최저낙찰제(지식쇼핑)

낙찰가 중 가장 낮은 낙찰가로 모든 낙찰대상자에게 동일하게 과금하는 방식을 말한다.

추가입찰

① 타임 초이스 정규 입찰에서 광고가 다 팔리지 않았거나, 게재 중 취소 등의 사유로 인해 공실이 발생한 경우, 공실 발생 다음날 진행되는 재입찰이다.

② 추가 입찰로 낙찰되면, 광고 노출은 낙찰 다음날부터 정규 입찰이 있는 수요일까지이며, 추가입찰 참여는 [광고관리〉타임 초이스〉그룹전략설정]에서 선택할 수 있다.

추적 URL

광고를 클릭한 사용자의 검색 정보(어떤 키워드로 검색했는지, 어떤 광고영역에서 클릭했는지 등)에 관한 정보를 알 수 있도록 URL에 덧붙이는 요소이다.

키워드광고

① 검색 사용자가 검색사이트에서 특정 키워드를 검색했을 때, 해당 키워드를 구매한 광고주의 광고를 노출시키는 광고 방식이다.

② 네이버 키워드광고는 사용자가 키워드광고를 클릭하여 방문한 수만큼 광고비를 지불하는 클릭 초이스 CPC와 단위기간동안 광고를 안정적으로 노출할 수 있는 타임 초이스 CPT, 브랜드 키워드로 검색한 사용자를 대상으로 브랜드 로열티를 구축할 수 있는 브랜드검색 상품이 있다.

콘텐츠 네트워크

지식인과 블로그 페이지 내의 콘텐츠와 연관도가 높은 광고가 노출되는 클릭 초이스 광고 영역 이다.

클릭수

광고가 사용자로부터 클릭된 횟수를 말한다.

클릭률 CTR, Click-through rate

클릭수를 노출수로 나눈 값(클릭수/노출수×100)

클릭초이스

① 사용자가 광고를 클릭한 횟수에 따라 광고비를 지불하는 CPC 과금 방식의 네이버 키워드광고 상품이다.

② 네이버 내/외부 다양한 영역에 노출되어 더 많은 고객을 만날 수 있다.

③ 네이버 파워링크 영역, 비즈사이트 영역과 검색파트너의 광고 영역 등에서는 검색 결과로 광고가 노출되고, 지식인, 블로그 페이지에서는 해당 페이지의 콘텐츠와 연관성이 높은 광고가 노출된다.

클린 클릭 초이스 센터

① 무효클릭으로 인한 부당 과금이 발생하지 않도록 검색에서 도달까지 모든 과정을 모니터링하고 필터링하는 곳이다.

② 무효클릭과 관련한 일반적인 정보를 얻거나 무효클릭 조사 요청을 할 수 있다.

클린 프로그램(지식쇼핑)

고의적인 DB 조작에 의한 불공정 광고 활동을 지양하기 위해서 만들어진 평가 프로그램이다.

키워드 스테이션

① 광고주의 키워드 선택을 돕기 위해 키워드를 추천해 주는 기능이다.

② 업종별 키워드, 연관 키워드 제안, 포함 키워드, 월별 인기 키워드 제안 등 분류별 키워드 리스트와 CTR, PPC, 노출현황 등의 정보를 제공한다. 추출된 키워드를 선택해 즉시 광고에 등록할 수 있다.

키워드 광고상품권

① 네이버 키워드광고 집행 시 사용할 수 있는 상품권으로 교육 참석, 출판물 수령, 이벤트 참가 등을 통해 받을 수 있다.

② 상품권에 적혀있는 일련번호를 [계정정보〉비즈머니〉비즈쿠폰정보〉비즈쿠폰사용〉키워드광고 상품권 전환하기]에 입력한 후 전환하여 사용할 수 있다.

카테고리 자동 매칭(지식쇼핑)

관계도가 높은 카테고리에 매칭을 해주는 시스템. 상품명으로 가장 근접한 카테고리로 매칭한다.

타임초이스

① 광고주가 제시한 입찰가에 따라 단위시간 7일에 대한 광고비용과 노출 순위가 결정되는 네이버 키워드 광고 상품이다.

② 통합검색 결과 페이지의 파워링크 하단 플러스링크 영역에 노출된다.

테마 쇼핑(지식쇼핑)

① 네이버 메인 우측 하단에 나타나는 지식쇼핑 광고 상품 중 하나이다.

② 광고주는 테마와 관련한 상품을 노출하고, 이용자는 테마명을 클릭하여 각 테마에 노출된 광고주의 링크를 조회할 수 있는 상품이다.

③ 비딩 방식을 통하여 구매 가능하며, 1주일 단위로 낙찰이 진행된다.

타깃팅(디스플레이)

① 광고주가 원하는 사용자에게만 광고를 보여주는 기법이다.

② 나이, 지역, 성별 등 타깃팅 된 대상에게만 광고가 보인다.

파워링크

① 클릭 초이스 CPC 상품의 노출 영역으로, 통합검색 결과 페이지 최상단에 노출된다.

② 파워링크 광고 노출을 선택한 광고 중 클릭 초이스 노출 순위로 10개의 광고가 노출된다.

파워링크 모바일

① 네이버 클릭 초이스 노출 영역 중 하나이다.

② 클릭 초이스 그룹 노출 전략 설정 시 "파워링크 모바일"의 노출을 선택하면 모바일 네이버의 검색 결과에 광고가 노출된다.

판매금지키워드

법률적 위험이 있는 키워드 또는 네이버 키워드광고의 신뢰도를 훼손시킬 염려가 있으며, 광고의 품질/효과를 저하시킬 수 있는 광고 등록이 부적합한 키워드이다.

패션로데오(지식쇼핑)

패션소호몰만이 상품을 노출할 수 있는 네이버 지식쇼핑 상품으로, 코디갤러리, MINI RODEO, MUST HAVE 등 12개의 다양한 상품이 있다.

포함 키워드

① 키워드 제안 기능 중 하나이다.

② 원하는 키워드를 입력하면 해당 키워드를 포함하는 확장 키워드를 조회할 수 있다.

표시URL

① 광고 게재를 원하는 사이트의 메인페이지 URL이다.

② 키워드 광고 노출 시 보이는 URL이다.

품질지수 QI, Quality Index

① 게재된 광고의 품질을 나타내는 지수로 클릭 초이스 광고 노출 순위에 영향을 미친다.

② 광고 노출 순위=광고주가 입력한 최대입찰가×광고품질지수

③ 품질 지수는 광고효과 CTR, 키워드와 광고문안의 연관도, 키워드와 사이트의 연관도 등 광고 품질을 평가할 수 있는 다양한 요소를 반영한다.

프리퀀시 Frequency(디스플레이)

이용자 한 사람이 동일한 광고에 노출되는 평균 횟수(빈도)이다.

플러스 링크(키워드광고)

① 타임 초이스 상품의 노출 영역이다.

② 통합검색 결과페이지의 파워링크 하단에 노출된다.

환급(키워드광고)

광고주의 요청에 따라 광고주의 계정으로 비즈머니를 돌려주는 것이다.

환불(키워드광고)

광고주의 요청에 의해 카드취소나 현금 환불 등으로 충전한 비즈머니를 돌려주는 것이다.

행태 타깃팅, 관심기반 타깃팅(디스플레이)

인터넷 사용자의 관심사를 기반으로 사용자를 분류하고 그 분류에 따라 광고나 메시지를 송출하는 타깃팅 기법이다.

Around ad(디스플레이)

게임 시자과 종료 후에 노출되는 광고 또는 게임 사이트의 배너 광고이다.

CM, Category Manager(지식쇼핑)

① 지식쇼핑 카테고리 담당자이다.

② 카테고리는 상품 특성에 따라 구분한다.

CPC 패키지(지식쇼핑)

① 지식쇼핑 입점 시 선택하는 과금 패키지이다.

② 초기 입점 시 입점비 1회 결제+개별 상품 클릭 시 과금이다.

CPS 패키지(지식쇼핑)

① 지식쇼핑 입점 시 선택하는 과금 패키지이다.

② 매월 고정비 결제+판매 매출에 대한 수수료이다.

Click URL(디스플레이)

광고를 클릭했을 때 연결되는 페이지의 URL이다.

Depth(키워드광고)

노출되고 있는 광고 개수이다.

DT, Duration Time

① 사용자가 사이트에 들어와 떠날 때까지의 체류시간이다.

② PV와 더불어 고객 충성도를 나타내는 지표이다.

EP, Engine Page(지식쇼핑)

① 업체가 판매하는 상품정보의 모음이다.

② 광고주의 상품 DB를 지식 쇼핑에 노출하기 위해서 생성하는 상품 ID, 상품명, 가격 등의 정보로 구성된 텍스트 파일이다.

③ 전체(업체가 판매하는 전체 상품 정보), 신규(신규 상품 정보), 요약(전체 상품의 간략 정보)의 세 가지가 있다.

IGA, in-game ad(디스플레이)

① 게임 화면 또는 게임 자체를 광고 매체로 활용하는 광고 기법이다.

② 사용자가 게임을 하면서 광고에 노출된다.

Listing(키워드광고)

광고관리 단위로 키워드, 제목과 설명문구(T&D), URL로 구성된다.

MMC, Marketing Management Center(지식쇼핑)

지식쇼핑에서 광고주에게 제공하는 지식쇼핑 상품 관리 툴이다.

Non-Zero 충전(지식쇼핑)

지식쇼핑 충전금의 잔액 부족으로 인해, 광고 및 서비스 노출이 중지될 경우를 대비하여, 계좌 잔여금이 0원이 되지 않도록 지정한 금액이 지속적으로 자동 충전되는 방식이다.

PV, Page View

인터넷 사용자가 인터넷상에 있는 홈페이지를 열어본 횟수이다.

도달률 Reach(디스플레이)

일정기간 동안 특정 사이트를 방문한 모든 이용자 중 광고에 노출된 이용자의 비율이다.

T&D, Title&Description

검색 결과로 나타난 광고(Listing)에서 키워드를 설명하는 제목(Title:15자 이내), 설명문구 (Description:45자 이내), 부가정보를 의미한나.

UV, Unique Visitors

① 순 방문자 수. 일정 기간 동안 사이트에 방문한 방문자 수 중 중복 방문을 제거한 수치이다.

② 어떤 사람이 한 달 동안 특정 사이트에 1회 방문하거나 100회 방문을 해도 UV는 한 사람으로 카운트한다.

VOD(전/중/후) 광고(디스플레이)

VOD를 시청하기 전 로딩타임 또는 시청 중, 시청이 끝난 후에 노출되는 동영상 광고이다.